制度环境与创业板上市公司股价崩盘风险

Institutional Environment and Risk of Stock Price Crash: Evidence from Chinese GEM

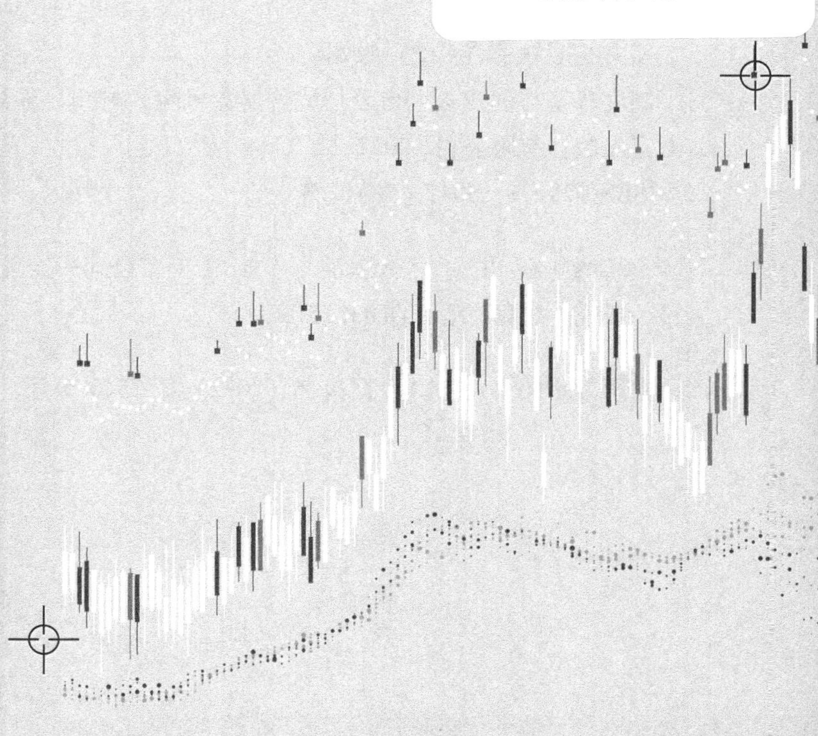

林川　翟浩淼　著

中国财富出版社有限公司

图书在版编目（CIP）数据

制度环境与创业板上市公司股价崩盘风险 / 林川，翟浩淼著. —北京：中国财富出版社有限公司，2022. 12

ISBN 978 - 7 - 5047 - 7841 - 3

Ⅰ. ①制…　Ⅱ. ①林…②翟…　Ⅲ. ①上市公司—企业管理—影响—股票价格—研究—中国　Ⅳ. ①F832. 51

中国版本图书馆 CIP 数据核字（2022）第 254075 号

策划编辑	杜　亮	**责任编辑**	张红燕　张　静	**版权编辑**	李　洋
责任印制	梁　凡	**责任校对**	卓闪闪	**责任发行**	董　倩

出版发行	中国财富出版社有限公司		
社　　址	北京市丰台区南四环西路 188 号 5 区 20 楼	**邮政编码**	100070
电　　话	010 - 52227588 转 2098（发行部）		010 - 52227588 转 321（总编室）
	010 - 52227566（24 小时读者服务）		010 - 52227588 转 305（质检部）
网　　址	http：//www. cfpress. com. cn	**排　　版**	宝蕾元
经　　销	新华书店	**印　　刷**	北京九州迅驰传媒文化有限公司
书　　号	ISBN 978 - 7 - 5047 - 7841 - 3/F · 3548		
开　　本	710mm × 1000mm　1/16	**版　　次**	2023 年 6 月第 1 版
印　　张	14	**印　　次**	2023 年 6 月第 1 次印刷
字　　数	237 千字	**定　　价**	68. 00 元

前 言

股价崩盘指的是上市公司股票价格在毫无征兆的情况下，大幅度偏离自身正常价值而表现出的暴涨暴跌。股价的暴跌，因存在快速性、隐蔽性、传染性，会直接影响上市公司价值、市场投资者收益以及实体经济发展，从而在近年来成为宏观经济与微观金融的热点话题。由于中国创业板市场中创业板上市公司的上市历史较短，以及创业板上市公司自身所具备的高风险与高收益，市场内蕴含着更多的股价崩盘风险。本书基于制度环境视角，以2010—2014 年中国创业板上市公司为样本，实证检验制度环境对股价崩盘风险的影响。各章节主要研究内容与研究结论如下：

第 1 章：绪论。作为本书的开篇，本章主要介绍研究背景与意义、主要研究内容、研究方法与研究思路，并对相应的主要概念进行界定。

第 2 章：理论基础与文献综述。本章主要对信息不对称理论、委托代理理论、行为金融学理论、法与金融理论、投资者保护理论等进行了梳理，并分别对基于信息隐藏视角的股价崩盘风险研究、基于代理成本视角的股价崩盘风险研究、基于管理层特征视角的股价崩盘风险研究、基于制度环境视角的股价崩盘风险研究、基于创业板上市公司视角的股价崩盘风险研究进行了综述，为后文的研究提供相应的理论依据与文献支撑。

第 3 章：制度背景与现状统计。本章在对产权制度改革、股权分置改革、减持约束制度、熔断机制、证券市场法律制度变化、创业板市场制度建设进行描述的基础上，对创业板上市公司股价崩盘风险的年度特征、行业特征、区域特征进行了相应的统计。

第 4 章：市场化环境与股价崩盘风险。本章实证检验了市场化环境对股价崩盘风险的影响，发现在中国创业板上市公司中，外部制度环境并没有产生约束与治理作用。具体而言就是，外部的市场化环境对创业板上市公司股价崩盘风险的影响并不显著。

第5章：市场化环境、控制人权力与股价崩盘风险。本章实证检验了控制人权力、市场化环境对股价崩盘风险的影响。研究发现，在中国创业板上市公司中，对股价崩盘风险产生影响更多的是内因，外因并没有起到足够的治理作用。具体而言就是，控制人权力对创业板上市公司股价崩盘风险产生了明显的影响，控制人权力越大，创业板上市公司股价崩盘风险越高，说明控制人通过提升对公司的控制程度，掌握了操控信息的能力，获得了攫取私利的机会，也积累了股价崩盘风险；市场化环境没有对创业板上市公司股价崩盘风险产生足够的治理与制约作用；市场化环境不仅没有对创业板上市公司控制人权力对股价崩盘风险的影响起到调节作用，反而使控制人权力对股价崩盘风险的影响更大了，说明创业板上市公司控制人会利用外部市场化环境强化自身对公司的控制权。

第6章：市场化环境、CEO权力与股价崩盘风险。本章实证检验了CEO权力、市场化环境对股价崩盘风险的影响。研究发现，在中国创业板上市公司中，CEO权力与股价崩盘风险之间存在显著的正相关关系，表明CEO权力越大，则创业板上市公司股价崩盘风险会越高；市场化环境没有对创业板上市公司股价崩盘风险产生足够的治理与制约作用；加上对市场化环境调节效应的考虑后发现，CEO权力对创业板上市公司股价崩盘风险的影响降低了，而且显著性也降低了，这表明外部市场化环境能够对创业板上市公司CEO权力产生制约作用。

第7章：政治环境与股价崩盘风险。本章实证检验了政治环境变化对股价崩盘风险的影响。研究发现，面临政治环境变化时，创业板上市公司股价崩盘风险会更低。进一步考虑了地方官员更替时间、新任官员来源与官员离任原因后发现，政治环境变化对股价崩盘风险的抑制作用需要新任官员上任后1年左右的时间才能发挥出来；异地上任的官员，尤其是由省级部门调来的新任官员，会使辖区内创业板上市公司股价崩盘风险明显下降；而离任官员的非正常离任行为，则会增加辖区内创业板上市公司股价崩盘风险。

第8章：政治环境、社会责任与股价崩盘风险。本章在研究政治环境对股价崩盘风险影响的基础上，进一步考察了社会责任的调节效应。研究发现，面临政治环境变化时，创业板上市公司股价崩盘风险反而更低，而加上对社会责任履行情况的考虑后发现，伴随着良好社会责任的履行，政治环境变化更加能够降低创业板上市公司股价崩盘风险，这一关系在控制了内生性问题后同样存在。

第 9 章：政治环境、银行业竞争与股价崩盘风险。本章在研究政治环境对股价崩盘风险影响的基础上，加入了对银行业竞争调节效应的考虑。研究发现，银行业竞争对股价崩盘风险产生了外部治理效应，即随着银行业竞争程度的加强，所在地区创业板上市公司股价崩盘风险降低，银行业竞争程度越强，则政治环境变化对创业板上市公司股价崩盘风险的抑制作用越强。

第 10 章：国际化环境与股价崩盘风险。本章实证检验了国际化环境对股价崩盘风险的影响。研究发现，国际化经营与创业板上市公司股价崩盘风险之间存在显著的负相关关系，即与处于非国际化环境中的创业板上市公司相比，处于国际化环境中的创业板上市公司股价崩盘风险更低。

第 11 章：国际化环境、创始人 CEO 与股价崩盘风险。本章在研究国际化环境对股价崩盘风险影响的基础上，实证检验了创始人 CEO 产生的调节作用。研究发现，创始人 CEO 与创业板上市公司股价崩盘风险之间也存在显著的负相关关系，即与非创始人担任 CEO 的创业板上市公司相比，创始人担任 CEO 的创业板上市公司股价崩盘风险更低；考虑创始人 CEO 的调节效应后发现，国际化环境对创业板上市公司股价崩盘风险的负向影响更明显，即创始人担任 CEO 且处于国际化环境中的创业板上市公司，其股价崩盘风险更低。

第 12 章：国际化环境、CEO 海外经历与股价崩盘风险。本章实证检验了国际化环境、CEO 海外经历与股价崩盘风险之间的关系。研究发现，CEO 海外经历也与创业板上市公司股价崩盘风险之间存在显著的负相关关系，即与 CEO 没有海外经历的创业板上市公司相比，CEO 有海外经历的创业板上市公司股价崩盘风险更低；考虑 CEO 海外经历的影响后，国际化环境对股价崩盘风险的负向影响更大。

第 13 章：研究结论、对策建议及研究展望。本章总结前述各章的研究结论，并在此基础上，提出对策建议及研究展望。

本书的创新之处体现为以下几方面：首先，本书基于外部制度环境视角对股价崩盘风险进行研究，认为在中国资本市场中，外部制度环境极大地影响了创业板上市公司内部行为，从而影响创业板上市公司在股票市场上的表现，改变了现有研究多基于内部管理层视角对股价崩盘风险进行研究的现状，拓展了对股价崩盘风险的研究视角，也更加符合中国资本市场的现实状况。其次，本书将制度环境分解为市场化环境、政治环境、国际化环境，认为不同视角下的制度环境会对股价崩盘风险产生不同的影响，改变了现有研究仅基于市场化环境的现状，丰富了基于制度环境视角探讨股价崩盘风险的研究内容。最后，本书以创业板上市公司为研究对象，认为创业板上市公司存在比主板上市公司更为严重的高估值、高风险、高泡沫、高投机的现象，从而会存在更高的股价崩盘风险，改变了现有研究多针对主板上市公司股价崩盘风险研究的现状，拓展了针对中国资本市场股价崩盘风险问题的研究对象。

本书的撰写获得四川外国语大学校级学术专著后期资助重点项目（sisu2019054）的支持。

目录

第一部分　理论、制度背景与现实

1　**绪论** …… 3

1.1　研究背景与意义 …… 3

1.2　主要研究内容 …… 4

1.3　研究方法与研究思路 …… 5

1.4　主要概念界定 …… 5

2　**理论基础与文献综述** …… 7

2.1　理论基础 …… 8

2.2　文献综述 …… 28

3　**制度背景与现状统计** …… 39

3.1　制度背景 …… 39

3.2　创业板上市公司股价崩盘风险的现状分析 …… 58

第二部分　市场化环境视角下的股价崩盘风险

4　**市场化环境与股价崩盘风险** …… 67

4.1　制度背景与研究假说 …… 67

4.2　实证研究设计 …… 69

4.3　实证结果分析 …… 71

4.4　小结 …… 76

5　市场化环境、控制人权力与股价崩盘风险 …… 77
5.1　制度背景与研究假说 …… 78
5.2　实证研究设计 …… 82
5.3　实证结果分析 …… 83
5.4　小结 …… 90
6　市场化环境、CEO 权力与股价崩盘风险 …… 92
6.1　制度背景与研究假说 …… 93
6.2　实证研究设计 …… 96
6.3　实证结果分析 …… 98
6.4　小结 …… 104

第三部分　政治环境视角下的股价崩盘风险

7　政治环境与股价崩盘风险 …… 107
7.1　制度背景与研究假说 …… 109
7.2　实证研究设计 …… 113
7.3　实证结果分析 …… 115
7.4　进一步分析 …… 120
7.5　小结 …… 125
8　政治环境、社会责任与股价崩盘风险 …… 127
8.1　制度背景与研究假说 …… 128
8.2　实证研究设计 …… 132
8.3　实证结果分析 …… 134
8.4　小结 …… 138
9　政治环境、银行业竞争与股价崩盘风险 …… 140
9.1　制度背景与研究假说 …… 141
9.2　实证研究设计 …… 143
9.3　实证结果分析 …… 145
9.4　小结 …… 149

第四部分 国际化环境视角下的股价崩盘风险

10 国际化环境与股价崩盘风险 …… 153
10.1 制度背景与研究假说 …… 154
10.2 实证研究设计 …… 156
10.3 实证结果分析 …… 157
10.4 小结 …… 162
11 国际化环境、创始人 CEO 与股价崩盘风险 …… 163
11.1 制度背景与研究假说 …… 163
11.2 实证研究设计 …… 167
11.3 实证结果分析 …… 168
11.4 小结 …… 172
12 国际化环境、CEO 海外经历与股价崩盘风险 …… 174
12.1 制度背景与研究假说 …… 175
12.2 实证研究设计 …… 178
12.3 实证结果分析 …… 179
12.4 小结 …… 183

第五部分 研究结论与对策建议

13 研究结论、对策建议及研究展望 …… 187
13.1 研究结论 …… 187
13.2 对策建议 …… 188
13.3 研究展望 …… 192

参考文献 …… 194

第一部分　理论、制度背景与现实

由于股价崩盘风险具有较强的隐蔽性、较快的爆发性、较高的传染性，所以其不但会直接影响市场投资者收益，削弱市场投资者信心，也会影响上市公司价值，影响企业家信心，甚至还会波及到实体经济，造成金融市场恐慌及宏观经济波动。因此股价崩盘风险是当前宏观经济与微观金融研究的热门话题。而作为新兴的资本市场，中国股票市场也频发股价崩盘现象。

在 1992 年 6 月到 11 月期间，新股认购冲击新兴市场造成的影响，使得中国股票市场在不到半年的时间指数从 1429 点下跌到 386 点，跌幅高达 73%；在 1993 年 3 月到 1994 年 8 月期间，因大量新股发行扩容导致供求关系严重失衡，从而使得更多资金进入 IPO 市场进而导致股票市场大跌，在 17 个月内上证指数跌幅达到 75.08%；在 2001 年 7 月至 2002 年 2 月期间，互联网泡沫破裂导致全球网络科技股暴跌，进而影响到中国股票市场，使得中国股票市场在 8 个月内跌幅达到 31.26%；在 2007 年 11 月到 2008 年 11 月期间，受美国次贷危机、通货膨胀以及大小非减持等因素的影响，A 股市场同样受到极大影响，上证指数连续跌破 5000 点、4000 点、3000 点，并创下 1664 点新低后，在不到 1 年的时间内上证指数跌幅达到 70.97%；在 2015 年 6 月到 2016 年 2 月期间，场外配资的清理、场内融资和分级基金去杠杆的连锁效应，以及熔断政策产生的刺激作用，使得 A 股市场在短短的几个月时间内屡次出现“千股跌停”的现象。尤其是在2016年前4个交易日内，上证指数4天内跌幅达到11.7%，这也是近年来中国股票市场最大的崩盘；在2018年3月到12月期间，中美贸易摩擦及人民币贬值，导致中国股票市场的很多资金外流，使得中国股票市场指数进一步下跌，10个月内上证指数跌幅达到23.49%。

创业板上市公司同样存在股价崩盘的现象，创业板上市公司虽然通常具有较高的成长性，但往往成立时间较短、资产规模较小，业绩并不突出，而且本身也存在相对较高的经营风险，从而表现在股票市场上的风险就更高了。例如，暴风集团在2015年3月上市的40天内以37个连续涨停打破了A股市场的涨停记录，股价从7.14元/股飞涨到327元/股，但到2020年5月20日，股价已经跌至1.55元/股。

可见，股价崩盘风险使得上市公司积累了大量的价值泡沫，这些泡沫使得上市公司无法正常经营，也会影响市场投资者的个人资产与信心，从而破坏了股票市场的健康发展。因此，探究中国上市公司，尤其是创业板上市公司股价崩盘风险问题，就具有重要的理论与现实意义。

1 绪论

1.1 研究背景与意义

自 1990 年 12 月成立以来，中国证券市场就一直与“制度”紧密联系在一起。一方面，中国证券市场本身就是经济体制转型到一定阶段的产物，收入分配格局的变化为证券市场的发展提供了客观的可能。20 世纪 80 年代初期的渐进式改革模式调动和刺激了企业以及职工个人的积极性，从而引发了社会积累机制的变化，而投资体制改革后国有企业的融资困境则为证券市场的发展提供了直接的动力，证券市场的直接融资成为解决国有企业融资困境的较佳方式。与此同时，企业制度和组织结构的创新，同样要求通过发展证券市场推动股份制改革。另一方面，中国证券市场屡屡出现的股价波动异常现象，也大都被归咎于没有为证券市场的发展提供良好的制度环境以及自身制度建设中存在缺陷。

基于上述原因，一直以来中国证券市场的波动似乎过于频繁。从 1990 年中国股票市场成立到 2010 年的 20 年间，中国股票市场就已经经历了多次牛市与熊市的交替，几乎每一年中国股票市场的行情走势都不相同。而在 2015 的上半年，A 股沪指在 65 天内飙升了 56%，一度突破 5000 点，让很多市场投资者认为中国股市的大牛市再次到来了，很多人对中国股市再次充满了信心。但是仅过了 52 天，在 2015 年下半年 A 股沪指就暴跌超过 40%，下跌速度创新了中国股票市场之最。2015 年 6 月与 8 月的股灾让很多市场投资者终生难忘，上证指数与创业板指数分别自高点回落超过 40% 与 50%，而且暴跌导致了超过10次的千股跌停，指数日跌幅也是动辄超过5%，在不到1个月的时间内，约有3.9万亿美元的市值就此蒸发，引发了众多市场投资者的恐慌。在这样的连续打击之下，许多投资者对中国股票市场的信心瞬间消失了。在此背景下，虽然相关监管部门出台了包括救市制度、减持禁令以及熔断机制等在内的相应制度，但收效甚微。由此可见，由股价崩盘而引发的证券市场安全问题尤为值得关注，这是从理论到实践都需要重点研究的问题。

虽然股票价格的波动原本属于资本市场的正常情况，但由于股票价格的暴跌具有传染性，一只股票价格的暴跌往往会引发更多股票的价格同时暴跌，从而使得市场投资者的财富严重缩水。这不但损害了股东的利益，动摇了市场投资者的信心，还可能造成人们对股票市场的恐慌，不利于资本市场的长期健康稳定发展，甚至会造成资源错配，乃至危及实体经济的发展。基于此，对股价崩盘风险这一金融异象进行相应的研究，剖析股价崩盘风险形成的原因与机制，探求抑制与治理股价崩盘风险的预警机制、实现途径与治理机制，成为宏观经济与微观财务学研究的重要对象。此类研究对保护中国股票市场中的普通投资者利益，促进中国股票市场发展具有重要的理论与现实意义（潘越等，2011；许年行等，2013；Xu等，2014；王化成等，2015）。

1.2 主要研究内容

本书聚焦于中国股票市场中特有的股价频繁崩盘现象，从制度环境这一外生情境出发，以创业板上市公司为研究对象，拟解释制度环境中的市场化环境、政治环境、国际化环境等因素对股价崩盘风险的影响效应与内在机理。考虑到2015年中国股票市场出现了系统性的暴涨暴跌，个股的股价崩盘并非个股自身因素造成的，因此本书实证检验的样本选择2010—2014年的。全书研究内容分为5个部分共13章，具体为：第一部分“理论、制度背景与现实”，包括第1、第2、第3章；第二部分“市场化环境视角下的股价崩盘风险”，包括第4、第5、第6章；第三部分“政治环境视角下的股价崩盘风险”，包括第7、第8、第9章；第四部分“国际化环境视角下的股价崩盘风险”，包括第10、第11、第12章；第五部分“研究结论与对策建议”，仅有第13章。

1.3 研究方法与研究思路

本书以创业板上市公司股价崩盘风险为出发点，在对有关理论与相关文献、制度背景及现实状况进行梳理的基础上，针对外部制度环境产生的作用，利用规范分析、文献分析、统计分析、实证分析等方法构建理论模型并提供经验证据，在对研究结果进行系统性总结后，结合实际情况提出相应的对策建议。

本书的主要研究方法与基本研究思路如图 1－1 所示。

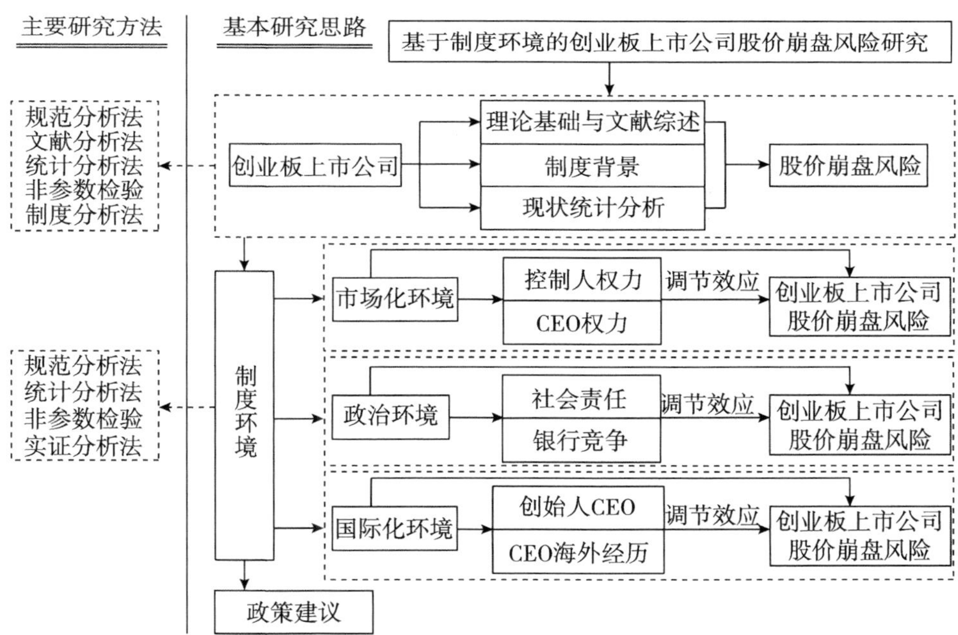

图 1－1 主要研究方法与基本研究思路

1.4 主要概念界定

1.4.1 股价崩盘风险

股价崩盘风险是指股价崩盘的风险，而股价的崩盘是指股票价格在没有任何征兆的情况下，大幅度偏离正常价格而表现出的暴涨暴跌。虽然股价偏离正常价格包括股票价格的大幅度增长与大幅度降低，但通常股价的大幅度降低会引发市场投资者更大的心理恐慌，因此通常股价崩盘即指股票价格突然大幅度下降（Bekaert et al.，2000；Hong et al.，2003；Yuan，2005；Jin et al.，2004；Hutton et al.，2008）。

通常，股价崩盘具有三个明显的特征：一是股票价格在没有任何坏消息的情形下出现巨幅下跌；二是比较大的价格变化往往都表现为下跌；三是崩盘具有传染性，而且崩盘在不同资本市场之间具有传递性（陈国进等，2008）。

1.4.2 制度环境

广义的制度环境是指一系列用来建立生产、交换与分配基础的基本的政治、社会和法律基础规则（North，1991）。一般而言，狭义的制度环境是指公司所面临的外部环境，通常包括政治、经济、文化和法治环境，如市场竞争、政府治理、制度改革、法治水平等方面（夏立军等，2005）。

2 理论基础与文献综述

完善的制度环境是资本市场长期健康稳定发展的基础。由于当前中国资本市场自身的制度建设存在一定的问题，例如杠杆的过度与无序应用、交易机制的缺陷以及新股发行制度等方面的漏洞，这些都会加速、放大资本市场的波动。而外部制度环境并没有起到治理与约束作用，这可能在特殊时间点对证券市场产生不良刺激。因此，针对证券市场内外部进行制度建设，通过完善的制度环境促进证券市场的良性发展，才能保障中国证券市场长期健康稳定发展。同时，在制度环境所能够产生的外部治理作用下，保护投资者利益是提升资本市场信心的关键所在。市场投资者始终是证券市场发展的动力，应通过维护市场投资者的合法利益的方式，将投资者留在市场中，减少市场投资者“以脚投票”的行为。在现有监管政策的执行过程中，虽然部分损害市场投资者利益的行为已经遭到了相应的处罚，但这并非解决中国证券市场异常波动的根本措施。只有通过提升上市公司价值、保证市场投资者能够获得收益，才是中国证券市场健康发展的核心。

其实，股价崩盘所引发的资本市场不稳定，并非中国股票市场的特例，成熟的资本市场同样出现过股价的剧烈波动。20 世纪以来，全球股票市场发生了多次崩盘事件，如 1929 年美国股市大崩盘、1987 年美国股市暴跌、1989 年日本股市泡沫破裂、1998 年亚洲金融危机、2001 年美国纳斯达克泡沫破裂以及 2008 年的全球性金融海啸等。股市崩盘作为一个频发金融现象，不但会摧毁金融市场的信心，影响国家的金融稳定，还可能导致资源错配，危害实体经济的正常运行，甚至引发经济危机。国外股市危机的教训与后危机时期的管理经验可以给中国股票市场带来良好的借鉴。以美国股市危机及处理为例，一方面需要加强监管制度建设，通过内外部制度的协调提升市场信任度，另一方面危机的破窗效应、经济增长质量的提高、国际地位的提升和适宜的货币环境，是美国资本市场长周期繁荣的四大基石。

作为本书研究的基础，本章主要介绍与股价崩盘风险相关的理论基础与文献综述，包括信息不对称理论、委托代理理论、行为金融学理论、法与金融理论、投资者保护理论，以及对基于信息隐藏视角的股价崩盘风险研究、基于创业板上市公司视角的股价崩盘风险研究、基于代理成本视角的股价崩盘风险研究、基于管理层特征视角的股价崩盘风险研究、基于制度环境视角的股价崩盘风险研究。

2.1 理论基础

2.1.1 信息不对称理论

Jin 和 Myers（2004）通过构建信息结构模型对股价崩盘风险文献进行系统性研究时就指出，上市公司管理层会因为某些特殊目的，而有选择性地披露一些正面的信息，将一些负面的信息隐藏在公司中。于是随着这种被隐藏的负面信息的积累，当超过某一个阈值时，负面信息会同时被释放到资本市场中，从而就导致了股价的崩盘。也就是说，当上市公司管理层主动隐藏信息时，就会形成公司与市场投资者之间的信息不对称现象，这种信息不对称会使市场投资者错误地判断公司的价值，从而做出错误的决策。而当信息对称时，市场投资者就会纠正自己的错误判断，形成股价崩盘。因此，对于股价崩盘风险问题的研究，始于信息不对称理论的延伸。

信息不对称理论源于信息经济学的发展，后者主要是研究信息和信息系统如何影响经济和经济决策的学术理论。Arrow（1963）以理论的形式从微观层面探讨信息的经济含义、信息导致的市场失灵、不完全信息以及风险转移等问题开始，信息经济学逐渐被学术界重视起来。作为信息经济学发展的一个重要研究方向，信息不对称理论也一直被学术界重点关注。信息不对称理论的思想可以追溯到古典经济学。古典经济学强调市场会在市场机制的作用下达到供给和需求的平衡，进而实现资源的有效配置。然而，实现这一目标的必要前提条件是，市场中的信息是充分且完全对称的，这样供给者与需求者才能够做出正确的决策。但是，在现实的经济环境中，市场中是不可能存在完全充分且完全对称的信息，也不可能存在完全竞争的市场，也就是说，市场本身就是一个信息不对称的市场，市场中的信息是分散的，而并非充分和对称的（Hayek，1945）。自 Akerlof（1970）的逆向选择理论以来，Spence（1973）、Stiglitz 和 Weiss（1981）、Grossman 和 Hart（1988）等的一系列相关研究，为信息不对称理论的成熟、发展与传播奠定了坚实的基础，而信息不对称理论也成为近 30 多年来微观经济研究领域最为活跃的研究内容（辛琳，2001）。

从信息不对称的时间视角来看，信息不对称分为事前信息不对称与事后信息不对称。其中，事前信息不对称可以用逆向选择模型来概括，而事后信息不对称则可以用道德风险模型来解释。信息不对称涉及掌握信息的一方与不掌握信息的一方，其中，掌握信息的一方可以被称为代理人，而不掌握信息的一方则可以被称为委托人①。基于此，在信息不对称理论中，根据委托人与代理人之间的关系，就可以分为以下五种不同的模型：

（1）逆向选择模型。在市场交易发生之前，代理人利用委托人不了解信息而隐瞒相关信息从而获得额外收益，这会导致不合理的资源分配，最典型的例子就是 Akerlof（1970）提出的二手车市场中的“bad cars drive out the good”（劣币驱逐良币）之现象。

（2）信号传递模型。代理人知道自身对于信息的掌握程度，但委托人并不知道，从而代理人会利用某些信号的传递让委托人观察到这些信号之后与代理人签订合同，最典型的例子就是雇主与雇员在信息不对称的情况下签订的雇佣合同。

（3）信息甄别模型。同样，代理人知道自身对于信息的掌握情况，而委托人并不知道，于是委托人会提供多个合同供代理人选择，代理人根据自身情况做出最适合自己的决策，最典型的例子就是保险市场中投保人与保险公司之间的保险合同。

① 信息不对称理论中对委托人与代理人的定义，与后文委托代理理论中的定义不相同。

（4）隐藏行动的道德风险模型。在市场交易发生之前与发生时双方的信息是对称的，而在交易完成之后，代理人会根据自身情况选择交易后的行为与决策，但委托人无法直接决定代理人的行动与自然状况，最典型的例子就是 Arrow（1963）提出的医疗服务市场中医生与患者关系的现象。

（5）隐藏信息的道德风险模型。同样，在市场交易发生之前与发生时双方的信息是对称的，但在交易完成之后，委托人能够观察到代理人的行动，却无法观察到代理人的自然选择，最典型的例子就是销售经理与销售人员之间的激励合同。

信息不对称还会影响到市场的均衡情况。Grossman 和 Stigliz（1976）指出，市场中包括无风险资产与风险资产，其中，风险资产的回报率 r 依赖于可观测变量 η 与不可观测变量 ϑ（$r = \eta + \vartheta$）；可观测变量 η 的观测需要花费一定的成本，且 η 与 ϑ 之间相互独立，而 η 并不能完全消除与资本有关的风险，从而两个随机变量是符合正态分布的。拥有 η 的市场参与者是信息投资者，其对风险资产的人均需求为 X_1，需求取决于风险资产的价格 p 与可观测变量 η 能表现出来的价值，并且可观测变量 η 的价值越大，投资者对风险资产的人均需求就会越高，但风险资产的价格 p 越高，则拥有 η 的市场参与者对风险资产的人均需求就会越低，因此就会存在 $X_1 = X_1(p,\eta)$ 以及 $\partial X_1/\partial\eta > 0$，$\partial X_1/\partial p < 0$。这些假定就意味着，信息投资者会通过付出相应的信息成本，观测到风险投资部分回报率的非随机部分，而如果观测到非随机的回报率相对较高，信息投资者投资于风险资产的动机就会变得更为强烈。将这种购买风险资产的强烈愿望与需要支付的风险资产的价格进行权衡之后，信息投资者就会根据成本收益做出相应的投资决策。

于是，在各期市场需求与市场供给达到相同数量的情况下，就能够得到等式 $\theta X_1(p,\eta) + (1-\theta)X_u(p) = X^s$，其中，$X_u$ 为非信息投资者对风险资产的人均需求，X^s 为风险资产的人均供给，θ 为信息投资者占风险资产投资者总数的比重。根据 Grossman 和 Stigliz（1976）所述，如果非信息投资者只能通过从市场中观测 p 而推断 η，并据此做出投资者决策从而决定对风险资产的需求，那么在市场风险资产供应总量不发生变化的情况下，风险资产的价格就能够成为一种信号，即较高的风险资产价格应该对应较高的 η 值，而非信息投资者以此信号推断信息投资者所掌握的风险资产回报率的非随机部分，也就是 η 与 p 是能够一一对应的。因此在上述情况下，价格系统就能够将全部的信息从掌握信息的一方传递给非信息投资者。

在此基础上，Grossman（1981）进一步指出价格能够揭示信息的事实。如果各种有关未来的信息会影响当前价格，那么信息就会使得价格产生不确定性。如果交易者具有理性预期，市场均衡将不再是分配资源的良好工具。因此，在信息不对称的情况下，代理人当前的投资决策将取决于其他代理人所掌握的与支付概率分布相关的信息程度。所以 Grossman（1981）就明确指出，当存在信息不对称的情况下，关于未来的当前信息差异如果会影响到当前价格，那么市场均衡将不再能进行资源的有效分配。

信息不对称除了会在经营市场中产生作用，同样会表现在资本市场中，如公司、公司管理层与市场投资者等利益相关群体之间的各种类型的信息不对称。

首先，资本市场中同样存在逆向选择问题。一方面，上市公司管理层与市场投资者之间存在信息不对称情况，由于管理层能掌握更多的关于公司的内部真实信息，但并非所有信息都是有利于吸引市场投资者的，因此管理层所披露的信息就并不一定都是真实可信的，这也就形成了管理层与市场投资者之间的信息不对称；另一方面，市场投资者之间也同样存在信息不对称，有的市场投资者了解更多的上市公司信息，有的市场投资者只能够了解公开披露的信息，从而就会形成信息差异所产生的投资决策差异，这就使得资本市场中存在不公平的交易风险（王华等，2005）。

其次，资本市场中也存在道德风险。上市公司的大股东或是管理层，由于能够获得更多的内部信息，从而就会利用自身的信息优势对无法获得内部信息的普通市场投资者进行利益侵占。尤其是在两权分离①的现代公司治理体系中，外部市场投资者无法更好地观测到上市公司管理层的全部行为，致使管理层更加具有操控信息以及利用信息谋取个人私利的动机与能力。

同样，信息不对称也会在资本市场中形成对资产市场均衡的影响。Grossman 和 Stigliz（1980）就通过交易者双方的效用最大化方法讨论了信息不对称

① 两权分离即所有权和经营权分离。

条件下的市场均衡问题。Grossman 和 Stigliz（1980）假设市场交易者 i 在资本市场中会面临无风险证券 $\overline{M_i}$ 与风险证券 $\overline{X_i}$，无风险证券的价格为 I，风险证券的价格为 P，因此市场交易者 i 的预算约束线可以被定义为 $PX_i + M_i = W_{0i} \equiv \overline{M_i} + P\overline{X_i}$。每单位无风险资产的回报程度即为 R，而每单位风险资产的回报程度则为 r。若市场交易者 i 持有的投资组合为 (X_i, M_i)，则其收益就可以被定义为 $W_{1i} = rX_i + RM_i$。进一步，假设市场投资者的效用函数为 $V(W_{1i}) = -e^{-aW_{1i}}$，其中，$a$ 为风险规避绝对值系数，而且该系数为正值。从而可以得到信息交易者的期望效用函数为：

$$E(V(W_{1i}^*)\,|\eta) = -\exp\left(-a\left[RW_{0i} + X_I(\eta - RP) - \frac{a}{2}X_I^2\sigma_\varepsilon^2\right]\right) \quad (2.1)$$

其中，X_I为信息交易者对风险证券的需求，而且 $X_I(\eta, P) = (\eta - RP)/(a\sigma_\varepsilon^2)$，这表明，信息交易者的风险不变时，信息交易者对风险证券的需求与其收益是没有关系的。相似地，非信息交易者的期望效应函数则可以表示为：

$$E(V(W_{1i}^*)\,|\eta) = -\exp\left(-a\left[RW_{0i} + X_R(\eta - RP) - \frac{a}{2}X_R^2\sigma_\varepsilon^2\right]\right) \quad (2.2)$$

其中，X_R为非信息交易者对风险证券的需求，即：

$$X_R(P, P^* = (E[r^*\,|P^*(\eta, x) = P] - RP/aVar[r^*\,|P^*(\eta, x) = P])) \quad (2.3)$$

因此，Grossman 和 Stigliz（1980）的研究就证明了，在资本市场中信息不对称会对资本市场均衡产生决定性的作用。

另外，信息不对称的情况会对资本市场带来严重的危害。首先，处于信息不对称情况中信息劣势地位的投资者，由于不但无法获得相应的收益，还会被处于信息优势地位的上市公司大股东、管理层或是其他投资者侵占利益，从而就会以脚投票。如果选择离开资本市场，会进一步造成市场的低迷，也在无形中增加了上市公司股价的崩盘风险。其次，由于存在信息不对称，市场投资者并不知道自己对上市公司信息的知晓程度，因此就无法区分好的公司与不好的公司，就会使好的公司的价值被低估。再次，管理层会主动利用信息不对称的现实情况，隐瞒不利于自身利益的信息，使得市场投资者无法真正了解上市公司，这既是形成股价崩盘风险的重要原因，降低了低水平管理层被经营市场淘汰的可能性，使得经营差的公司会继续留在市场中，影响资本市场优质资源的配给，也不利于经营市场与资本市场的健康发展。最后，信息不对称本身降低了资本市场的信息透明度，使得管理层主动操控信息的动机增强，阻碍了资本市场的正常运行（Bertrand et al.，2002）。

许多文献基于信息不对称的视角，对信息不对称所引发的股价崩盘风险进行了相应的研究。Barlevy 和 Versonesi（2003）认为，股票市场的崩盘是由非信息交易者所引发的，非信息交易者只会借由股票的价格去推断信息，因而在股票价格低的时候不会购买股票，使得股票需求曲线向下倾斜，但当股票价格从低向高上涨时，需求曲线的斜率就开始逐渐变为正。因此，当股价下跌时非信息交易者“理性”地认为是拥有信息的交易者得到了负面信息，所以自己不愿意再持有股票，从而造成了股价的持续下跌。Hong 和 Stein（2003）也指出，由于卖空限制，开始时对股票市场走势并不看好的那些投资者，并没有及时地参与到股票市场中，导致股票价格没有反映出他们所掌握的信息，而在其后这些投资者会根据自己所掌握的信息决定是否买入公司股票。而这些投资者所掌握的信息一直到他们买入股票时才会被释放出来，一旦一些不良信息被披露出来，就会造成股票价格的持续下跌。在 Jin 和 Myers（2004）首次系统性地对股价崩盘风险开始研究之后，更多的文献也同样基于信息隐藏以及信息隐藏导致的信息不对称视角进行了相应的研究。例如，Marin 和 Olivier（2008）的研究就发现，由于卖空限制、确保控股地位以及管理层限制抛售等，内部人对企业的控制能力通常会有所下降。当内部人事先获得不好的消息时，就会不断地卖出股票。此时股票价格能够缓慢地调整以对这些不好的信息进行适应，但当内部人抛售到一定程度时，外部市场投资者就能够发现存在这种因不好的消息而抛售的行为，这就会使外部市场投资者的预期下降，也就引发了股价的崩盘。Hutton 等（2008）以美国上市公司为样本进行的研究也同样发现，上市公司的财务报告越不透明，提供给资本市场的异质信息也就越少，致使股票价格的同步性就越低，从而也就在股票价格中积累了更多的崩盘风险。

2.1.2 委托代理理论

在 Jin 和 Myers（2004）研究发现管理层隐瞒信息的行为会导致股价崩盘之后，很多文献就开始进一步更为深入地讨论一个重要问题，即管理层为什么要隐瞒信息。一些研究表明，管理层为了获得更多私利或是为了得到更好的职位（LaFond et al.，2008；Ball，2009；Kothari et al.，2009；Xu et al.，2014），会存在暂时隐瞒不良信息的行为。也就是说，管理层因为与公司其他利益相关者存在利益差异，会通过隐瞒不良信息的行为谋得利益，而这种行为则成为股价崩盘的诱因之一。因此，上市公司中所存在的利益冲突以及追逐利益的行为，是股价崩盘的更深层原因，而这可以被代理成本理论解释。

代理成本理论的起源要追溯到 Berle 和 Means（1932）在 *The Modern Corporation and Private Property* 中提出的现代企业的两权分离问题。Berle 和 Means（1932）研究指出，在现代企业中，所有权是分散的，从而使得企业的控制权就落到管理层手中，而管理层的利益与所有者的利益之间存在不一致性，进而就会使得管理层在一定程度上谋求自身利益的最大化而并非其他利益相关者利益的最大化。Berle 和 Means（1932）的研究标志着公司治理理论研究开始将股权分散的特征视为公司治理研究的根本出发点，使得很多公司治理的相关理论逐渐形成与不断完善。

委托代理理论的概念最早由 Jensen 和 Meckling（1976）提出，他们将代理定义为一种契约关系，在这种契约关系中，委托人聘用代理人来代理履行某些义务，同时将若干决策权托付给代理人①。Jensen 和 Meckling（1976）还指出，利益分歧、不确定性、信息不对称、契约不完备及交易费用等因素是产生代理成本的基本原因。而委托人可以通过设立一些适当的激励机制或花费一定的监督费用，遏制代理人为谋取个人利益而背离委托人意愿的行为发生，从而减少委托人与代理人之间的利益冲突，即降低委托人与代理人之间的代理成本。由于代理人具有追求个人利益的动机，因此不可能使代理人的行为符合委托人的利益最大化之目标，所以要使代理成本为零是一件不可能的事情。而健全公司治理机制，加强对代理人的监督约束，减少委托人与代理人之间的利益冲突，是降低代理成本的必要条件。然而，Jensen 和 Meckling（1976）将委托代理理论中的对象定义为公司股东（委托人）与公司管理层（代理人），这是公司治理理论中对于委托代理对象的狭义定义。随着公司治理理论的不断发展，学术界与实务界认为委托代理理论中委托代理的对象不

① 委托代理理论中的代理人与委托人定义与前文信息不对称理论中的定义不同。

再局限于管理层与公司股东，而是扩展到相应的利益相关者，也就是说，广义的委托代理对象包括公司股东、债权人、供货商、员工、社会等（委托人）与公司管理层（代理人）。代理成本问题之所以在很长的一段时期内一直是上市公司中普遍存在的问题，一方面的原因在于社会进步导致专业分工越来越细，比如股东拥有资本但可能不具有管理现代企业的专业素质，另一方面的原因在于专业分工产生了大量的职业经理人，他们拥有管理技能却往往不拥有资本。这时很自然地，拥有资本的股东将公司的经营控制权交给拥有专业管理技能的职业经理人，形成了典型的代理关系。由于委托人与代理人的效用函数不同，双方各自以追求自身利益最大化为目标，这必然导致双方之间的利益冲突。代理人比委托人拥有更多关于公司的信息，在没有有效监督和激励的情形下，由于信息不对称和利益的冲突，经常会有代理人的行为侵害委托人利益的情况出现。随着社会经济的发展，由于公司委托人会与外界资本产生借贷关系，当债权人将资金借给委托人时，公司控制权也会因为不同资本的注入而产生一定的转移，同样，债权人与代理人也会因为效用函数的不同而产生代理成本。所以代理成本问题是一直存在于社会中的。自 Jensen 和 Meckling（1976）提出委托代理理论后，公司治理问题的研究进入了一个新的研究体系，代理成本问题的存在开始被越来越多的学者关注，这些学者在对委托代理理论不断完善的同时，也希望能够找到控制及降低代理成本的方法。

委托代理理论被广泛应用于公司金融各个领域的研究中，如董事会的选择与 CEO 的选择（Fama，1980；Fama et al.，1983）、管理层的薪酬与股权激励问题（Morck et al.，1988）、各种企业的股权结构问题（Anderson et al.，2003）、控制权私利问题（Grossman et al.，1980；Johnson et al.，2000）等。在委托代理理论中，La Porta 等（1999）根据企业所有权结构以及控制机制理论，构建了终极产权理论并提出了终极控制人的概念；Faccio 等（2001）发现控制权过度集中是东亚公司治理中存在的重要问题，也就是说很多上市公司是由家族控制并指定管理层，导致控股股东与中小股东之间存在严重的代理问题，因此控股股东就存在从公司攫取私利的行为。尤其是在 La Porta 等（1999）研究的基础上，Johnson 等（2000）提出了“tunneling”的理论，以解释控股股东与中小股东之间的代理成本问题。该理论指出，由于金字塔结构的纵向控制机制，控股股东在靠近底层上市公司所拥有的现金流权相对较低，如果完全按照现金流权分配公司的收益，其获得的份额相对较小。因此为了获取更多的收益，控股股东就有动力通过加强控制权控制上市公司，沿着金字塔控制链自下而上转移现金流，从而引发控股股东与其他级别股东，尤其是控股股东与金字塔结构较底层上市公司的外部股东之间的代理成本。Almeida 和 Wolfenzon（2006）则通过对金字塔控股结构的纵向控制机制的研究发现，金字塔控股结构还可能导致由自上而下的利益侵占行为所引发的代理成本，即非控股股东借助金字塔结构“绑架”控股股东，将金字塔结构中公司的大部分收益截流在内部，这种低成本的内部融资机制容易诱发控制性股东的过度投资行为，而过度投资则可能隐藏着控股股东获取控制权私利的机会主义行为，而这同样也是公司内部代理成本问题的一种表现形式。

随着委托代理理论的发展，相对更为完整的公司治理理论也就在此基础上形成了（Grossman et al.，1980；Hart et al.，1989）。Hart 和 Moore（1989）指出，公司治理体系的存在具有两个条件：第一个是管理层与利益相关者之间存在利益冲突，即存在代理成本；第二个是存在交易费用且其数额较大，即代理成本的存在不能利用合约解决。而公司治理的理论与体系就是为解决代理成本问题而产生的。所以，如何确保管理层只获得应该获得的收益而没有攫取股东的利益，如何更好地通过某一些特殊的途径对管理层进行相应的监管，使管理层能够更有效地使用公司与股东的资源，以及如何选择更优秀的管理层并实行必要的轮换，这些就是公司治理理论基于委托代理理论的进一步发展（林毅夫，1997）。在公司治理体系中，委托代理理论能与信息不对称理论联系起来。在信息不对称的情况下，一定会存在管理层与股东之间的信息不对称，从而就会产生管理腐败的现象（宁向东，2005）。当代理人利用自己对企业的掌控获得相应的私利，而不为委托人的收益做更多考虑时，就需要相应的监管措施防止代理人滥用职权，从而尽可能地使委托人与代理人的效用函数一致。其中的核心机制就是激励机制与风险分担机制，这些同样是委托代理理论的核心（蒋荣，2008）。Shleifer 和 Vishny（1997）指出，公司治理就是研究如何保证公司的出资人可以获得他们投资所带来的收益，研究出资人怎样使经理将资本收益的一部分作为红利返还给他们，研究怎样保证经理不会吞掉他们所提供的资金、不将资金投资于坏项目。一句话，公司治理就是要解决出资者应该怎样控制经理，以使他们为自己的利益服务的问题。于是，Jensen（1993）将公司治理体系分为资本市场、法律、政治与管理体制、产品市场和要素市场以及董事会为首的内部控制体制；而蒋荣（2008）则根据已有研究文献，将公司治理体系分为包括董事会、管理层、大股东在内的内部控制机制与包括控制权市场、产品市场、经理人市场等在内的外部控制机制。由此可见，公司治理体系是当前解决上市公司中存在的代理成本问题的一整套机制与制度安排。从制度安排作用的方式来看，既包括间接发挥治理作用的宏观治理环境，如政府与管制机构、中介机构、法律体系和舆论，也包括直接发挥治理作用的微观治理机制，如股东大会、董事会、银行、各种市场；就制度安排的目的而言，包括激励机制、监督机制和约束机制；从制度安排的来源来看，包括内部治理机制与外部治理机制。

另外，由于世界范围内较多国家都存在明显的一股独大的问题，因此大股东或是控股股东所产生的委托代理问题，始终都是委托代理理论研究的核心问题之一。Shleifer 和 Vishny（1986）的研究就指出，相对于股权分散状态下无人监督经理人的情况，大股东的存在可以解决公司内部人控制问题，并且随着大股东现金流权的增强，大股东与公司的利益协同效应会变得更为强烈。进一步，Shleifer 和 Vishny（1997）的研究又指出，大股东发挥积极监督作用的前提是有良好的保护中小投资者利益的法律环境，否则大股东将侵害中小股东的利益。基于此，委托代理理论关心的重点应当是如何防止控股股东侵占其他股东的利益。所以，如前文所述，除了传统的大股东与管理层之间存在的代理成本，大股东与中小股东之间也同样存在代理成本。

代理成本的存在会严重地影响公司股票的市场表现。一方面，由于管理层与大股东之间存在代理成本，而管理层具有推迟发布及隐瞒信息，抑或夸大及发布虚假信息的动机，这些行为就会造成公司股票在资本市场的表现偏离公司真实情况；另一方面，管理层为了在短期内获得大股东的支持，以及在职业经理人市场获得良好的表现，就会存在过度投资、构建“公司帝国”等不利于公司长期发展的短视行为，而这些行为都会积累公司股票价格的泡沫，积累公司股价的崩盘风险。Kothari 等（2009）的研究就指出，管理层具有货币化动机与更长期的私人动机，包括获得私利、获得股权、获得升迁机会等，从而就会使管理层存在夸大公司业绩的行为，进而就积累了公司股价中的泡沫。Ball（2009）的研究同样指出，管理层并不一定需要获得财务性的收益，构建“公司帝国”以及获得个人崇拜同样是管理层的追求目标，这就会使管理层并不愿意将负面信息传递到市场中。Bleck 和 Liu（2007）以及 Benmelech 等（2010）则指出，管理层存在为了谋求个人私利而进行过度投资的行为，因此就不愿意将那些经营净现值为负的项目让更多股东或市场投资者知晓，而是选择隐瞒这些信息，从而就会使公司存在更多负的现金流，使股价存在更多虚假的泡沫。

2.1.3 行为金融学理论

在 Jin 和 Myers（2004）的信息结构模型之前，一些研究就已经基于行为金融视角对股价崩盘风险进行了讨论。Shiller（1989）指出，美国股票市场在 1987 年崩盘的重要原因之一就在于市场投资者情绪突然、急剧地变化，市场投资者在股市崩盘之前过于乐观，之后又过度悲观造成了股市的崩盘。Hong 和 Stein（2003）认为，投资者中存在的过度自信使得投资者产生了异质信念，正是这种异质信念造成股价中存在不对称性以及传染性。Abreu 和 Brunnermeier（2003）基于异质信念视角解释了股价中泡沫的形成及破裂过程，认为即使存在套利交易者，股票中的泡沫仍然会出现并且能够持续存在。理性套利者尽管知道市场最终会崩溃，也愿意为了获得更大的利润在泡沫存在的时候继续逐利，而不同套利者对退出时机的意见分歧和缺少同步性则使泡沫能够持续。因此一旦微小冲击使得足够多的套利者退出市场，就会出现市场崩盘现象。所以 Abreu 和 Brunnermeier（2003）认为，异质信念是投资者行为对股价中存在泡沫产生影响的重要因素。可以看出，市场投资者的行为会对公司股价的平稳或是崩盘产生明显的影响。

此外，上市公司管理层的行为同样能够对资本市场产生影响。一方面，作为上市公司的信息发布者，上市公司的管理层能够对发布什么信息或是不发布什么信息产生决定性的作用，其决策必然会对公司在资本市场的表现产生影响；另一方面，不同的管理层由于个人特征的差异，例如性别差异、教育背景差异等，也会形成决策差异，同样会对上市公司在资本市场的表现产生影响。因此，基于管理层视角的行为金融学理论解释，同样是股价崩盘风险研究的重要内容。

行为金融学虽然近年来才逐渐被学术界关注，但由于与传统金融学理论存在较大差异，而且突破了传统金融学理论中的理性人假设以及有效市场假设等，从而形成了相对较新的理论思想，因而被学术界重视。由于在传统金融学理论中，一些金融学异象不能很好地被解释，例如投资组合中的不同收益问题、股票溢价之谜、同性质管理层做出完全相反的决策等，于是行为金融学基于不同视角的研究，以及利用不同方法得到的差异化结论，就变得更加吸引人们注意。因此，以传统金融学问题为基本导向，利用行为科学、认知科学、心理学等相关知识、理论及思想进行的研究，就逐渐被引入经济学及金融学的研究范畴，从而形成了行为经济学或行为金融学。

作为新兴研究领域，行为金融学并没有形成统一的定义。Thaler（1983）将“open - minded finance”定义为行为金融，认为将原有研究思路打破，将不完全理性的思想引入研究中，利用开放式思路对金融学的研究，就是行为金融学的主要研究方式。Olsen（1998）认为行为金融学是利用心理学知识寻求非理性的理解，并预测进行市场心理决策过程的系统含义，而并非简单地将传统的理性打破或刻意标记偏差的行为。Statman（1999）认为金融学本身就与心理学之间存在着千丝万缕的联系，金融学研究本身就涵盖了心理学考虑的结果，从而行为金融学与心理学之间仅仅是对待同一个问题的出发点及看待问题的视角不同而已。而Fuller（1998）的定义则相对完整，认为行为金融学是传统经济学与金融学理论、心理学理论、决策科学理论的综合，针对金融市场中无法被传统理论解释的金融异象，研究市场投资者为何在理性判断中发生系统性的解释偏误。国内学者也有自己的定义，曾康霖（2003）指出，行为金融学是在数理金融学基础上建立起来的，将投资者心理区分为理性驱利与价值感受，将心理学纳入普通投资者的投资行为进行分析，在此基础上形成了研究投资者心理与行为的新兴学派。翁学东（2003）指出，行为金融学是试图解释在投资者的决策过程中，情绪与认知错误如何对投资者决策产生作用的一个新兴研究领域。刘力等（2003）认为，行为金融学与心理学紧密联系，是以心理学关于决策行为的研究为基础，讨论人的实际决策行为如何影响金融市场的正常运行与金融产品如何错误定价的，与传统金融学研究人应该如何做相比，行为金融学讲述的是人实际是怎么做的。张圣平等（2003）指出，行为金融学是人们要求解释金融市场实际运行机制的必然结果，以心理学对人们决策行为的研究成果为原始基础，能够较好地解释传统金融学理论中难以解释的一些重要问题。

最早将行为理论引入经济学领域并对资本市场进行研究的是 Keynes（1936），其将心理学的预期理论引入市场投资者买卖股票的行为中，认为很多时候股票价格之所以持续上涨，尤其是一些非理性的持续上涨，主要原因就在于市场投资者对这只股票的心理预期是上涨的，从而就会持续性追涨，促使股票价格持续上涨。Keynes（1936）的研究是与传统金融学理念完全相悖的，因为传统金融学最基本的假设是理性人假设。但 Keynes（1936）指出，股票价格由人的心理预期影响，将人假设为非理性的。虽然 Keynes（1936）已经意识到了传统金融学理论中理性人假设存在一些错误，于是将这种非理性因素引入研究中，但行为心理学内容完整地与金融学理论结合，是在 20 世纪七八十年代由阿莫斯·特维斯基（Amos Tversky）和丹尼尔·卡尼曼（Daniel Kahneman）① 进行的一系列研究。而 2001 年，美国经济学会将克拉克奖章颁发给了马修·拉宾（Matthew Rabin）②，2002 年，诺贝尔经济学奖颁发给了丹尼尔·卡尼曼与弗农·洛马克斯·史密斯（Vernon Lomax Smith）③，才使得行为经济学或者说行为金融学被主流经济学流派正式认可。尤其是在 2002 年的诺贝尔经济学新闻公报中，瑞典皇家科学院明确指出，卡尼曼成功地将心理学分析方法与经济学研究内容及框架很好地结合在一起，为创立一个新的经济学研究领域奠定了基础。特维斯基和卡尼曼 1974 年发表的"Judgment under Uncertainty：Heuristics and Biases"（Tversky 和 Kahneman，1974）与在 1979 年发表的"Prospect Theory：An Analysis of Decision under Risk"（Kahneman 和 Tversky，1979），对行为金融学的发展具有重要的推动作用，发现了人类决策的不确定性，指出人类决定常常与根据标准的经济理论做出的预测大相径庭。尤其是在 1979 年提出的前景理论，更是行为金融学中最先被认可的理论，也是促进行为金融学发展与扩散的重要理论。前景理论可以被概括为

① 丹尼尔·卡尼曼成功地把心理学分析法与经济学研究结合在了一起，用心理学分析法研究人的决策行为。

② 马修·拉宾，行为经济学者，以研究延迟行为和公平理论而知名。

③ 弗农·洛马克斯·史密斯，通过实验室实验来测试根据经济学原理所做出的预测。

“人们对损失和获得的敏感程度是不同的，损失时的痛苦感要大大超过获得时的快乐感”。很多对行为金融学进行的研究，是基于前景理论的基本框架与逻辑进行的，例如利用前景理论分析的盈余管理问题（Shen et al.，2005）、股权溢价问题（Bernartzi et al.，1995）、资产定价问题（Grune et al.，2008）、IPO 折价（Loughran et al.，2002）等。前景理论也是较早被中国学者引入中国资本市场问题研究的。在卡尼曼于 2002 年获得诺贝尔经济学奖之后，行为金融学才更多地被中国学者关注，中国学者才逐渐将心理学与经济学及金融学进行联系（刘力等，2003）。前景理论被中国学者广泛应用于对盈余管理（曾爱民等，2009）、财务舞弊（许娟娟等，2015）、高管离职（唐清泉等，2006；汪金爱等，2012）、股价波动（张维等，2012）、薪酬激励（唐清泉等，2009）等问题的研究中。

前景理论同样能够用来解释管理层的行为对资本市场的影响。管理层所做的决策将获得决策的收益，也需要接受决策对资本市场影响的收益或惩罚（如管理层决策是隐瞒信息，则资本市场给予的就是惩罚）。于是，管理层需要在收益与惩罚之间进行权衡与抉择，同样，市场投资者也需要在接收到管理层的决策信息后进行权衡。由于管理层的决策产生的收益往往在短时间内就可以兑现，加之部分管理层通常不会有很长时间的任职，因此管理层就会非常果断地做出决策。市场投资者在看到管理层的决策收益后，由于存在信息不对称，往往也会跟随管理层做出决策，此时市场投资者也能够获得收益。资本市场给予的惩罚一般在一段时间后才会显现，而由于管理层决策已经被资本市场在一定时间内进行了传播，所以会产生较为严重的后果，管理层也会因此被翻旧账。相应地，市场投资者的前期收益往往会消失，甚至会有严重的损失。因此，无论是公司管理层还是市场投资者，此时遭受的损失程度可能远大于前期收益，资本市场给予的下跌力度也会大于前期决策收益时的上涨力度。

除了前景理论，基于行为金融学视角的公司金融领域的研究，也有将关注视角落在上市公司管理层个人特征方面的，考虑管理层个人特征对于公司决策及资本市场的影响，例如 Kim 等（2011）指出，相较于男性 CEO，女性 CEO 所在公司的股票市场表现更为平稳。然而，基于管理层个人视角进行的研究，多是以管理层过度自信行为为出发点的研究。

大量早期的心理学研究已经明确指出，人们在经济生活中会表现出过度自信的倾向，人们会自觉趋向于过高地估计自身知识和能力水平，以及自身对于获得成功所做出的贡献，会自觉地将成功归功于自己的能力与判断，而将失败归咎于其他外部因素（Hastorf et al.，1970；Taylor et al.，1988）。过度自信通常有两种表现形式：一种是人们估值的置信区间过小，另一种是人们估计的事件发生的概率不准确。过度自信在金融学领域，一种表现为投资者高估了私人信息信号的准确性，会错误地认为私人信息产生的信号比公共信息产生的信号更准确，另一种表现为投资者高估了自身对于价值的估计能力，低估了估计过程中预测误差的方差（江晓东，2005）。在传统经济学假设中，人是理性的，其决策也是理性的，理性也是决策者追求自我利益的必然结果，而且理性反过来还能够使决策者在对所有可获得的信息进行系统分析和选择之后做出最优决策。然而，在过度自信理论中，人明显不是理性的，当存在过度自信时，人做出的决策也同样不是理性的，此时决策后果也就未必会为决策者带来最优结果。这就是过度自信与传统经济学中存在的根本差异。而且，与普通人相比，管理层成员更加容易过度自信，而且过度自信的程度也远高于普通人。这是因为，首先，公司经营过程通常会表现得非常复杂，这要求管理层需要在非常不确定的情况下对公司的各种事务进行预测与提前规划，从而管理层在处理这些复杂的问题时就会表现出比其他人更强的过度自信态度（Fischhoff et al.，1977）。其次，当管理层获得当前位置时，会默认自己具有相当强的能力，从而会自然地表现出过度自信心态。最后，管理层的过度自信与乐观表现可能会被当作具有更高能力的信号，从而使得这些管理层更可能获得当前的位置（陈其安，2004）。Russo 和 Schoemaker（1992）、Malmendier 和 Tate（2005）等提供的经验证据都表明，管理层具有强烈的过度自信特征。

过度自信问题存在于公司金融的多个领域中，尤其是在投资决策与财务决策方面，也就是说，基本上凡是涉及公司决策能够被管理层行为影响的，都可能存在过度自信的问题。由于过度自信的管理层更为乐观，会高估公司价值，而且对投资的现金流更为敏感，也就会涉及对股东收益及市场投资者收益的影响（Hall et al.，2002；Heaton，2002；Malmendier et al.，2005）。于是，Deshmukh 等（2013）就构建了一个管理层过度自信心理偏好对于股东收益影响的模型，陈其安等（2010）在 Deshmukh 等（2013）研究的基础上对这一模型进行了修正，构建了上市公司管理层过度自信的模型，即：

$$\max_{D,F,\alpha} E_0[V(D,F,\alpha)\mid s] = E_0\left[\frac{V\cdot(f(1)-(1+r)\alpha F)}{M+\dfrac{(1-\alpha)F}{P}}+D\mid s\right] \tag{2.4}$$

$$\text{s.t. } I = C_0 - MD + F; I \geqslant 0, D \geqslant 0, F \geqslant 0, 0 \leqslant \alpha \leqslant 1 \tag{2.5}$$

于是，通过投影定理以及最优化一阶条件求解，得到：

$$\begin{aligned} D &= \frac{1}{M}[C_0 + F - A^{\frac{1}{1-\alpha}}\alpha^{\frac{1}{1-\alpha}}E_0(V\mid s)^{\frac{1}{1-\alpha}}(1+r)^{-\frac{1}{1-\alpha}}] \\ &= \frac{1}{M}C_0 + \frac{1}{M}A^{\frac{1}{1-\alpha}}(\alpha^{\frac{\alpha}{1-\alpha}} - \alpha^{\frac{1}{1-\alpha}})E_0(V\mid s)^{\frac{1}{1-\alpha}}(1+r)^{-\frac{1}{1-\alpha}} - P \end{aligned} \tag{2.6}$$

式2.6就是陈其安等（2010）通过计算求得的上市公司管理层以公司现有股东在项目投资周期内获得的总收入最大化为目标的股东收益情况。进一步，陈其安等（2010）探讨了在管理层过度自信心理偏好情况下的股东收益情况，于是将模型扩展为：

$$\begin{aligned} \frac{\partial D}{\partial k} &= \frac{1}{1-\alpha}\frac{1}{M}A^{\frac{1}{1-\alpha}}(\alpha^{\frac{\alpha}{1-\alpha}} - \alpha^{\frac{1}{1-\alpha}})(1+r)^{-\frac{1}{1-\alpha}}E_0(V\mid s)^{\frac{1}{1-\alpha}-1}\frac{\partial E_0(V\mid s)}{\partial k} \\ &= -\frac{1}{1-\alpha}\frac{1}{M}A^{\frac{1}{1-\alpha}}(\alpha^{\frac{\alpha}{1-\alpha}} - \alpha^{\frac{1}{1-\alpha}})(1+r)^{-\frac{1}{1-\alpha}}E_0(V\mid s)^{\frac{1}{1-\alpha}}\frac{\sigma_V^2\sigma_\varepsilon^2(s-\mu)}{(\sigma_V^2+k\sigma_\varepsilon^2)^2} \end{aligned} \tag{2.7}$$

根据式2.7，陈其安等（2010）指出，当上市公司管理层对未来的经营环境比较乐观时，股东收益会随着过度自信程度的提高而增加；但当管理层对未来的经营环境比较悲观时，股东收益则会随着过度自信程度的提高而减少。

可见，管理层的过度自信行为会直接影响大股东或中小股东的收益，也就会影响公司股票在资本市场的表现与波动。Kim 等（2015）基于行为金融学理论讨论了管理层过度自信与股价崩盘风险之间的关系，指出管理层过度自信会引发对负面信息的隐藏，从而会影响股东收益与市场投资者收益，进而积累了股价崩盘风险。

2.1.4 法与金融理论

除了内部因素会影响股价崩盘风险，制度所发生作用的外部环境同样会对股价产生作用。一方面，上市公司信息透明度通常内生于外部环境体系中，即外部制度环境越完善，市场资源的配置效率就越高，就能够反映出更多的公司特质信息，股价波动程度就会越小（Morck et al.，2000；Bushman et al.，2004）；另一方面，良好的外部制度环境会塑造良好、公平的法律体系，保证不同性质、不同特征的上市公司所面临的法律体系与法律制度是一致的，从而既能够完善公司治理体系，也能够起到监管作用。因此，制度环境所营造的法与金融理论，是基于宏观视角讨论股价崩盘风险的重要理论探索。

法与金融理论源于20世纪70年代兴起的法经济学，研究法律及法律体系对金融发展及经济增长的影响，是由金融学与法学交叉形成的。作为法经济学的延伸，法与金融理论主要研究如何结合法律制度研究金融问题，也就是强调法律这一制度性因素对金融主体行为的影响。法与金融理论的研究，开始于La Porta等（1997、1998、1999、2000、2002）自20世纪90年代以来的一系列研究。La Porta等（1997、1998）通过构建一系列衡量法律对投资者保护的指标，研究了世界各国的法律与金融的关系。La Porta等（1997、1998、1999、2000、2002）研究的理论基础可以追溯到前文阐述的Jensen和Meckling（1976）提出的委托代理理论，只是将传统的委托代理理论中的利益双方变成市场投资者与非市场投资者，由此基于法律的外部视角，讨论市场投资者的利益如何得到保护，以及如何通过保护市场投资者的利益而降低上市公司的代理成本。

La Porta等（1998）的文章“Law and Finance”对于法与金融理论的发展具有奠基性作用。La Porta等（1998）认为，各国由合同法、公司法、破产法和证券法等构成的法律体系，对私人产权的重视和保护程度存在差异。这种差异可以从各国法律的渊源方面进行解释，同时这些法律的实施效率取决于移植而来的法律与所在国社会文化环境的适应程度或匹配性，这些都会影响市场投资者的保护程度，从而影响市场投资者购买证券和参与金融市场的信心。La Porta等（1998）的实证经验证实了其推论，之后Levine（1999）、

Levine 等（2000）、Glaeser 和 Shleifer（2002）、Beck 等（2003）的研究也同样验证了法与金融理论的存在性。

法与金融理论的核心思想就是基于宏观的法律视角，对上市公司所处的环境与所面对的外部制度进行的讨论与研究。La Porta 等（2002）的文章 "Investor Protection and Corporate Valuation" 基于价值收益视角，设计了关于中小股东合法权益保护和控股股东现金流权关系的数理模型。首先，La Porta 等（2002）构建了一个控股股东收益的基本模型，为：

$$\alpha(1-s)RI + sRI - c(k,s)RI \tag{2.8}$$

在式 2.8 基础上，La Porta 等（2002）为了获得控股股东最优效用，对基本模型进行求解，进一步得到三个模型，分别为：

$$c_{ks}(k,s) + c_{ss}(k,s)\frac{ds^*}{dk} = 0, \frac{ds^*}{dk} = -\frac{c_{ks}(k,s)}{c_{ss}(k,s)} < 0 \tag{2.9}$$

$$c_{ss}(k,s^*)\frac{ds^*}{d\alpha} = -1, \frac{ds^*}{d\alpha} = -\frac{1}{c_{ss}(k,s^*)} < 0 \tag{2.10}$$

$$\frac{dq}{dk} = -\frac{ds^*}{dk}R > 0, \frac{dq}{d\alpha} = -\frac{ds^*}{d\alpha}R > 0, \frac{dq}{dR} > 0 \tag{2.11}$$

在上述三式中，$c(k,s)$ 代表控股股东攫取私利的成本方程，k 代表中小股东被保护程度，s 代表控股股东私有权收益，R 代表上市公司投资项目收益率，α 代表控股股东现金流权，q 代表上市公司价值。从上述三式，La Porta 等（2002）得到了三个结论：①股东保护程度越高，中小股东的利益被侵害的程度越低。②控股股东所有权程度越高，中小股东的利益被侵害的程度越低。③政府法律程度越高，上市公司价值越高；控股股东所有权程度越高，上市公司价值越高；公司投资机会越好，上市公司价值越高。

因此，从外部宏观视角来看，政府干预程度的变化、市场化进程的改革、经济体制的改革以及法治环境、外部治理体系等的一系列变化，都有利于良好外部环境的形成，从而对市场投资者形成保护，对上市公司形成制约，基于此，不仅外部环境如法治水平会影响上市公司的市场行为，内部因素如公司治理水平也会影响上市公司的市场行为（施先旺等，2014）。

2.1.5 投资者保护理论

在法与金融理论对股价崩盘风险问题进行研究的同时，也可以基于投资者保护视角对股价崩盘风险进行研究。一方面，股价崩盘风险对市场投资者收益的破坏是最大的，既损害了市场投资者的直接收益，也损害了市场投资者的信心，不利于资本市场的健康长远发展；另一方面，对投资者的保护不仅需要抑制上市公司及管理层的不良行为，还需要基于宏观视角，通过监管方式，为市场投资者的利益提供标准化的保护模式。

投资者保护理论之所以存在，其根源在于由代理成本而产生的公司各利益相关者之间的利益冲突（徐昊，2012）。随着法与金融理论研究的深入，投资者保护理论基于法与金融理论的逻辑框架进行了交叉研究。一方面，投资者利益的保护同样是法与金融理论研究的重要内容，良好的外部法律体系与环境的建立，既是对公司长远发展的保护，也是对市场投资者利益的保护；另一方面，对于上市公司而言，只有保护好投资者的利益，才能够获得更多市场投资者的青睐。总的来说，委托代理理论研究的是投资者保护的市场机制，而法与金融理论研究的是投资者保护的法律体系，这二者之间不会相互排斥，而是相互补充、相互作用、相互牵制。市场机制、法律体系及政府管制在不同国家的证券市场中都能够发挥对投资者的保护作用，属于标准的或正式的投资者保护制度（计小青等，2008）。但是，这三者中的任何一种都无法单独决定投资者保护力度，因为这三者都存在不完备性，只有相互结合才能够实现保护投资者利益的根本目的。首先，有效的市场机制是法律体系和政府管制有效发挥作用的基础；其次，法律体系有助于降低市场运行的交易成本，同时法律体系的不完备性为政府管制发挥作用创造了条件；最后，政府管制只能在法律体系不完备的一定区间内发挥补充作用，当法律体系的不完备性超出了特定区间后，政府管制的有效性也将随之丧失。只有当这三种投资者保护制度之间能够互为条件、相互补充、协调作用时，才能有效地控制证券市场参与各方的行为，以恰当的社会成本保护投资者的合法权益，从而实现证券市场的健康与良性发展（徐昊，2012）。

另外，基于信息透明度及信息披露视角可以发现，会计信息质量同样能够在投资者保护过程中发挥作用。由于资本市场资源配置功能的发挥依赖于有效的信息传递，而资本市场上普遍存在的信息不对称问题在阻碍资源有效配置的同时，也严重损害了投资者利益。如前文所述，信息不对称可以分为事前信息不对称和事后信息不对称。事前信息不对称源于公司内部人与外部投资者之间存在利益冲突，内部人可能会利用信息优势做出违背投资者利益的选择，就会使投资者对资产错误定价，并且做出错误的投资决策，从而遭受投资损失。而事后信息不对称则表现为企业内部人为了追求私人利益的最大化而做出损害外部投资者利益的机会主义行为。Healy 和 Palepu（2001）指出，逆向选择和道德风险作为信息不对称的两种表现形式，都对外部投资者利益造成了潜在威胁，同时它们也引出了投资者保护需要解决的两个重要问题，即信息不对称问题和代理成本问题。会计信息作为企业的重要信息，能够通过定价功能和治理功能发挥对市场投资者保护的作用（Healy et al.，2001；魏明海等，2007）。会计信息的定价功能通过向外部市场投资者提供用于形成正确的资产定价和投资决策的相关信息，减少事前信息不对称给市场投资者带来的损失。而会计信息的治理功能则通过约束内部人的机会主义行为，减少事后信息的不对称，避免出现内部人侵占市场投资者利益的情况。因此，会计信息对投资者保护的治理功能就可以表现为，会计信息在公司最优契约设计、契约履行保证和特定公司治理机制（例如并购、争夺投票权等）中发挥缓解道德风险、促进资源有效配置与提高生产效率的基础性功能（Bushman et al.，2005）。

因此，管理层选择性地隐瞒公司负面信息的行为和外部投资者与上市公司之间的信息不对称，就成为在投资者保护中引发股价崩盘风险的重要原因。投资者保护能够影响管理层隐瞒公司负面信息的行为，降低外部投资者与公司之间的信息不对称程度，因此投资者保护是影响公司未来股价崩盘风险的重要因素（王化成等，2014）。于是，王化成等（2014）构建了一个管理层与监管层之间利益的博弈模型，阐述了监管层对管理层选择性信息披露的抑制作用。王化成等（2014）指出，作为企业内部人的管理层，通过“报喜不报忧”的信息管理行为可以获得晋升或更高的薪酬等私利［假设固定收益为 $M(M>0)$］，但是管理层也面临被监管层惩罚的风险，一旦被查处就需要付出 $F(p)$ 的成本，而被查处的概率为 $K(p)[0 \leq K(p) \leq 1]$。其中，$F(p)$ 与 $K(p)$ 均为投资者保护水平 p 的函数，且 $F'(p)>0$、$K'(p)>0$、$F''(p)<0$、$K''(p)<0$。假定监管层实施监管需要付出的执法成本为 C，查处管理层的信息管理行为能够产生的政治收益为 R，若不查处，则需承担的社会、媒体、政治等负面影响为 N，且 C、R、N 均大于 0，从而将理性的管理层与监管层

的博弈矩阵模型表示为表 2 - 1：

表 2 - 1　　管理层与监管层的博弈矩阵

		监管层	
		实施监管	不实施监管
管理层	进行信息管理	$K(p)[M-F(P)]+[1-K(p)]M, R-C$	$M, -N$
	不进行信息管理	$0, R-C$	$0, -N$

于是，随着对投资者保护力度的加大，监管层的收益（R）和不监管成本（N）都较大，从而一个合理的假设即为 $R-C>-N$，则监管层在该博弈中的最优选择是实施监管。此时，管理层的信息管理可以得到的收益为 $M-K(p)F(p)$。由于被惩罚的概率 K 和查处力度 F 均为投资者保护水平 p 的增函数，因此当投资者保护水平较高时，就会存在 $M>K(p)F(p)$，此时该博弈存在唯一的纳什均衡，即良好的投资者保护抑制了管理层的选择性信息披露行为；相反，若投资者保护水平较低，则会存在 $M<K(p)F(p)$，此时的纳什均衡意味着管理层的最优选择是进行选择性信息披露。所以，王化成等（2014）得出结论：良好的投资者保护能抑制管理层的信息管理行为，从而有助于降低股价崩盘风险。

2.2　文献综述

股价崩盘风险的研究先出现于国外，国外学者已经针对欧美等发达资本市场中出现的股价崩盘现象进行了研究，Jin 和 Myers（2004）奠定了基于信息视角讨论股价崩盘风险的系统性框架。这些已有的研究为中国资本市场股价崩盘风险的研究奠定了基础并提供了研究思路。虽然许年行等（2012）、罗进辉和杜兴强（2014）均指出，针对中国资本市场股价崩盘风险的研究较为匮乏，但近年来随着股价崩盘危害性的增加，学术界与实务界对此话题的重视程度越来越高，针对中国资本市场股价崩盘风险的研究数量骤增，研究内容与涉及的问题也越来越多。因此，本节将结合前文阐述的理论基础，对股价崩盘风险的相关文献进行系统性回顾。

2.2.1 基于信息隐藏视角的股价崩盘风险研究

如前文所述，Jin 和 Myers（2004）通过信息结构模型，系统地阐释了管理层隐藏信息行为对股价崩盘风险的影响，认为管理层出于各种考虑隐藏负面信息，仅披露正面信息，于是当这些负面信息积累到一定程度时就会爆发，导致股价崩盘风险。因此，信息的隐瞒或推迟披露，就成为股价崩盘风险增加的重要原因之一。沿着这一思路，Hutton 等（2008）通过经验证据表明，管理层存在“找题材”“编故事”等隐瞒信息的行为，而这些行为会导致公司价值被高估，从而积累了股价泡沫，这就导致当信息无法再被隐瞒时，坏消息就会被一次性释放出来，从而引发股价崩盘。Kim 等（2014）指出，上市公司会利用财务重述的机会及内部控制中存在的缺陷，隐藏部分不希望披露的信息，从而加剧了股价崩盘风险。Kim 和 Zhang（2016）同样指出，信息不对称决定了管理层隐藏信息的动机、数量与负面信息融入股价的速度，这种信息隐藏行为加快了股价崩盘速度。在中国资本市场中，潘越等（2011）指出，上市公司信息透明度越低，个股崩盘风险就越大。施先旺等（2014）指出，管理层隐瞒的负面信息越多，上市公司的会计信息质量就越差，从而公司的会计信息透明度就越低，未来股价崩盘的风险也会越大。刘洋（2015）指出，会计信息透明度越低，上市公司未来股价崩盘的风险就越大。杨棉之和刘洋（2016）指出，上市公司盈余质量与股价崩盘风险之间存在负相关关系，对信息的操弄增加了股价崩盘风险。谢盛纹和陶然（2017）发现，管理层通过年报预约披露推迟的方法延迟了信息披露，从而显著地提升了未来股价崩盘的风险。肖土盛等（2017）指出，上市公司信息披露质量与股价崩盘风险显著负相关，即信息披露质量下降将引起股价崩盘风险增加。

由于股价崩盘对资本市场、企业的长期发展及市场投资者都会产生不良影响，许多文献便开始讨论如何通过抑制信息不对称或是提升信息质量而降低股价崩盘风险。

首先，基于公司内部控制及提升会计稳健性的方式，能够规范上市公司信息披露制度并提升信息披露质量，以此降低股价崩盘风险。王超恩和张瑞君（2015）研究表明，内部控制作为公司治理的重要机制，能够明显降低股价崩盘风险。叶康涛等（2015）研究表明，随着内部控制信息披露水平的提升，未来股价崩盘风险会显著地下降，尤其是在信息不对称程度较高、盈利能力较差的上市公司中，内部控制对股价崩盘风险的防范能力会更强。Chen等（2016）研究指出，内部控制会降低股价崩盘风险，尤其是在审计力度较大的企业和非国有企业中。DeFond等（2015）指出，会计稳健性的提升能够降低股价崩盘风险，例如在一些强制执行IFRS（国际财务报告准则）的国家，强制执行IFRS的行为能够降低非金融企业的股价崩盘风险。Kim和Zhang（2016）、杨棉之和张园园（2016）的研究也都表明，会计稳健性的提升能够明显地降低股价崩盘风险。

其次，除了通过内部控制方式规范信息披露，还可以通过外部方式对信息披露的方式、内容与质量进行规范，例如外部审计。江轩宇和伊志宏（2013）研究表明，外部审计能够降低股价崩盘风险，尤其是上市公司聘请的会计师事务所具备更强的行业专长时，公司股价未来崩盘的风险更低。Robin和Zhang（2015）研究表明，审计师行业专长与股价崩盘风险之间存在显著的负相关关系。熊家财（2015）研究指出，审计行业专长有助于降低上市公司未来股价崩盘的风险，在信息不对称严重的公司中，审计行业专长对股价崩盘风险的负向影响更显著。田昆儒和孙瑜（2015）研究表明，独立审计作为公司治理的外部监督主体与保证机制，能够通过缓解代理问题和降低代理成本来显著抑制股价崩盘风险。吴克平和黎来芳（2016）研究指出，审计师声誉与股价崩盘风险之间存在显著的负相关关系，尤其是在会计信息透明度较低、经营业绩较差、成长性较低的上市公司中，审计师声誉与股价崩盘风险的负相关关系更为明显。潘秀丽和王娟（2016）研究表明，若上市公司被出具非标准审计意见，则股价崩盘风险会明显增加。

除了外部审计，媒体监管也能够产生作用，这两者都可以使得上市公司的信息披露更为严格。罗进辉和杜兴强（2014）研究指出，媒体对上市公司的频繁报道显著降低了公司股价崩盘风险，发挥了积极的信息中介和公共监督作用。黄新建和赵伟（2015）同样指出，随着媒体关注度的提升，公司的股价崩盘风险会降低。此外，社会责任信息的披露及社会责任履行对上市公司信息披露的约束，同样能够对股价崩盘起到抑制作用。Kim等（2014）研究表明，社会责任履行程度的提升明显增加了财务报告透明度，有助于缓解股价崩盘风险。Zhang等（2016）研究表明，企业的慈善行为会释放更多的正面信息，这种行为也能够降低股价崩盘风险。宋献中等（2017）也同样表明，社会责任信息披露与股价崩盘风险显著负相关，说明企业社会责任信息的披露降低了股价崩盘风险，而且社会责任信息的披露同时通过信息效应和声誉保险效应降低股价崩盘风险，其中，声誉保险效应占据主导地位。吴良海等（2017）研究表明，公益性捐赠行为会提升上市公司信息透明度，降低与市场投资者间的信息不对称程度，进而能够降低股价崩盘风险，在国有企业中这一效果更为明显。

2.2.2 基于代理成本视角的股价崩盘风险研究

在 Jin 和 Myers（2004）等一系列研究发现管理层存在隐瞒信息的行为之后，更多文献开始关注管理层隐瞒信息的原因。研究发现，管理层会因为很多原因隐瞒信息，从而获得隐瞒信息的收益，但是这种隐瞒信息的行为无形中增加了公司的代理成本。Kothari 等（2009）指出，管理层具有货币化动机与获得更长期职位的私人动机，包括获得私利、获得股权、获得升迁机会等，从而就会使得管理层存在夸大公司业绩的行为，进而积累了公司股价的泡沫。Ball（2009）同样指出，管理层并不一定需要获得财务性收益，构建“企业帝国”及获得个人崇拜同样是管理层目标，会使管理层并不愿意将负面信息传递到市场中。Bleck 和 Liu（2007）及 Benmelech 等（2010）均指出，管理层存在为了谋求个人私利而进行过度投资的行为，不愿意让更多股东或市场投资者知晓那些经营净现值为负的项目，而是选择隐藏信息，这便会使得公司中存在更多的负的现金流，使得股价中存在更多的虚假泡沫。Kim 等（2011）、江轩宇（2013）、刘春和孙亮（2015）也指出，管理层存在在税收激进活动中的利益侵占行为，公司避税为管理层租金汲取和持续期内坏消息的聚集提供了工具与掩饰，并使这些行为合理化，加剧了股价崩盘风险。Kim 等（2011）进一步研究发现，CEO 会为了在短期内增加持有的期权价值而隐瞒信息，从而引发股价崩盘风险。而 Xu 等（2014）研究发现，管理层具有获得超额薪酬的动力，会通过隐瞒信息方式展现出良好的公司业绩，以获得更高的薪酬水平，这也增加了股价崩盘风险。Piotroski 等（2015）认为，一个国家的政治层面的因素也会对股价崩盘风险产生影响，这是因为在一些国家举行大型政治会议期间，管理层会为了政治晋升目的隐藏不良信息，从而会导致出现股价崩盘风险。田昆儒和孙瑜（2015）也认为，管理层存在非效率投资行为，而为了隐瞒这些非效率投资信息，就可能会产生一些导致上市公司代理成本增加的行为，进而引发股价崩盘风险。可见，管理层会通过隐瞒或延迟披露负面信息的方式，获得寻租所能提供的私有收益，这不仅损害了股东利益，也增加了股价崩盘风险。

除了管理层行为，还有一些其他行为会对信息产生影响，也会对代理成本产生影响，进而造成股价崩盘。一方面，包括大股东、管理层等在内的内部人抛售行为，会增加股价崩盘风险。Marin 和 Olivier（2008）指出，内部人在抛售一段时间后，停止抛售的行为会增加股票市场的不确定性，这是因为市场投资者会默认内部人具有信息优势，但外部投资者并不知道不良信息是什么，从而就增加了市场的不确定性。吴战篪和李晓龙（2015）研究指出，内部人抛售行为会引发股价崩盘，尤其是大股东的抛售行为，加大了与外部投资者之间的利益分离，大幅增加了不确定性，导致外部投资者压低股价获得风险补偿。赵玉洁（2016）研究指出，与未发生内部人交易的公司相比，发生内部人交易的公司更容易出现股价崩盘风险，即内部人交易与股价崩盘风险显著正相关。另一方面，上市公司的实际控制人也能够利用自身所有权集中的优势，通过代理人实施对上市公司的控制，进而对股价崩盘产生影响。Boubaker 等（2014）研究发现，上市公司的控制权结构会对股价崩盘产生明显的影响。王明伟和陈雪梅（2016）也指出，终极控制人性质会对股价崩盘产生影响，相较于非国有上市公司，国有上市公司股价崩盘风险更低，而且两权分离度高的公司股价崩盘风险更高。沈华玉等（2017）研究表明，中国上市公司中存在控股股东隧道效应，在隧道效应下，控股股东的控制权比例越高，控股股东越容易掏空上市公司，也越容易进行消息管理，一旦坏消息暴露，股价便会迅速暴跌，增加了未来股价崩盘的风险。谢德仁等（2016）也发现，控股股东可以通过股权质押方式降低股价崩盘风险。

除此之外，外部利益相关者的引入也会引发上市公司代理成本的增加，从而增加股价崩盘风险。一方面，机构投资者的引入，增加了其与管理层之间的合谋行为，从而提升了上市公司代理成本，也可能会带来内幕交易等，致使股价崩盘风险加大。An 和 Zhang（2013）研究指出，机构投资者往往可能实施积极主义，这会增加股价崩盘风险。许年行等（2013）研究表明，机构投资者的羊群行为提高了股价崩盘风险。曹丰等（2015）研究表明，机构投资者持股显著增大了股价崩盘风险，而且在考虑了机构投资者异质性和内生性等因素的影响后，该结论依然成立，尤其是在信息不对称程度较高的上市公司中，机构投资者持股比例与股价崩盘风险间的正相关性更显著。代昀昊等（2015）研究表明，机构持股比例与上市公司股价崩盘风险呈显著的正相关关系，尤其是在信息不对称程度较高时，机构投资者对股价崩盘风险的影响更显著。孔东民和王江元（2016）指出，由于知情交易收益的对立，机构投资者之间存在信息竞争并由此产生差异化的积极主义行为与交易行为，因此信息竞争最终会影响到公司股价崩盘风险，而其经验证据也表明机构投资者的信息竞争也与股价崩盘风险存在正相关关系。许瑞芬（2016）以中宇卫浴为案例的分析指出，由于机构投资者自身的内生性及异质性，所以机构投资者的股票持有数量越高，上市公司的股价崩盘风险就越大。

另一方面，分析师可能与管理层合谋，使得管理层可能利用分析师获得私利，致使上市公司的代理成本增加，进而影响到股价崩盘风险。Xu 等（2016）研究表明，分析师行为的偏差增加了上市公司的内部代理成本，进而增加了股价崩盘风险。而许年行等（2012）指出，分析师乐观偏差与上市公司股价崩盘风险之间显著正相关，而且机构投资者的持股比例越高，分析师乐观偏差与股价崩盘风险之间的正向关系越显著。肖土盛等（2017）研究指出，分析师产生的较高预测误差行为，可能会引发更高的股价崩盘风险。

基于上述观点，降低代理成本就成为降低股价崩盘风险的有效途径之一。Callen 和 Fang（2013）基于机构投资者视角研究发现，第一大股东持股能够降低股价崩盘风险。Chandler（2014）研究指出，投资者行为能够降低企业代理成本，投资者通过让 CEO 与其进行沟通与交流，规范了公司治理体系，抑制了管理层从事信息披露操纵的机会主义，降低了代理成本，最终减少了股价崩盘风险。王化成等（2015）也指出，大股东持股能够形成对管理层的监督效应与更少掏空效应，实现第一大股东持股比例的提升，会降低企业股价崩盘风险。胡国柳和宛晴（2015）的经验证据表明，管理层责任保险能够有效地监督和约束其自利行为，能够降低股价崩盘风险。吴德军（2015）研究表明，外资持股能够明显降低上市公司股价崩盘风险，这是因为外资持股增加了股票价格中的信息，降低了上市公司代理成本。梁权熙和曾海舰（2016）

研究指出，独立董事制度的正式引入显著地降低了公司股价崩盘风险，而且相比于不存在异地独立董事的公司，存在异地独立董事公司的股价发生崩盘风险的可能性明显更低。

2.2.3 基于管理层特征视角的股价崩盘风险研究

有些文献基于行为金融学理论中的管理层特征视角对股价崩盘风险进行了研究，但该类文献的数量并不多。

一方面，管理层的基本特征会对股价崩盘风险产生影响。Kim 等（2011）基于 CEO 特征，指出不同 CEO 在股权价值中的表现不同，从而对股价崩盘风险的影响也有所差异。李小荣和刘行（2012）研究表明，女性 CEO 能显著降低股价崩盘风险，但女性 CFO（首席财务官）对股价崩盘风险的影响不显著，而且 CEO 权力越大，女性 CEO 降低股价崩盘风险的作用越大。黄新建等（2015）研究指出，管理层人员的个人特征会影响股价崩盘风险，管理层平均年龄越小、受教育程度越低且具有兼任特征时，股价崩盘风险越大。Jeffrey 和 Callen（2015）研究指出，高管的宗教信仰会对股价崩盘风险产生影响。谢盛纹和廖佳（2017）研究表明，管理层的权力越大，则管理层的理性程度会越低，这增加了管理层操控信息的可能性，也增加了股价崩盘风险。

另一方面，管理层的过度自信特征会对股价崩盘风险产生更为明显的影响。Bleck 和 Liu（2007）、Benmelech 等（2010）、Kim 等（2016）的研究均表明，管理层的过度投资特征对股价崩盘风险产生了明显的正向影响。江轩宇和许年行（2015）研究指出，管理层过度自信，一方面使得他们并未意识到相关投资实际上有损股东价值，另一方面也使得他们容易忽视对项目负面信息的披露，从而增加了股价崩盘风险。曾春华等（2017）研究表明，上市公司中存在的管理层过度自信引发了股价崩盘风险，尤其是在上市公司存在高溢价并购的行为时。

2.2.4 基于制度环境视角的股价崩盘风险研究

还有不少文献基于外部制度环境（包括正式制度环境与非正式制度环境）视角对股价崩盘风险进行了研究。

新制度经济学将制度分为正式制度与非正式制度，在证券市场监管过程中，同样存在正式制度与非正式制度。政府监管、行业自律监管及法律监管等由专门机构以成文的法律、制度和规则为依据进行的监管，形成了正式制度。王化成等（2014）、DeFond 等（2015）均指出，国家或地区的正式制度是股价崩盘风险的重要影响因素。谢雅璐（2015）也指出，公开增发制度的实施增加了股价崩盘风险，但这种正向影响随着股权分置改革制度的实施得到削弱。林乐和郑登津（2016）讨论了正式制度中的退市监管制度对股价崩盘风险的影响，发现与退市新规实施之前相比，受退市新规影响的上市公司的股价崩盘风险降低了，表明退市监管制度能够降低股价崩盘风险。沈华玉和吴晓辉（2017）研究发现，上市公司违规行为与股价崩盘风险之间存在显著的正相关关系，这意味着监管力度的加大能够通过正式制度的形式，以治理效应与信息效应降低股价崩盘风险。褚剑和方军雄（2016）基于中国式融资融券制度安排研究发现，虽然该制度的初衷是好的，但实施结果不如人意，融资融券制度的实施不仅没有降低相关标的股票的崩盘风险，反而增加了崩盘风险。这种负面效应，主要源自融资融券政策设计的两个特征，即融资融券标的选择标准以及融资和融券两种机制的同时实施。褚剑和方军雄（2017）进一步基于政府审计制度的研究表明，在政府审计制度实施后，被审计公司的股价崩盘风险显著下降。

诸如社会监督机制、诚信机制等自发形成的，没有以正式法律、法规条文形式出现的制度，就被理解为非正式制度。Piotroski 等（2015）研究表明，政治环境能够作为一种外部非正式制度对上市公司产生影响，因而也会影响上市公司股价崩盘风险。Callen 和 Fang（2015）以宗教信仰为视角考察了非正式制度对股价崩盘风险的影响，发现上市公司所在地区的宗教信仰能抑制股价崩盘风险，并且这种作用在正式制度缺失的情况下尤为明显。Li 和 Cai（2016）也研究指出，浓厚的宗教环境会降低股价崩盘风险。施先旺等（2014）研究表明，市场化程度高的地区的上市公司的会计信息质量高于市场化程度低的地区，能够提供更多的公司特质信息，提高公司信息透明度，减少股价崩盘风险。罗进辉和杜兴强（2014）研究表明，上市公司所在地区制度环境水平越高，则该地区的上市公司股价崩盘的风险越低。Cao 等（2016）的经验证据表明，外部环境与文化会对股价崩盘风险产生影响，社会信任程度会对股价崩盘风险产生抑制作用，因此社会信任成为正式制度的一种替代。刘宝华等（2016）研究表明，上市公司所在地区的社会信任水平越高，公司股价在未来崩盘的风险就越小，这说明社会信任作为一种非正式制度，抑制了管理层隐藏坏消息的机会主义行为。王超恩（2016）研究指出，政府补贴与上市公司股价崩盘风险之间存在显著的正相关关系，尤其是在外部制度环境水平较低的地区，表现得更为明显。马可哪呐等（2016）基于社会审计的视角研究指出，社会审计在资本市场上起着信息甄别和鉴证的作用，是资本市场制度框架下确保信息真实可靠的重要非正式制度之一，社会审计通过对会计信息的鉴证发挥了治理和监督作用，不仅能在抑制微观个体股价崩盘风险中发挥作用，而且能在市场系统性风险防范中起到抑制作用。

基于市场投资者保护视角对股价崩盘风险进行的研究相对较少。Morck 等（2000）研究指出，不同国家的投资者保护制度之间存在差异，投资者保护制度越完善，则市场资源配置效率越高，越能够反映出公司的更多特质信息，进而股价波动的同步性会越小。游家兴等（2007）利用相同方法的研究发现，在中国资本市场中，在对投资者保护制度的逐步推进、不断完善的过程中，股价波动的同步性趋向减弱，股票价格所反映出的公司特质信息也更丰富。王化成等（2014）研究了地区投资者保护与股价崩盘风险间的内在关系，发现随着地区投资者保护水平的提高，公司的股价崩盘风险会显著下降，尤其是在业绩差、成长性低的上市公司中，这种负相关关系更加显著。

2.2.5 基于创业板上市公司视角的股价崩盘风险研究

许年行等（2012）、罗进辉和杜兴强（2014）指出，针对中国资本市场股价崩盘风险的研究较为匮乏，虽然近年来针对中国证券市场股价崩盘风险的研究文献从数量到质量都有所提升，但针对创业板上市公司股价崩盘风险的研究依然较少。与主板市场相比，创业板市场历史较短，同时创业板上市公司风险特征、股权结构特征及经营业务的特殊性，使其与主板上市公司之间具有很大的差异。创业板市场的股价波动明显比主板市场更为强烈，因此针对创业板上市公司股价崩盘风险问题进行研究，就可能会得到与针对主板上市公司研究不同的结论。

秦奕萱（2017）指出，创业板市场作为主板市场的重要补充，由于门槛低、风险大，因此会面临更为严重的股价暴跌风险，而且融资超募行为也会引发股价崩盘。李晓龙等（2016）研究指出，融资超募与创业板上市公司股价崩盘之间存在显著的正相关关系，且机构投资者持股的行为增强了这种正相关关系。王昶等（2017a）研究发现，创业板上市公司受到的媒体报道越多，其股价崩盘风险越高，媒体的正面或负面报道会显著提高公司下一年度股价崩盘的风险，这一结论与针对主板上市公司的研究结论不同。王昶等（2017b）进一步研究发现，机构投资者持股显著增大了创业板上市公司股价崩盘的风险，并且机构投资者持股对创业板上市公司股价崩盘风险的部分影响是通过媒体报道传导的。

2.2.6 文献评述

相较于其他金融议题，股价崩盘风险是公司金融领域中涉及公司财务与公司治理的新兴学术命题，这与近年来全球资本市场不稳定紧密相关。由于近年来中国资本市场的波动幅度远大于成熟资本市场，例如2015年动辄上千只股跌停的状况，都对中国资本市场的发展、金融体系的稳定乃至整个国家经济的发展产生了不良影响，因此中国资本市场股价崩盘风险问题，引发了众多学者的关注。国内外学者在股价崩盘风险方面形成了一定的研究成果，但仍存在以下不足：

第一，从研究内容来看，片段式研究较多，基于制度环境视角对股价崩盘风险的系统性研究较少。已有文献较多基于信息视角或上市公司内部视角去讨论股价崩盘风险产生的原因，但基于企业外部宏观视角的相关研究，无论是数量还是质量都无法与基于企业内部视角的研究相比。尤其是伴随着近年来中国证券市场制度改革力度的加大，加之中国宏观经济发展对于证券市场的促进，以及中国政治环境变化对于经济发展的影响，都对中国证券市场的发展、上市公司的发展及市场投资者利益的保护产生了重要影响，因此研究外部制度环境对公司内部决策产生的影响是十分必要的。

第二，从研究结论来看，理论性研究较多，对在理论基础上提出可实施性政策建议的研究较少。已有文献基于外部宏观视角研究得出，提升市场化程度等能够保护投资者在股价崩盘风险中免遭利益损失，但对于具体的制度环境对股价崩盘风险影响的模式与路径并没有较为深入的研究。然而，制度的建立与完善，诸如拓展证券范围并实行统一监管、建立和完善资本市场的系统性风险监测和危机应对机制、完善资本市场的定价机制和风险管理建设、完善资本市场的长效机制，以此提振资本市场的信心，这些都需要进行系统研究，并提出行之有效的对策建议。

第三，从研究对象来看，普适性研究较多，针对特殊制度背景与特点的创业板市场的研究较少。目前，学术界对于股价崩盘风险问题的研究时间依然较短，针对中国股票市场的研究也较为匮乏。由于中国资本市场从建立到发展，都与西方的成熟资本市场存在较大差异，因此对同一问题的研究，或者利用相同方法的研究都可能得出完全不同的结论，尤其是近年来中国股票市场的波动非常大，因而对于股价崩盘风险的研究很可能得出与国外文献完全不同的结论。目前虽然已有关注中国资本市场股价崩盘问题的研究文献，但依然有较大的研究空间，尤其是在中国建立了多层次资本市场后，除了主板市场，还包括创业板等市场。然而，目前已有文献对于创业板上市公司股价崩盘问题的关注程度还远远不够。

3 制度背景与现状统计

证券市场制度是支撑证券市场高效、公平运转的基础。很多人将中国股票市场的剧烈波动归咎于制度建设不完善，虽然中国证券市场自建立以来一直在不断地健全制度与完善市场，但依旧存在一些漏洞。同时，公司治理作为一种制度安排，也是特定制度环境的产物。制度环境作为一系列用来建立生产、交换与分配基础的政治、社会、法律基础规则，是一个地区正式制度和非正式制度对经济产生影响的因素总和（卢现祥等，2004）。对于处在制度变迁和社会转型阶段的中国而言，制度内容主要表现为宏观经济体制的转型与微观企业制度的重塑与再造。因此，本章主要针对与本书研究相关的影响中国股票市场波动的几个制度进行分析，包括产权制度改革、股权分置改革、减持约束制度、熔断机制、证券市场法律制度变化、创业板市场制度建设等。

因为与主板市场相比，创业板市场的进入门槛相对较低，加之创业板上市公司多属于高科技行业，具有较高的成长性，公司资产规模并不大，成立时间也较短，积攒了大量的市场投机者，使得创业板市场存在更大的风险。在面临经济下行压力时，创业板市场也表现出比主板市场更大幅度的下跌。因此，本章在确定股价崩盘风险指标的基础上，测度创业板上市公司股价崩盘风险的现状。

3.1 制度背景

3.1.1 产权制度改革

产权制度，是由既定的产权关系与产权规则结合而成，且可以对产权关系实现有效的组合、调节以及保护的制度安排，是对产权关系的制度化，是划分、确定、界定、保护和行使产权关系的一系列行为规则（黄少安，2004）。产权制度是一个较为古老的概念，也是一个随着社会政治经济发展而变化的概念。现代企业产权制度便是随社会政治经济发展而来的产物。在从私有财产的出现到市场经济确立的历史进程中，产权制度在早期仅是以法律概念存在的，指财产的实物所有权和债权，属于静态化范畴，侧重于对财产归属的静态确认和对财产实体的静态占用。随着市场经济的发展，产权制度法律意义的概念日益深化，其外延逐渐扩大，从单纯的法律概念转为更加侧重于经济学、管理学的概念，从静态的所有权和债权转为侧重于对财产实体的动态经营和财产价值的动态实现，不再是单一的所有权，而是以所有权为核心的一组权利，包括占有权、使用权、收益权及支配权等。其主要功能在于降低交易费用，提高资源配置效率。现代产权制度是市场化体系中权、责、利高度统一的制度，基本特征是归属清晰、权责明确、保护严格、流转顺畅、财产权利和利益对称，其中产权主体及产权收益归属清晰是基础，权责明确及保护严格是基本要求，流转顺畅、财产权利和利益对称是重要标志。

改革开放之前，中国处于计划经济时期，不存在企业产权制度问题，因为企业隶属于国家，投资者是国家，所有者是国家，受益者同样是国家。而在改革开放之后，中国由计划经济转为市场经济，在市场经济时期，产权开始多元化，投资者不再仅仅是国家，因此所有者、受益者也不再仅仅是国家。也就是说，在市场经济时代，随着市场化改革，产权制度也进行相应的改革，可以说，产权制度改革是市场化改革的产物。市场化实质上是不断降低交易费用的过程，而产权制度便是影响交易成本的重要因素之一（梁坚等，2004），即产权制度对市场交易产生了重要的影响。

传统计划经济体制的主要弊端在于缺乏竞争与价格机制，无法解决资源配置中的监督激励等问题，从而导致资源配置效率低下。在市场化经济体制下，经济出现以计划配置为“体”向以市场配置为“体”的根本性转变，由此引起了包括企业行为、政府职能等一系列经济关系上的转变（常修泽等，1998）。市场化作为一种从计划经济向市场经济过渡的体制改革，不是几项规章制度的简单变化，而是一系列经济、社会、法律制度的变革，或者说是一系列的大规模制度变迁（樊纲等，2003）。马建堂和吕秀丽（1994）将中国经济市场化过程分为三个阶段：1979—1984年的市场化初始和实验阶段，1984—1992年的市场化全面展开阶段，1992年以后的市场化攻坚阶段。常修泽和高明华（1998）同样将中国经济市场化过程分为三个阶段：1978年12月至1984年10月的体制外市场化阶段，1984年10月至1991年年底的体制内局部市场化阶段，1992年以后的市场化全面展开与纵深推进阶段。从这两种阶段划分来看，至1992年中国的市场化改革已经走完前期的准备阶段，正进入一个发展与自我修正的过程。

市场化改革提高了中国经济资源的配置效率，1997—2007年，市场化进程对经济增长的贡献达到年均1.45%，这一时期全要素生产率的39.20%是由市场化贡献的（樊纲等，2011）。尽管如此，与西方发达市场经济国家相比，中国的市场化程度还较低。李晓西和曾学文（2004）从5大评判标准、33个分指标进行测度，得到2001年中国的总体市场化程度为69%。蒋荣（2008）认为，2000年以来中国经济的市场化程度为60%~80%，而发达国家的市场化程度为85%~95%，显然中国的市场化程度与西方发达国家的市场化程度存在一定差距，但是中国的市场化进程依然在发展过程中，而且市场化发展也为经济发展及国有企业产权改革提供了足够的环境帮助和路径依赖。

所以，在市场化改革及市场化不断成熟的基础上，产权制度改革与市场化改革一起成为中国证券市场及上市公司发展的制度约束。张维迎（2005）认为，企业的产权安排与广义的公司治理结构的含义几乎是相同的，准确地讲，企业产权是公司治理结构的抽象概括，而公司治理结构是产权安排的具体表现。因此离开公司治理谈产权制度是没有意义的。公司治理结构的核心问题是如何在不同的企业参与者间分配剩余索取权和控制权。剩余索取权和控制权应尽可能对应，拥有剩余索取权和承担风险的人应当拥有控制权；拥有控制权的人应当承担风险。最优公司治理结构应当是状态依存控制的结构，也就是说，控制权应当与企业经营状态相关，不同状态下的企业应当由不同利益要求者控制（黄少安，2004）。张天阳（2008）认为，从产权制度的基本功能来看，产权制度作为重要的经济制度，约束着经济活动，也减少了无产权或产权不清晰的不确定性；产权制度具有激励功能，会充分调动经济主体的积极性，使其行为的收益或预期收益与主体的努力程度一致；产权制度可以保证经济活动的有序性，降低交易费用，提高资源配置效率，因而具有一定的约束功能；产权制度可以通过产权设置或界定形成或改变资源配置状况；产权制度对不同主体进行划分和明确，从而确定收入在不同主体之间的分配。所以，从产权制度与公司治理的内在逻辑来看，一是产权制度为公司治理结构提供了制度基础，决定了公司经营目标、控制权和剩余索取权的分布状况，以及风险和收益在不同公司所有者之间的分配方式；二是产权制度是决定公司治理机制的主要因素，决定了公司治理中激励机制与约束机制的形成，以及两种机制之间的博弈；三是产权制度是决定公司治理绩效的最基本因素，具有界定和规范公司财产关系、降低交易成本以及提高资源配置效率等功能。

3.1.2 股权分置改革

在早期的中国证券市场中，许多上市公司是大中型国有企业产权改革的产物，由于在高度集中的计划经济体制下，国有企业的生存及发展依赖于国家政策的扶持，并且不需要市场化的产品分配，因此并不存在生存危机。在国有企业改革尤其是股份制改革后，一方面，国有企业效率低下导致二级市场股票价格低迷，另一方面，在股份买卖中存在股份流失。因此，为达到利用资本市场扶持国有企业，提升国有企业效益，同时避免国有资产流失、中国证券市场受到境外资本冲击的目的，中国证券市场中的上市公司股权被分为国家股、法人股、社会公众股、内部职工股以及转配股，其中国家股与法人股为非流通的股份，其余的股份为流通的股份，这也就是所谓的股权分置。

股权分置是制度的遗产，也是时代的产物。在证券市场早期，股权分置起到了一定作用，有助于政府对社会资本的控制，在一定程度上避免了国有资产流失，保证了公有制的主体地位，为政府维持市场稳定发展留下了足够的操作筹码，也为未来国有企业解困预留了一定空间。然而，随着中国资本市场的自由化及产权制度改革的逐步发展，股权分置也产生了很多问题，尤其是寻租问题。一方面，从上市公司视角来看，由于非流通股的存在，国有企业产生了一股独大的现象，而且非流通股与流通股之间权益的不同，也使得非流通股股东借机侵占流通股股东的利益；另一方面，从证券市场视角来看，由于非流通股约占上市公司股权的2/3，所以流通股成为稀缺资源，会受到市场的炒作，而非流通股也会成为公司经理人的操控工具。因此，存在股权分置的上市公司的代理问题便非常严重。因此，为解决这种制度性问题，消除非流通股与流通股之间的差异，使中国证券市场进入全流通时代，股权分置改革便应运而生。

从中国证券市场的整个发展历史来看，股权分置改革分为以下四个阶段：

第一阶段：股权分置问题的形成。在证券市场成立初期，由于许多上市公司由国企改制而来，为避免国有财产流失等问题，政府对国有股流通问题从总体上采取搁置的办法，设立了非流通股与流通股，从而形成了股权分置的格局。

第二阶段：通过国有股变现解决国企改革和发展资金需求的尝试，开始触动股权分置问题。从 1998 年下半年到 1999 年上半年，为了解决国有企业改革发展的资金需求和完善社会保障机制，国家开始进行国有股减持的探索性尝试。但由于实施方案与市场预期存在一定差距，试点很快被停止。2001 年 6 月 6 日，国务院颁布的《减持国有股筹集社会保障资金管理暂行办法》是该思路的延续，明确规定“国有股减持主要采取国有股存量发行的方式。凡国家拥有股份的股份有限公司（包括在境外上市的公司）向公共投资者首次发行和增发股票时，均应按融资额的 10% 出售国有股”。但由于市场效果不理想，2001 年 10 月 22 日，证监会宣布停止执行办法中的第五条，并表示将公开征集国有股减持方案，研究制定具体操作办法，稳步推进这项工作。

第三阶段：作为推进资本市场改革开放和稳定发展的制度性变革，解决股权分置的问题正式被提上日程。2004 年年初，政府充分认识到股票市场持续下跌对中国经济的危害性，同年 1 月 31 日，政府从中国股市实际出发，颁布了《国务院关于推进资本市场改革开放和稳定发展的若干意见》，这是中国资本市场发展史上里程碑式的纲领。《国务院关于推进资本市场改革开放和稳定发展的若干意见》明确指出，要“积极稳妥解决股权分置问题”“稳步解决目前上市公司股份中尚不能上市流通股份的流通问题”。

第四阶段：股权分置改革试点及正式启动。2005 年 4 月 29 日，证监会发布了《关于上市公司股权分置改革试点有关问题的通知》，提出了股权分置改革对价并轨的改革思路；同年5月31日，证监会又发布了《关于做好第二批上市公司股权分置改革试点工作有关问题的通知》；国务院国资委也于6月17日公布了《国务院国资委关于国有控股上市公司股权分置改革的指导意见》，这些相关文件的发布实施标志着股权分置改革的正式启动。

股权分置问题对证券市场及上市公司具有一定的危害性。首先，股权分置问题造成了市场供需失衡问题。由于证券市场中2/3的股份为非流通股，一旦这些非流通股解禁并被允许流通，便会在短期内导致股票供应量大幅增加，如果股票需求未能跟上供应量的增加，便会导致股价大跌。其次，股权分置问题也会造成股东利益冲突问题。由于流通股与非流通股的长期法定分割会导致公司利益在大股东与小股东之间的分配产生差异，因此流通股股东会认为非流通股股东并非利用现金获得应得股份，而是以低于市场价格的资本估值获得股权及公司控制权，因此流通股股东会认为非流通股股东侵占了流通股股东的利益。最后，股权分置问题会带来控制权僵化的问题。由于非流通股不能在二级市场公开买卖，因此上市公司大股东，尤其是控股股东的持股权并不会受到外部股东的威胁，从而使得公司控制权具有僵化性。

从制度供求关系来看，制度需求包括制度需求的外生变量和内生变量，其中，外生变量是指制度以外的政治经济环境变化，内生变量是指制度自身的内部需求以及对于新制度的渴望程度。制度供给则是指需求方以外，不由需求方决定的外部制度变化。制度均衡是指制度需求与制度供给因素一定时，制度供给适应了制度需求；制度非均衡则是制度供给无法适应制度需求。具体到股权分置及股权分置改革问题上，股权分置改革的制度需求是由早期证券市场制度安排造成的证券市场制度需求主体的制度行为准则，具体是证券市场中制度需求者对制度的采用、替代与组合过程中的行为准则。关于制度采用准则，由于近年来证券市场波动较大，股票价格一路下跌，所以市场参与者希望改变制度现状，尤其是在之前证监会先后出台的关于国有股减持的制度均未能起到良好作用的情况下，作为证券市场制度需求主体的一方，市场参与者为保证自身利益，需要与其边际效益最大化相关的制度的出现。关于制度替代准则，已有制度的边际收益会随着制度作用的产生逐渐降低，这就使得市场参与者需要新的制度替代已有的制度，对市场产生刺激作用。关于制度组合准则，作为制度需求的主体，市场参与者与政府之间存在博弈问题，在重复博弈下，会产生一个使多方利益最大化的制度组合。因此，在已有制度不能满足证券市场主体的需求，而且也没有很好地解决股权分置问题的情况下，市场中需要新的股权分置改革制度出现。当存在制度失衡时，就会出现新的制度供给，然而制度供给会产生一定的成本，这是因为一方面，制度供给者在提供制度时会牺牲一部分人的利益，另一方面，制度供给时会造成一定的“搭便车”行为。股权分置改革制度的供给会使之前的非流通股股东的部分利益受损，一些大的非流通股股东必须接受与流通股股东利益一致化的事实，而一部分持股量相对较少的非流通股股东不需要做任何事情就可以通过大的非流通股股东实现自己的利益。因此，在这种制度供需不平衡的情况下，股权分置改革便需要制度的创新以使制度从不均衡达到均衡。

基于制度创新，股权分置改革在初期达到了一定目的。在股权分置改革刚完成的2006年，市场涨幅的20%左右是由股权分置改革贡献的，估值提高贡献了30%左右，净利润增长贡献了5%左右①。所以，股权分置改革的意义深远程度不亚于证券市场的创立。股权分置改革的意义，首先在于适应了资本市场发展的新形势；其次在于为有效利用资本市场工具促进上市公司发展奠定了良好的基础，有利于上市公司引入市场化的激励与约束机制，完善公司法人治理结构，形成良好的自我约束机制和有效的外部监督机制；再次在于消除了股权分置这一证券市场中最大的不确定因素，有利于股票市场长期健康发展；最后在于解决了A股市场中股东之间的利益平衡问题。

3.1.3 减持约束制度

从2005年股权分置改革到2007年非流通股解禁期结束，很多上市公司的大股东在股份获得流通权后就迅速减持，相当于短期内给股票市场进行了大扩容，极快地增加了证券市场的供给，也就使得证券市场中供大于求，股票价格自然会降低。因此，2008年中国股票市场的剧烈波动被很多人归咎于股权分置改革后的大股东减持行为。大股东作为上市公司的信息知情人和实际控制人，大量地减持无疑表明其对公司估值的不认可，若再加上很多大股

① 数据来源：2006年11月工银瑞信公布的第四季度投资策略报告。

东的“精准”减持行为，无疑会影响股票市场，尤其是在公司的坏消息公布前大量减持，并且减持价格普遍优于中小投资者，无疑涉嫌利用信息优势进行交易，严重损害中小投资者的利益，因此若无合理的维权机制，就会引发股价的异常波动。

股权分置改革形成的解禁股到期之后，为了减少大股东减持行为的影响，证监会等相关监管部门出台了一些约束大股东减持的规定，或是在其他相关规定中对大股东减持行为进行约束或规范。

在《中华人民共和国证券法》（以下简称《证券法》）、《上市公司收购管理办法》和《深圳证券交易所创业板上市公司规范运作指引》等证券市场法律、法规、制度中，明确对大股东减持出售行为进行了规定。其中，《上市公司收购管理办法》明确规定：通过证券交易所的证券交易，投资者及其一致行动人拥有权益的股份达到一个上市公司已发行股份的5%时，应当在该事实发生之日起3日内编制权益变动报告书，向中国证监会、证券交易所提交书面报告，通知该上市公司，并予公告；在上述期限内，不得再行买卖该上市公司的股票。《深圳证券交易所创业板上市公司规范运作指引》也指出，控股股东、实际控制人预计未来6个月内通过证券交易系统出售其直接或间接持有的上市公司股份可能达到或超过公司股份总数5%的，应当委托上市公司在首次出售2个交易日前披露提示性公告。

2005年8月23日，证监会联合国资委、财政部、中国人民银行、商务部出台了《关于上市公司股权分置改革的指导意见》。同年9月4日，证监会发布了《上市公司股权分置改革管理办法》（证监发〔2005〕86号），对非流通股获得解禁后的出售行为进行了规定，其第二十七条规定，①自改革方案实施之日起，在12个月内不得上市交易或者转让；②持有上市公司股份总数5%以上的原非流通股股东，在前项规定期满后，通过证券交易所挂牌交易出售原非流通股股份，出售数量占该公司股份总数的比例在12个月内不得超过5%，在24个月内不得超过10%；第三十九条规定，持有、控制公司股份5%以上的原非流通股股东，通过证券交易所挂牌交易出售的股份数量，每达到该公司股份总数1%时，应当在该事实发生之日起2个工作日内做出公告，公告期间无须停止出售股份。这一管理办法督促非流通股股东切实履行承诺的非减持义务，从而在基础制度层面保障了流通股股东的合法权益。

2008年4月20日，证监会发布了《上市公司解除限售存量股份转让指导意见》（证监会公告〔2008〕15号）①，其第三条指出，持有解除限售存量股份的股东预计未来1个月内公开出售解除限售存量股份的数量超过该公司股份总数1%的，应当通过证券交易所大宗交易系统转让所持股份；第五条指出，上市公司的控股股东在该公司的年报、半年报公告前30日内不得转让解除限售存量股份；第八条指出，持有或控制上市公司5%以上股份的股东及其一致行动人减持股份的，应当按照证券交易所的规则及时、准确地履行信息披露义务。这一指导意见的出台，规范和指导了上市公司解除限售存量股份的转让行为，是在当时已经出现了股票市场波动的情况下，对大股东的减持行为进行的规范，因此在短期内对资本市场起到了稳定的作用。

2014年7月22日，上海证券交易所为了落实《国务院办公厅关于进一步加强资本市场中小投资者合法权益保护工作的意见》要求，维护中小投资者的合法权益，规范上市公司股东减持股份的预披露事项，制定了《上市公司日常信息披露工作备忘录第十三号　上市公司股东减持股份预披露事项（征求意见稿）》，对大股东减持行为进行了明确规定。其第三条规定，上市公司相关股东预计未来6个月内通过本所证券交易系统以集中竞价交易或大宗交易方式单独或者合并减持的股份，可能达到或超过上市公司已发行股份5%的，应当在首次减持前3个交易日通知上市公司并预先披露其减持计划；第四条规定，相关股东未披露减持计划的，任意连续6个月内减持股份不得达到或超过上市公司已发行股份的5%。同时，该征求意见稿还对大股东减持披露的内容、减持后增持行为等内容进行了规定。

在2015年中国股票市场出现大幅波动后，证监会为了维护证券市场的稳定，保护普通市场投资者的权益，控制股价崩盘中非理性下跌的恶性蔓延，迅速出台了禁止大股东及董事、监事、高级管理人员（简称董监高）减持的规定。2015年7月8日，证监会发布了《中国证券监督管理委员会公告》

① 该指导意见已经于2014年2月被证监会废止。

(〔2015〕18号)①，规定，“一、从即日（2017年7月8日）起6个月内，上市公司控股股东和持股5%以上股东（以下并称大股东）及董事、监事、高级管理人员不得通过二级市场减持本公司股份。二、上市公司大股东及董事、监事、高级管理人员违反上述规定减持本公司股份的，中国证监会将给予严肃处理。三、上市公司大股东及董事、监事、高级管理人员在6个月后减持本公司股份的具体办法，另行规定”。这一公告出台的初衷在于降低证券市场供给与缓解集中抛售压力，形成证券市场交易的供需平衡，根本目的在于通过政策引导增强市场投资者的信心，加强证券市场的流通性基础，稳定证券市场价格，减少证券市场波动，但实际上并没有实现预期目标，股票市场仍在持续下跌。

2015年年底至2016年年初，由于证监会规定的6个月减持期限将在2016年1月8日到期，证监会如何进一步约束减持行为，是继续禁止减持还是允许大股东及“董监高”减持，就引发了证券市场投资者的关注与讨论，这也对证券市场产生了冲击。监管部门希望总结前期限制减持行为的经验，形成监管大股东和“董监高”的长效机制，引导大股东和“董监高”依法、透明、有效减持，保障其转让股份的合法权利。于是，2016年1月7日，证监会为规范控股股东和持股5%以上股东及“董监高”的减持行为，促进证券市场长期稳定健康发展，出台了《上市公司大股东、董监高减持股份的若干规定》(证监会公告〔2016〕1号)②。该规定除对上市公司大股东和“董监高”不得减持股份的情形进行了规定，还在第八条明确要求，“上市公司大股东计划通过证券交易所集中竞价交易减持股份，应当在首次卖出的15个交易日前预先披露减持计划”；第九条明确要求，“上市公司大股东在3个月内通过证券交易所集中竞价交易减持股份的总数，不得超过公司股份总数的1%”。由于此规定出台前，中国证券市场刚刚出现了熔断，市场不确定性及投资者恐慌程度更高了，因此该规定的出台面临十分严峻的市场环境。然而，此次规定的出台，并没有一刀切地禁止大股东及“董监高”减持股份，而是允许

① 该公告随2016年1月7日证监会《上市公司大股东、董监高减持股份的若干规定》的出台同时废止。

② 该公告于2017年5月26日随新的相关规定的出台而同时废止。

大股东及“董监高”在不违背相关规定的前提下，有序、公开、透明地减持。例如，允许大股东通过大宗交易减持，允许质押融资减持以及两融平仓减持等。

在《上市公司大股东、董监高减持股份的若干规定》出台一段时间后，依然存在一些问题。一是对大股东集中减持的规范不够完善。一些大股东通过非集中竞价交易方式，如大宗交易方式转让股份，再由受让方通过集中竞价交易方式卖出，以“过桥减持”方式规避集中竞价交易的减持数量限制。二是没有限制上市公司非公开发行股份解禁后的减持数量，导致短期内股东大量减持股份。三是对于虽然不是大股东但持有首次公开发行前股份和上市公司非公开发行股份的股东，在锁定期届满后的大幅减持缺乏有针对性的制度规范。四是有关股东减持的信息披露要求不够完备，一些大股东和“董监高”利用信息优势“精准”减持。五是市场上还存在一些“董监高”通过辞职方式，人为规避减持规则等恶意减持行为。于是，2017 年 5 月 26 日，证监会再次发布了《上市公司股东、董监高减持股份的若干规定》（证监会公告〔2017〕9 号），同样对上市公司大股东和“董监高”的减持情形进行了规定，并在前述规定的基础上要求，在预先披露的减持时间区间内，大股东和“董监高”应当按照证券交易所的规定披露减持进展情况。减持计划实施完毕后，大股东和“董监高”应当在 2 个交易日内向证券交易所报告，并予公告；在预先披露的减持时间区间内，未实施减持或者减持计划未实施完毕的，应当在减持时间区间届满后的 2 个交易日内向证券交易所报告，并予公告；股东持有上市公司非公开发行的股份，在股份限售期届满后 12 个月内通过集中竞价交易减持的数量，还应当符合证券交易所规定的比例限制等。新规定的出台，对大股东以及“董监高”的减持行为进行了更为严格的规定，促使各上市公司的大股东和“董监高”能够规范、理性、有序地减持，以此促进资本市场健康稳定地发展。

3.1.4 熔断机制

熔断机制是指当股指波动幅度达到规定的熔断点时，交易所为了控制风险而采取的暂停交易措施。熔断机制源于美国，1987 年美国股灾之后，美国商品期货交易委员会（CFTC）与美国证券交易委员会（SEC），批准了纽约股票交易所（NYSE）和芝加哥商业交易所（CME）的熔断机制。

中国证券市场熔断机制的推出，源于2015年中国证券市场的巨大波动，为了避免证券市场出现过度波动，促使证券市场回归理性，2015年12月4日，证监会同意上交所、深交所、中金所①于2016年1月1日起开始实施熔断机制。中国证券市场的熔断机制规定：第一，指数熔断的基准指数为沪深300指数。第二，熔断品种为沪深交易所上市的全部股票、可转债、可分离债、股票期权等，及中金所的所有股指期货合约。第三，两档指数熔断阈值及熔断时间分别为，一是5%，当沪深300指数上涨或下跌触发5%阈值时，暂停交易30分钟，熔断结束时进行集合竞价，之后继续当日交易，在14：30及之后触发5%熔断阈值，暂停交易至收市；二是7%，全天任何时段沪深300指数上涨或下跌触发7%熔断阈值，暂停交易至收市。

推出熔断机制的目的是好的，在2015年证监会发布征求意见稿时，多路人士纷纷支持该机制。很多人认为，熔断机制不是仅针对股票市场的下跌进行约束，而是同时对双向振幅进行约束，人们认为，该机制有利于抑制投机行为和过度交易，能在股市暴跌时发挥“保险丝”功能，在股市暴涨时起到稳定市场、防止市场情绪过于亢奋的作用。

然而，当熔断机制真正实施后结果完全超乎人们的预期。2016年1月4日，A股遇到了史上的首次熔断。早盘，沪深两市双双低开，随后沪指一度跳水大跌，跌破3400点，各大板块纷纷下挫。午后，沪深300指数在开盘后继续下跌，并于13点13分跌幅超过5%，引发了第一次熔断，三家交易所暂停交易15分钟。恢复交易后，沪深300指数继续下跌，并于13点34分触及7%的熔断关口，三家交易所暂停交易至收市。2016年1月7日，早盘9点42分，沪深300指数跌幅超过5%，再度触发熔断机制。并在熔断开盘后仅3分钟，沪深300指数再度快速探底，最大跌幅达到7.21%，触及熔断阈值。这是中国股票市场第二次提前收盘，同时也创造了中国股票市场休市最快纪录。熔断机制实施1周后，中国股票市场2天四次触发熔断，于是为了维护市场稳定，证监会宣布自2016年1月8日起暂停实施熔断机制。对于暂停熔断机

---

① 上交所即上海证券交易所，深交所即深圳证券交易所，中金所即中国金融期货交易所。

制的原因，证监会给出的解释为，引入指数熔断机制的主要目的是为市场提供“冷静期”，避免或减少大幅波动情况下的匆忙决策，保护投资者特别是中小投资者的合法权益；抑制程序化交易的助涨助跌效应；为应对技术或操作风险提供应急处置时间。熔断机制不是市场大跌的主因，但从近两次实际熔断情况看，没有达到预期效果，而熔断机制又有一定“磁吸效应”，即在接近熔断阈值时部分投资者提前交易，导致股指加速触碰熔断阈值，起了助跌的作用。权衡利弊，目前负面影响大于正面效应。因此，为维护市场稳定，证监会决定暂停熔断机制。

虽然熔断机制本身并不存在制度安排错误，而且有美国等资本市场的先例，但中国证券市场的熔断机制与美国证券市场的熔断机制，无论是制度环境、市场参与者还是制度设计等都存在极大的差异。首先，从市场参与者来看，中美两国证券市场的参与者完全不同。美国证券市场的参与者多为机构投资者，尤其是近年来随着证券市场的进一步成熟，机构投资者的比例达到市场投资者总数的七成以上，而中国证券市场的散户比例很高（张鑫，2016）。相较于散户，机构投资者更成熟，也更理性，对待风险的态度与应对风险的手段完全不同，因此由机构投资者主导的市场，暴涨暴跌频率更低。其次，从交易制度来看，中美两国证券市场的交易制度也存在差异。在美国证券市场中，标准普尔 500 指数跌幅分别达到 7% 和 13% 时才触发交易暂停，当跌幅达到 20% 时，当天股票市场提前收市。于是市场空头攻击到这些位置时，很容易因为没有下一步的目标而暂停交易，但多头会利用这段时间收集各种资讯，明确问题出在哪里，于是股票市场就能够逐渐稳定下来。

因此，即使推出熔断机制的初衷是好的，但因为市场参与者、交易制度等因素，熔断机制并没有能够在中国证券市场长存。究其原因，第一，熔断机制设计本身存在一定缺陷。此次熔断机制以沪深 300 指数为市场基准指数，但沪深 300 指数作为市场整体涨跌状况的代表存在“失真”的可能，一方面，该指数虽是以蓝筹股、大盘股为主的跨市场指数，但这 300 家公司并不能代表沪深两市所有上市公司（胡俞越等，2016）；另一方面，沪深 300 指数发布已久，上市公司规模、市值已发生了很大的变化，这 300 家公司的市值在所有上市公司总市值中所占的比重有所下降，沪深 300 指数难以反映 A 股准确走势。第二，市场交易制度存在缺陷。目前，中国股票二级市场依然实行 T +

1交易制度，在这种情况下实行熔断机制，投资者在发现决策失误时不能及时纠正，导致风险集聚到下一个交易日，加之股票市场还存在涨跌停板制度，这与熔断机制具有一定的重复性，会使熔断机制的抑制价格发现、“磁吸效应”、抑制流动性等负面效应被放大（寇英哲，2016；吴晓求，2016）。第三，对证券市场的监管存在漏洞。熔断机制的失灵证明监管部门对证券市场的监管存在漏洞和不足，监管在惩治违法违规行为的同时，更重要的是为市场投资者带来稳定的预期，所以监管要强调预判性和对紧急事件的应付能力，缺乏稳定的规则框架只会让市场投资者不知所措，也就导致资本市场短期化倾向明显（贾洪文等，2017）。第四，证券市场的价值投资理念尚未形成。从欧美等国家熔断机制的成功经验来看，大多数资本市场并不存在严重的恶意炒作、投机倒把等现象，以美国证券市场为例，市场中的投资大多为价值投资，但中国证券市场中投机现象相对更为严重（李思齐，2017）。

3.1.5 证券市场法律制度变化

对于证券市场发展，不但需要保障大股东利益，更需要保障中小投资者利益，因此市场法律体系的建立就格外有必要。法律体系的建立与完善还能有力地推动市场进步。自中国证券市场建立以来，伴随着市场规模的不断扩大，市场法律体系建设也在不断推进，目前已经形成了证券市场四个层次的法律体系。第一层次为国家法律，如《证券法》《公司法》等；第二层次为行政法规，如《金融资产管理公司条例》等；第三层次为部门规章，如《证券交易所管理办法》等；第四层次为其他规范文件及法规解释，如《关于上市公司重大购买、出售、置换资产若干问题的通知》等。证券市场的法律体系给资本市场的有序、健康发展提供了重要保障，为中国资本市场规范化、法制化奠定了坚实基础（靖辉，2007）。

以《证券法》为例来说明证券市场法律制度的变化。自1999年出台以来，《证券法》根据现实情况进行了多次修订。《证券法》的起草工作在1992年就已经开始了，1998年金融危机的爆发促进了《证券法》的出台，其目的在于规范证券市场。《证券法》的主要特点包括：第一，《证券法》是新中国成立以来，除《中华人民共和国宪法》之外第一部依靠社会力量、由全国人大自己起草的法律；第二，《证券法》的立法过程公开、透明；第三，《证券法》既结合中国现实，又充分注重实施的调控空间；第四，《证券法》的出台标志着中国证券市场由“在规范中发展”进入“在发展中规范”的新阶段；第五，《证券法》在内容和调整对象方面较为全面，结构也较为合理。

随着中国经济和金融体制改革的不断深化，中国证券市场也发生了巨大变化，证券市场的法律法规也进行了调整与修订。2005 年 10 月 27 日，第一次修订的《证券法》在第十届全国人民代表大会常务委员会（简称人大常委会）第十八次会议上顺利通过。此次《证券法》的修订集中在以下六个问题：第一，对证监会权力的制约加大。此次修订规定，涉及公开发行股票、公开发行新股等重要问题需国务院批准，这是为了防止证监会权力过分膨胀，明确了证监会的位置。第二，关于证监会问责制的规定。此次修订将第二百二十八条修改为“证券监督管理机构的工作人员和发行审核委员会的组成人员，不履行本法规定的职责，滥用职权、玩忽职守，利用职务便利牟取不正当利益，或者泄露所知悉的有关单位和个人的商业秘密的，依法追究法律责任”，这确立了证监会的问责制，能够从法律途径防止证监会内部的腐败。第三，关于上市公司涉嫌犯罪行为需要公告的规定。2005 版《证券法》第六十七条规定，上市公司对发生可能影响证券价格的重大事件需要公告，重大事件包括上市公司涉嫌犯罪被立案调查的情形。第四，明确保荐人也是内幕信息知情人。2005 版《证券法》规定，保荐人负有对股票发行、上市交易出具保荐书，对申请文件进行核查等责任，承销的证券公司负有对公开发行文件进行审查的义务，保荐人应列入证券交易内幕信息知情人范围。第五，一致行动人概念被明确。2005 版《证券法》规定，投资者持有或者通过协议、其他安排与他人共同持有一个上市公司已发行的股份达到法定比例的，应当进行报告、公告和发出收购要约。第六，严控证券私募发行。2005 版《证券法》规定，向累计超过二百人的特定对象发行证券属于公开发行，应当报国务院证券监督管理机构或者国务院授权的部门核准。此次《证券法》的修订，完善了证券发行程序，有利于保护投资者利益。

2013 年，《证券法》被修正，此次修正的内容不多，仅将第一百二十九条第一款修改为：“证券公司设立、收购或者撤销分支机构，变更业务范围，增加注册资本且股权结构发生重大调整，减少注册资本，变更持有百分之五以上股权的股东、实际控制人，变更公司章程中的重要条款，合并、分立、停业、解散、破产，必须经国务院证券监督管理机构批准。”

2014 年，《证券法》又一次被修正，主要修正内容包括：第一，将第八十九条第一款中的“先向国务院证券监督管理机构报送上市公司收购报告书”修改为“公告上市公司收购报告书”；第二，将第九十一条修改为，“在收购要约确定的承诺期限内，收购人不得撤销其收购要约。收购人需要变更收购要约的，必须及时公告，载明具体变更事项”；第三，将第一百零八条、第一百三十一条第二款中的“有《中华人民共和国公司法》第一百四十七条规定的情形”修改为“有《中华人民共和国公司法》第一百四十六条规定的情形”等。

2015 年，中国股票市场发生了大幅度波动，相关部门为了进一步规范证券市场，着手进一步修订《证券法》。

2019 年，《证券法》再一次被修订，此次修订主要包括五大内容。第一，完善市场基础性制度建设。证券市场“依法治市”的核心是通过“法治”推进制度性建设，理顺证券市场投资人、发行人、中介机构及其他参与主体之间的关系，使各方权益得到保护，不法行为受到法律的刚性约束和制裁。第二，丰富多层次股权市场的内涵。对多层次资本市场增加规定，不仅细化证券交易场所划分，还明确除沪深交易所以外其他交易场所应遵守的规定，建立多层次信息披露制度，针对公开发行的证券、公开发行豁免注册或核准的证券和非公开发行的证券以及公众公司公开交易的股票，规定不同的信息披露义务。第三，强化投资者保护。设立投资者适当性管理制度，明确证券经营机构对于普通投资者负有了解客户、揭示风险、销售匹配产品等义务；增加发行人、控股股东、实际控制人等主体的公开承诺履行制度；增加现金分红制度，对发行信息披露和持续信息披露进行全面规定；规范程序化交易，增加股东大会最低持股比例、完善股东派生诉讼和代表人诉讼制度，规定投资者保护机构可以担任诉讼代表人等。第四，为混业经营下的金融监管体制改革留下制度空间。借助《证券法》修订加强跨市场监管，为金融监管体制改革留足法律制度空间。第五，加大对资本市场违法违规行为的打击处罚力度。进一步明确各种违法违规行为界定的标准，提高处罚力度。

证券市场法律体系的不断修订与逐步完善，不仅是中国资本市场法制建设的重大事件，也是进一步健全和完善社会主义市场经济法律体系的重要举措，对于全面提升资本市场法治水平、促使资本市场稳定、加快推进资本市场改革发展具有重大意义。一方面，社会主义市场经济的发展需要有强大的资本市场支撑，《证券法》等相关法律法规的修订与完善，为资本市场做大做强提供了坚实的基础；另一方面，资本市场的体制性、制度性问题影响了市场的长期发展，《证券法》等相关法律法规的修订为解决这些问题创造了有利条件。

3.1.6 创业板市场制度建设

创业板市场是专门为创业类企业提供上市融资服务的证券市场，是资本市场发展到一定阶段后，在主板市场外为高科技类中小企业提供融资渠道，为创投资本提供有效的投资渠道，为培养和鼓励企业家精神而设立的。与主板市场服务发展成熟、形成较大规模的企业不同，创业板市场以服务处于创业期和成长期的中小企业为目标，以培养先导企业为前提，重点支持具有自主创新、持续成长能力的企业上市，并通过资本与科技的结合，鼓励全社会创新。

中国创业板市场是基于建立多层次资本市场体系的目标而提出的。创业板市场最早在1998年由中国民主建国会提出，并于1999年被提上政府议事日程，最终于2009年10月正式推出，创业板股票在深交所交易。创业板市场以促进自主创新企业及其他成长型创业企业的发展为宗旨，为创业型中小企业解决融资难问题，为创投资本提供退出渠道。目前，中国资本市场已经形成主板、中小企业板、创业板、三板及新三板、场外交易市场等几个层面，而创业板市场在整个资本市场金字塔体系中处于中间位置。与主板市场相比，创业板市场在上市公司产业状况、交易机制、交易参与者、监管机制、交易活跃制度等方面存在一定差异。

虽然中国创业板市场于2009年10月正式交易，且开板时仅有28家公司正式挂牌，但在2015年年底，已发展有近500家公司在创业板市场上市。虽然中国创业板市场借鉴了美国纳斯达克市场的制度，但是中国创业板市场与美国纳斯达克市场在制度规范与制度建设方面存在一定差异。以上市标准为例，中国创业板市场对发行人盈利的能力与规模、经营时间、股本、业务、保荐机制等方面进行了规范，而美国纳斯达克市场分成了三个层次，并对需要上市的公司资产状况、诚信状况等提出了严格要求（中国创业板市场与美国纳斯达克市场上市标准参考自于旭和魏双莹（2015）的统计，见表3－1与表3－2）。简单来说，美国纳斯达克市场具有更为严格的上市标准。

表3－1　　中国创业板市场上市标准

<table>
<tr><td rowspan="4">财务指标</td><td>盈利要求</td><td>（1）最近2年持续盈利，最近2年净利润累计不少于1000万元，且持续增长；
（2）最近1年盈利，且净利润不少于500万元，最近1年营业收入不少于5000万元，最近2年营业收入增长率不低于30%</td></tr>
<tr><td>其他财务要求</td><td>最近一期末不存在未弥补亏损，且最近一期末净资产不少于2000万元</td></tr>
<tr><td>股本要求</td><td>发行后股本不少于3000万元</td></tr>
<tr><td>经营时间</td><td>持续经营3年以上</td></tr>
<tr><td rowspan="3">非财务指标</td><td>成长性与创意性要求</td><td>发行人具有较高的成长性，具有一定的自主创新能力，在科技创新、制度创新、管理创新等方面具有较强的竞争优势，参考“三高五新”标准</td></tr>
<tr><td>业务要求</td><td>应当主要经营一种业务</td></tr>
<tr><td>保荐机制</td><td>创业板公开发行股票，应当由保荐机构保荐</td></tr>
</table>

表3－2　　美国纳斯达克市场上市标准

<table>
<tr><th>市场</th><th colspan="2">财务指标</th><th>非财务指标</th></tr>
<tr><td rowspan="4">纳斯达克全球精选市场</td><td>标准1</td><td>前3个财务年度累计税前利润不低于1100万美元，近2个财务年度税前净利润不低于220万美元，且前3个财务年度每年均盈利</td><td rowspan="4">（1）买价4美元；
（2）3或4个做市商；
（3）满足公司治理要求</td></tr>
<tr><td>标准2</td><td>前3个财务年度累计现金流不低于2750万美元，并且3个财务年度每年为正，及近12个月平均市值不低于5.5亿美元，上1财务年度总收入不低于1.1亿美元</td></tr>
<tr><td>标准3</td><td>前12个月平均市值不低于8.5亿美元，且上1财务年度总收入不低于9000万美元</td></tr>
<tr><td>标准4</td><td>总市值不低于1.6亿美元，且总资本不低于8000万美元，加之股东权益不低于5500万美元</td></tr>
</table>

续表

<table>
<tr><th>市场</th><th colspan="2">财务指标</th><th>非财务指标</th></tr>
<tr><td rowspan="4">纳斯达克全球市场</td><td>标准 1</td><td>税前持续营业收入 100 万美元，股东权益 1500 万美元，且公众持股市值 800 万美元，公众持股数 110 万股</td><td rowspan="2">（1）买价 4 美元；
（2）3 个做市商；
（3）满足公司治理要求；
（4）百股以上持有人达 400 人</td></tr>
<tr><td>标准 2</td><td>股东权益 3000 万美元，公众持股数 110 万股，且公众持股市值 1800 万美元，运营年限 2 年</td></tr>
<tr><td>标准 3</td><td>上市股票市场价格 7500 万美元，公众持股数 110 万股，且公众持股市值 2000 万美元</td><td rowspan="2">（1）买价 4 美元；
（2）4 个做市商；
（3）满足公司治理要求；
（4）百股以上持有人达 400 人</td></tr>
<tr><td>标准 4</td><td>公众持股数 110 万股，公众持股市值 2000 万美元，且最近 1 个财务年度或者最近 3 个财务年度中的 2 年总资产 7500 万美元</td></tr>
<tr><td rowspan="3">纳斯达克资本市场</td><td>标准 1</td><td>股东权益 500 万美元，公众持股市值 1500 万美元，且运营年限 2 年</td><td rowspan="3">（1）买价 4 美元；
（2）3 个做市商；
（3）满足公司治理要求；
（4）百股以上持有人达 300 人；
（5）公众持股 100 万股</td></tr>
<tr><td>标准 2</td><td>股东权益 400 万美元，公众持股市值 1500 万美元，且挂牌股票市值 5000 万美元</td></tr>
<tr><td>标准 3</td><td>股东权益 400 万美元，公众持股市值 1500 万美元，且最近 1 个财务年度或者最近 3 个财务年度中的 2 年持续净盈利 75 万美元</td></tr>
</table>

虽然创业板市场成立的初衷在于为创业型企业提供融资平台，但在创业板市场成立的一段时间内，频频出现创业板上市公司大幅度超募资金、高管频繁离职和套现、上市后业绩“连连跳”等背离创立初衷的现象（李维安，2011）。这说明，创业板的市场制度建设存在问题。首先，创业板市场的风险较大且风险防范机制不健全。一般来说，创新公司的规模不大，有些公司业绩较差，同时，公司发展的不确定因素很多，有可能面临破产摘牌，造成较大的投资风险。加之投机炒作的因素，使得创业板市场风险更大。此外，创业板市场的风险防范机制不健全，很多风险没有被及时发现、及时防控。其次，创业板市场存在过度投机现象。创业板市场的上市门槛较低，上市公司规模小、题材多，股价极易被人操纵，导致股价大幅波动。再次，行政手段、行政机制、行政方式未能产生良性影响。中国资本市场的行政机制极大地扭曲了市场本身所应具有的各种机制，从股票发行到上市，从企业初次融资到

再融资，都要经过层层的行政审批，行政竞争钳制了市场竞争，行政机制排斥了市场机制，资源配置和再配置功能被大大地弱化（王明勤，2011）。最后，上市公司数量有限，不利于形成有效的股价序列，未能形成理性价格。虽然，目前创业板上市公司的数量已经比创业板市场刚刚成立时多了很多，但对于一个需要长期发展的市场而言还远远不够，没有足量的个股供应，不利于创业板市场形成有竞争性的股价序列，也不利于形成合理的股价结构体系（陶鹂春，2010）。

3.2 创业板上市公司股价崩盘风险的现状分析

3.2.1 股价崩盘风险衡量指标确定

本书参考已有文献（Hutton et al.，2008；Kothari et al.，2009；Kim et al.，2011；Kim et al.，2014；Xu et al.，2013；Xu et al.，2014；李小荣等，2012；许年行等，2012；许年行等，2013；Cao et al.，2016；王化成等，2015；林乐等，2016；肖土盛等，2017；宋献中等，2017），分别以负收益偏态系数（*NCSKEW*）与收益波动比率（*DUVOL*）测度创业板上市公司股价崩盘风险，具体测度方法为：

第一步：计算创业板上市公司 i 股票在某样本年度内第 t 周的特有收益率。利用式 3.1 对 i 股票在每个样本年度内的周收益状况进行回归：

$$R_{i,t} = \alpha_0 + \alpha_1 R_{m,t-2} + \alpha_2 R_{m,t-1} + \alpha_3 R_{m,t} + \alpha_4 R_{m,t+1} + \alpha_5 R_{m,t+2} + \varepsilon_{i,t} \quad (3.1)$$

在式 3.1 中，$R_{i,t}$为股票 i 在第 t 周考虑现金红利再投资的收益率，$R_{m,t}$为主板市场中所有股票在第 t 周经流通市值加权后的平均收益率。为了考虑股票非同步性交易的影响，本书加入前后周期市场收益率的影响（Dimson，1979；许年行等，2012）。该式回归所得残差项 $\varepsilon_{i,t}$ 表示股票 i 在第 t 周内收益率中没有被市场周收益率解释的部分，若 $\varepsilon_{i,t}$ 为负，则数值越小，表明偏离市场收益程度就越大，股价崩盘风险也更大。但是，考虑到残差项 $\varepsilon_{i,t}$ 可能分布高度有偏，因此修正股票 i 在第 t 周的特有收益率为：

$$W_{i,t} = \ln(1 + \varepsilon_{i,t}) \quad (3.2)$$

第二步：在式 3.2 求得特有收益率的基础上，构建衡量股价崩盘风险的两个指标。

一是负收益偏态系数（*NCSKEW*）：

$$NCSKEW_{i,t} = -\left[n(n-1)^{3/2}\sum W_{i,t}^3\right]/\left[(n-1)(n-2)\left(\sum W_{i,t}^2\right)^{3/2}\right] \tag{3.3}$$

其中，n 为股票 i 在每个样本年度内的交易周数。变量 *NCSKEW* 的数值越大，表明负收益偏态系数负的程度越严重，即样本公司股价崩盘的风险越大。

二是收益波动比率（*DUVOL*）：

$$DUVOL_{i,t} = \log\left\{\left[(n_u - 1)\sum_{down} W_{i,t}^2\right]/\left[(n_d - 1)\sum_{up} W_{i,t}^2\right]\right\} \tag{3.4}$$

其中，n_u为股票 i 的周特有收益率大于年平均收益率的周数，n_d为股票 i 的周特有收益率小于年平均收益率的周数。变量 *DUVOL* 的数值越大，表明收益率分布更倾向于左偏，即样本公司股价崩盘的风险越大。

3.2.2 样本选择与说明

本书以中国创业板上市公司为原始样本进行研究。创业板市场于 2009 年 10 月正式开始交易，考虑到该年度创业板上市公司交易周数量较少，因此本书样本区间为 2010—2015 年。在原始样本的基础上，本书进行样本删除，具体原则为：①考虑到中国资本市场中特殊处理的公司财务状况与普通上市公司之间存在差异，剔除特殊处理的公司样本；②考虑到首发上市公司在当年度交易数据的差异性，剔除 IPO（首次公开募股）公司样本；③考虑到统计有效性，剔除年交易周数不足 30 周的公司样本。最终，本书得到 2010—2015 年间中国创业板上市公司共计 1550 个样本。

本书数据来源为色诺芬经济金融数据库（www. ccerdata. cn）、国泰安数据服务中心（www. gtarsc. com）和锐思金融数据库（www. resset. cn），各年度分布、行业分布以及相应的区域分布状况如表 3 - 3 至表 3 - 5 所示。

表 3 - 3　　　　样本年度分布

变量	2010 年	2011 年	2012 年	2013 年	2014 年	2015 年	2010—2015 年
样本数（个）	36	153	281	353	347	380	1550
样本占比	2. 32%	9. 87%	18. 13%	22. 77%	22. 39%	24. 52%	100. 00%

表 3-4　　样本行业分布

变量	A	B	C	D	E	F	G
样本数（个）	24	17	1099	4	14	14	12
样本占比	1.55%	1.10%	70.90%	0.26%	0.90%	0.90%	0.77%
变量	I	L	M	N	O	Q	R
样本数（个）	257	9	28	12	11	13	36
样本占比	16.58%	0.58%	1.81%	0.77%	0.71%	0.84%	2.32%

注：A 代表农、林、牧、渔业，B 代表采矿业，C 代表制造业，D 代表电力、热力、燃气及水生产和供应业，E 代表建筑业，F 代表批发和零售业，G 代表交通运输、仓储和邮政业，I 代表信息传输、软件和信息技术服务业，L 代表租赁和商务服务业，M 代表科学研究和技术服务业，N 代表水利、环境和公共设施管理业，O 代表居民服务、修理和其他服务业，Q 代表卫生和社会工作，R 代表文化、体育和娱乐业。

表 3-5　　样本区域分布

变量	东部地区	中部地区	西部地区
样本数（个）	1226	193	131
样本占比	79.10%	12.45%	8.45%

注：东部地区包括北京、天津、河北、辽宁、上海、江苏、浙江、福建、山东、广东和海南 11 个省（市），中部地区包括山西、吉林、黑龙江、安徽、江西、河南、湖北和湖南 8 个省，西部地区包括内蒙古、广西、重庆、四川、贵州、云南、西藏、陕西、甘肃、青海、宁夏和新疆 12 个省（市、自治区）。

从年度分布来看，后期样本数量越来越多，这表明更多企业选择通过创业板市场融资；从行业分布来看，大部分样本属于制造业（70.90%），其次为信息传输、软件和信息技术服务业（16.58%）；从地区分布来看，更多样本来自东部地区，尤其是东部沿海各省，西部地区的创业板上市公司数量较少，部分省（市、自治区）在 2015 年年末还没有创业板上市公司。

3.2.3　创业板上市公司股价崩盘风险衡量指标年度统计

从表 3-6 中的创业板上市公司样本股价崩盘风险衡量指标年度均值统计结果来看，变量 *NCSKEW* 的均值为 -0.264，变量 *DUVOL* 的均值为 -0.218。与部分研究中国主板上市公司股价崩盘风险的文献测度结果相比（见表 3-7），总体来看本书样本中创业板上市公司股价崩盘风险并没有实质性差异，但略高一点，这印证了本书选择创业板上市公司作为研究样本的原因。

表 3-6　创业板上市公司样本股价崩盘风险衡量指标年度均值统计结果

变量	2010 年	2011 年	2012 年	2013 年	2014 年	2015 年	2010—2015 年	*F*
NCSKEW	-0.316	-0.246	-0.077	-0.409	-0.266	-0.266	-0.264	7.713***
DUVOL	-0.344	-0.208	-0.090	-0.267	-0.206	-0.270	-0.218	5.749***

注：***、** 和 * 分别表示在 1%、5% 和 10% 置信水平下通过显著性检验。

表 3-7　部分文献对中国主板上市公司股价崩盘风险指标的测度结果

文献	样本区间（年）	*NCSKEW*	*DUVOL*	文献	样本区间（年）	*NCSKEW*	*DUVOL*
Xu 等（2013）	2003—2010	-0.259	-0.221	Xu 等（2014）	2003—2010	-0.365	-0.273
Li 和 Cai（2016）	2003—2013	-0.190	-0.180	Chen 等（2016）	2007—2012	-0.567	—
Xu 等（2016）	2005—2010	-0.259	-0.221	Zhang 等（2016）	2002—2013	-0.240	-0.173
Chen 和 Zhang（2016）	2004—2014	-0.288	-0.193	许年行等（2012）	2003—2010	-0.248	-0.218
江轩宇和伊志宏（2013）	2003—2010	-0.149	-0.108	许年行等（2013）	2005—2010	-0.252	-0.206
江轩宇（2013）	2003—2010	-0.185	-0.137	王化成等（2014）	2001—2012	-0.252	-0.278
王化成等（2015）	2003—2012	-0.265	-0.295	叶康涛等（2015）	2008—2011	-0.293	-0.281
王超恩和张瑞君（2015）	2007—2013	-0.207	-0.147	王超恩（2016）	2007—2014	-0.226	-0.141
梁权熙和曾海舰（2016）	2005—2012	-0.330	-0.298	谢德仁等（2016）	2004—2013	-0.264	-0.169
王明伟和陈雪梅（2016）	2004—2014	-0.318	-0.221	肖土盛等（2017）	2001—2013	-0.313	-0.223
沈华玉和吴晓辉（2017）	1992—2015	-0.320	-0.270	宋献中等（2017）	2009—2014	-0.041	-0.211

从图 3-1 与图 3-2 中的各年度创业板上市公司样本变量 *NCSKEW* 与变量 *DUVOL* 的分布情况来看，两个变量表现出了大致相同的波动趋势，但二者总体都不存在一致增长或下降的趋势。具体来说，2010—2012 年创业板上市公司样本的股价崩盘风险明显上升，但在 2012—2013 年有较大幅度的下降，在这之后出现了上升趋势。与同期主板上市公司股价崩盘风险状况相比，大部分年度创业板上市公司样本股价崩盘风险比主板上市公司高，有的年度甚至高很多，这印证了本书选择创业板上市公司作为研究样本的原因，而且创业板上市公司样本股价崩盘风险的波动明显更为强烈。其中，2010 年创业板上市公司样本股价崩盘风险较低的原因在于创业板市场上市时间较短，市场中的泡沫不多；而 2015 年则是由于整个证券市场中都充斥着不确定性与不稳定性。

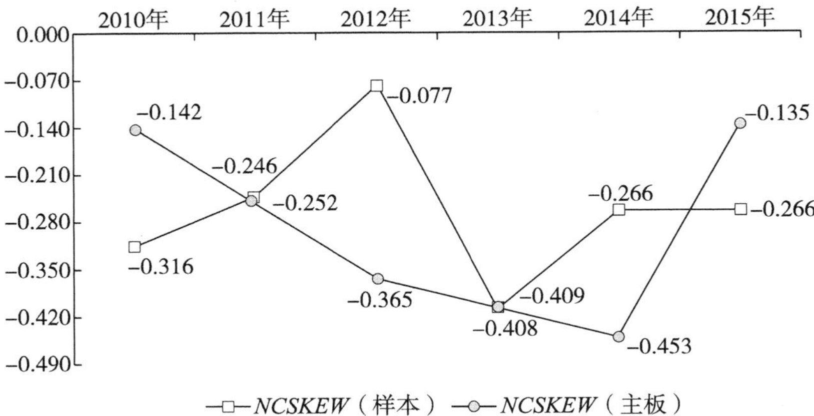

图 3-1　2010—2015 年股价崩盘风险变量 *NCSKEW* 的分布情况

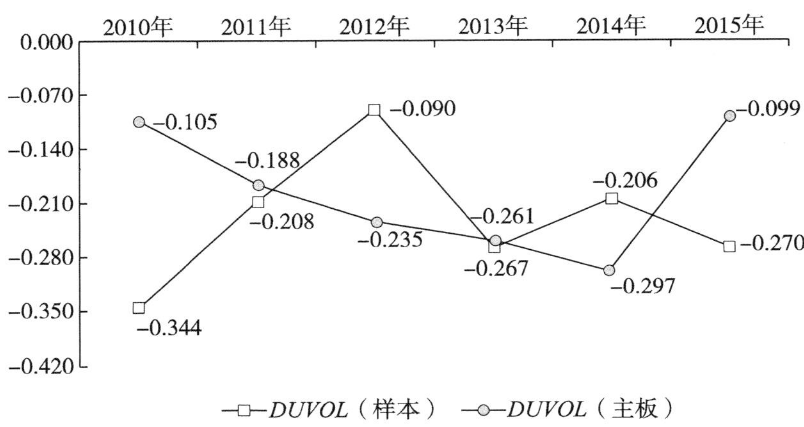

图 3-2　2010—2015 年股价崩盘风险变量 *DUVOL* 的分布情况

3.2.4　创业板上市公司股价崩盘风险衡量指标行业统计

从表 3-8 中的创业板上市公司样本各行业的股价崩盘风险衡量指标均值情况可以看出，租赁和商务服务业的股价崩盘风险最高，股价崩盘风险程度较高的行业还包括水利、环境和公共设施管理业及卫生和社会工作等，这些行业的企业经营风险较大，市场投机者较多，因此股价崩盘风险较高。而建筑业多属于新兴行业的股价崩盘风险最低，交通运输、仓储和邮政业及批发和零售业的股价崩盘风险也相对较低，这些行业多属于传统行业，企业经营较为稳定，所以股价崩盘风险较低。另外，制造业与信息传输、软件和信息技术服务业这两个样本占比较高行业的股价崩盘风险与样本均值差不多，二者相较，制造业的股价崩盘风险更低。

表 3－8　创业板上市公司样本股价崩盘风险衡量指标行业均值统计结果

变量	A	B	C	D	E	F	G
NCSKEW	－0. 125	－0. 281	－0. 279	－0. 263	－0. 684	－0. 401	－0. 566
DUVOL	－0. 123	－0. 185	－0. 228	－0. 159	－0. 482	－0. 257	－0. 266
变量	I	L	M	N	O	Q	R
NCSKEW	－0. 228	0. 169	－0. 142	0. 137	－0. 337	－0. 072	－0. 211
DUVOL	－0. 194	0. 124	－0. 179	－0. 015	－0. 268	－0. 039	－0. 276

从表 3－9 中的对各行业创业板上市公司样本股价崩盘风险程度进行的 Kruskal－Wallis 检验结果来看，总体上各行业创业板上市公司之间存在股价崩盘风险的差异，检验结果能够通过 10% 置信水平下的显著性检验。虽然显著性并不高，但这意味着能够拒绝原假设，可以认为不同行业创业板上市公司之间的股价崩盘风险存在差异。但从各年度的检验结果来看，并没有通过常规置信水平下的显著性检验，这可能与某些行业在单个年度样本数量过少有关系。

表 3－9　创业板上市公司样本股价崩盘风险行业分布的 Kruskal－Wallis 检验①结果

变量	2010 年	2011 年	2012 年	2013 年	2014 年	2015 年	2010—2015 年
NCSKEW	2. 810	6. 151	18. 782 *	14. 380	9. 342	12. 929	20. 068 *
DUVOL	4. 602	7. 452	8. 811	11. 248	11. 292	10. 131	17. 795 *

注：***、** 和 * 分别表示在 1%、5% 和 10% 置信水平下通过显著性检验。

3. 2. 5　创业板上市公司股价崩盘风险衡量指标区域统计

从表 3－10 中的创业板上市公司样本各区域股价崩盘风险衡量指标的均

① 克鲁斯卡尔－沃利斯检验，也称 H 检验，用以检验两个以上样本是否来自同一个概率分布。

值情况来看，各区域创业板上市公司之间的股价崩盘风险差异并不大，相较于中部和西部地区的创业板上市公司，东部地区的创业板上市公司股价崩盘风险略高一些。

表 3 - 10　　创业板上市公司样本股价崩盘风险衡量指标区域均值统计结果

区域	变量	2010 年	2011 年	2012 年	2013 年	2014 年	2015 年	2010—2015 年
东部地区	*NCSKEW*	-0.287	-0.250	-0.067	-0.402	-0.265	-0.256	-0.258
	DUVOL	-0.300	-0.220	-0.085	-0.259	-0.202	-0.255	-0.212
中部地区	*NCSKEW*	-0.608	-0.051	-0.115	-0.448	-0.332	-0.324	-0.290
	DUVOL	-0.677	-0.039	-0.111	-0.312	-0.282	-0.417	-0.269
西部地区	*NCSKEW*	-0.191	-0.434	-0.109	-0.426	-0.164	-0.289	-0.275
	DUVOL	-0.252	-0.321	-0.095	-0.280	-0.118	-0.204	-0.201

从表 3 - 11 中的对各区域创业板上市公司样本股价崩盘风险程度进行的 Kruskal - Wallis 检验结果，总体来看，各区域创业板上市公司之间的股价崩盘风险没有明显差异，只有个别年度差异显著。

表 3 - 11　　创业板上市公司样本股价崩盘风险程度区域分布的 Kruskal - Wallis 检验结果

变量	2010 年	2011 年	2012 年	2013 年	2014 年	2015 年	2010—2015 年
NCSKEW	2.940	5.389*	0.644	1.337	2.391	1.086	1.045
DUVOL	3.081	9.083**	2.686	3.898*	1.437	3.420*	1.028

注：***、** 和 * 分别表示在 1%、5% 和 10% 置信水平下通过显著性检验。

第二部分　市场化环境视角下的股价崩盘风险

一般情况下，良好的外部市场社会经济环境与投资者保护满足了上市公司发展过程中的融资需求以及对生产要素的索取途径，而政府干预等规制性要素，也成为影响上市公司发展的重要制度因素（Allen et al.，2005；唐跃军等，2014）。于是，当上市公司处于特定外部环境时，其就会趋利避害以适应所处环境。治理结构与治理体系也在很大程度上内生于所处的外部制度环境，如不同的外部政治环境、不同的外部法律环境、不同的外部制度体系、不同的社会发展状况、不同的政企关系等，都会使上市公司最终做出不同决策与选择，因此了解制度环境的影响就是对公司治理研究的基础（Williamson，2000；La Porta et al.，2002）。

目前，中国经济依然处于转型过程中，这种自上而下的转变构成了中国所有经济问题研究的特殊制度背景（唐睿明，2012）。一方面，伴随着40多年的改革开放，整体上中国的政治、经济、社会、法律环境发生了明显变化，市场化环境也有明显改进；另一方面，形成了东部地区市场化环境较好、西部地区市场化环境相对落后的差异化现象，而且东部地区的地理环境、基础设施、金融市场发展等也明显更好（唐跃军等，2014）。这种市场化环境的差异，会使市场化环境相对较差地区的企业，利用替代性机制的选择匹配其所处的制度环境，从而寻求一些其他方式解决外部制度缺陷，这样可能会对企业发展及企业所处环境产生不良影响。

因此，本部分将基于市场化环境视角讨论创业板上市公司股价崩盘风险。一方面，市场化环境包括上市公司所处地区的经济发展、法治环境、政府干预度、金融发展、要素市场等多个层面，是衡量制度环境的最佳变量；另一方面，市场化环境能表现出对投资者的保护程度，能较好地衡量一个地区及该地区上市公司对市场投资者的保护水平（黎来芳等，2012；于文超等，2013）。在已有文献中，施先旺等（2014）指出，市场化进程越高的地区的上市公司披露的会计信息越多，提供了更多的公司特质信息，提高了公司信息透明度，也降低了股价崩盘风险；罗进辉和杜兴强（2014）研究也发现，外部制度环境越不完善，公司股价崩盘风险越高；王化成等（2014）利用市场化进程水平衡量投资者保护程度，指出随着地区投资者保护水平的提高，公司股价崩盘风险显著下降，在业绩差、成长性低的公司中这种负相关关系更显著。

4 市场化环境与股价崩盘风险

在现有文献研究结论中，股价崩盘风险多被归咎于在信息不对称条件下，管理层因为各种原因隐瞒信息。然而，这些基于公司内部治理视角进行的研究，忽视了内部治理机制对于外部治理环境的依赖性，忽略了中国不同省市之间外部制度环境的明显差异而导致公司的决策不同，尤其是不同地区上市公司自愿性信息披露的差异（李慧云等，2016）。本章基于制度环境中的市场化环境视角，以创业板上市公司股价崩盘风险为研究对象，研究市场化环境能否对创业板上市公司股价崩盘风险产生影响。与以往的文献不同，本章的边际贡献在于：已有基于市场化环境视角的研究，是利用樊纲等（2011）提供的地区市场化指数，但这一指数仅更新到2009年，随着中国经济体制改革速度的加快，近年来各地区的制度环境变化较大，因此依然利用2009年的指数进行研究具有一定局限性。本书采用王小鲁等（2016）提供的市场化进程指数，为研究结论的合理性提供新的经验证据，也为保护市场投资者利益、促进中国股票市场发展提供新的实施依据，以此丰富中国股票市场股价崩盘风险的研究对象与内容。

4.1 制度背景与研究假说

制度环境是指存在于上市公司外部，旨在用来建立生产、交换与分配的基础的政治、社会和法律规则，构成了公司政治交易与经济交易的激励机制，包括正式制度与非正式制度，为公司发展提供外部治理保障。完美的外部市场化环境降低了交易成本，也降低了公司经营的不确定性，是保证公司长久竞争优势的关键因素（周建等，2010）。在上市公司内外部治理体系中，市场化环境在很大程度上会对上市公司的治理质量、资本市场表现及业绩水平产生明显的作用（La Porta et al.，2000；La Porta et al.，2002；夏立军和方铁强，2005；甄红线等，2015），良好的市场化环境能够为上市公司发展提供市场机制、政府治理及法治环境保障。在当前的中国资本市场中，市场化环境对上市公司成长与发展产生了明显的影响：一方面，中国资本市场具有新兴市场与转轨经济的双重特征，因此会表现出与成熟资本市场不同的资源配置特征（甄红线等，2015）；另一方面，虽然中国各地区上市公司适用的法律一致，但由于不同地区之间的经济发展状况差异很大，使得不同地区上市公司面临的投资环境与法律执行力等方面也存在很大的差异，导致同一个资本市场内部的上市公司面临不同的市场化环境（樊纲等，2011）。

由于市场化环境会对上市公司产生外部治理效应，因此其本身会对股价崩盘风险产生抑制作用。一方面，从信息视角来看，良好的市场化环境降低了公司与市场投资者之间的信息不对称程度。一般情况下，在市场化环境较好的地区，上市公司主动执行会计准则的效果更好，公司利用会计准则节约交易成本、获取信息浓缩优势的主动性也更高（姜英兵等，2012），从而让市场投资者获得的信息透明度更高（Bushman et al.，2004），也就降低了由信息不对称所积累的股价崩盘风险。另一方面，市场化环境产生的治理机制会对公司行为产生约束作用。在市场化环境不断改善的过程中，上市公司所面临的外部法治约束也逐渐增加，从而使得公司违反法律或违反道德行为的成本显著增加。所以，在市场化环境较好的地区，上市公司股价的信息含量也较高。因此，在市场化环境的约束下，上市公司就不会轻易做出一些可能让自身付出极大成本的行为。另外，市场化环境的治理效应也会对市场投资者产生保护作用，会影响到市场投资者主动搜集上市公司信息的动机。对处于市场化环境较好区域的上市公司，市场投资者能够搜集到的公司层面的私有信息更多（Li et al.，2004），因而股价中包括的信息更多，无法被股价反映的异质信息相对较少，也就降低了不良信息的积累程度，无形中降低了股价崩盘风险。

基于此，本书提出待检验的研究假说：创业板上市公司所处地区的市场化环境越好，则股价崩盘风险越低。

4.2 实证研究设计

4.2.1 变量设计

（1）被解释变量。

参考已有文献设计的衡量股价崩盘风险的变量（*Crash*），本书分别以负收益偏态系数（*NCSKEW*）与收益波动比率（*DUVOL*）衡量创业板上市公司的股价崩盘风险，具体的计算公式见式3.3和式3.4。计算所得变量*NCSKEW*与*DUVOL*的数值越大，则代表股价崩盘风险越大。

（2）解释变量。

市场化环境1（*IE*1）：以王小鲁等（2016）在《中国市场化八年进程报告》中提供的各省市市场化指数评分衡量，王小鲁等（2016）提供了2008年、2010年、2012年及2014年的指数，因此2009年、2011年及2013年的指数以相邻两年的平均数衡量，而2015年的指数则根据平均增长率进行估算。

市场化环境2（*IE*2）：考虑到王小鲁等（2016）没有提供完整的市场化指数，而市场化进程在短时间内也不会出现较大的变化，因此本书根据不同年度各地市场化进程的排序分类赋值，进行衡量，分类结果如表4－1所示。

表4－1　　分类结果

年度	排序	省（市、自治区）	赋值
2010—2011	1～6	上海、江苏、浙江、广东、北京、天津	5
	7～12	山东、福建、辽宁、河南、安徽、重庆	4
	13～18	四川、江西、湖北、吉林、湖南、广西	3
	19～24	河北、云南、黑龙江、山西、海南、内蒙古	2
	25～31	陕西、宁夏、贵州、甘肃、新疆、青海、西藏	1
2012—2013	1～6	江苏、浙江、天津、上海、广东、北京	5
	7～12	山东、福建、重庆、辽宁、河南、安徽	4
	13～18	湖北、广西、吉林、四川、黑龙江、江西	3
	19～24	湖南、河北、海南、内蒙古、陕西、山西	2
	25～31	云南、宁夏、贵州、甘肃、新疆、青海、西藏	1

续表

年度	排序	省（市、自治区）	赋值
2014—2015	1～6	浙江、上海、江苏、广东、天津、北京	5
	7～12	山东、福建、重庆、安徽、湖北、辽宁	4
	13～18	河南、江西、湖南、四川、广西、吉林	3
	19～24	陕西、黑龙江、河北、海南、山西、宁夏	2
	25～31	内蒙古、云南、贵州、甘肃、新疆、青海、西藏	1

（3）控制变量。

参考已有文献，本书将周特有收益率均值（*AW*）、周特有收益率标准差（*SEW*）、资产收益率（*ROA*）、资产负债率（*Debt*）、资产总额（*Size*）、信息透明度（*DA*）、上市年度（*Age*）、行业变量（*Idu*）、年度变量（*Year*）作为控制变量，具体的变量解释如表4－2所示。

表4－2　　　　变量的度量方法

变量名	变量标识	度量方法
负收益偏态系数	*NCSKEW*	见式3.3
收益波动比率	*DUVOL*	见式3.4
市场化环境1	*IE*1	王小鲁等（2016）的市场化指数
市场化环境2	*IE*2	见表4－1
周特有收益率均值	*AW*	式3.2中周特有收益率*W*的均值
周特有收益率标准差	*SEW*	式3.2中周特有收益率*W*的标准差
资产收益率	*ROA*	净利润/资产总额
资产负债率	*Debt*	负债总额/资产总额
资产总额	*Size*	样本公司年度总资产值，并对其取自然对数
信息透明度	*DA*	以分年度修正的Jones模型①求得操控性应计利润绝对值
上市年度	*Age*	样本年度与上市年度的差值
行业变量	*Idu*	样本公司行业控制变量
年度变量	*Year*	样本公司年度控制变量

① 琼斯模型，用于测度盈余管理程度的计量模型。

4.2.2 模型设计

根据研究的需要及设定的变量构建相应的实证模型：

$$Crash_{t+1,i} = \begin{pmatrix} \alpha_1 IE_{t,i} + \alpha_2 AW_{t,i} + \alpha_3 SEW_{t,i} + \alpha_4 ROA_{t,i} + \alpha_5 Debt_{t,i} + \\ \alpha_6 Size_{t,i} + \alpha_7 DA_{t,i} + \alpha_8 Age_{t,i} + Idu + Year + C + \varepsilon_{t,i} \end{pmatrix} \tag{4.1}$$

式中，股价崩盘风险变量 *Crash* 分别以负收益偏态系数（*NCSKEW*）与收益波动比率（*DUVOL*）衡量，t 代表样本年度，i 代表样本公司，变量 α 为待估参数，C 为常数项，ε 为残差项。考虑到股价崩盘风险的反应通常具有滞后性，因此本书采用滞后一期的变量衡量创业板上市公司的股价崩盘风险。

4.2.3 样本选择与数据说明

如前文所述，在中国股票市场中，创业板市场的股价波动比主板市场更剧烈，因此本书以创业板上市公司为研究对象。考虑到创业板市场于 2009 年下半年才正式开始交易，以及本书以下一年度指标衡量股价崩盘风险，因此本书选择 2010—2014 年间的创业板上市公司为原始样本进行检验，并根据第 3 章样本选择时的剔除原则，剔除 IPO 公司样本、当年度股票交易不足 30 周的样本、特殊处理样本等，以及缺失数据且无法补充的样本，最终得到 1120 个样本。

4.3 实证结果分析

4.3.1 描述性统计分析

表 4－3 列出了本章样本的描述性统计结果。从中可以看出，被解释变量 *NCSKEW* 的均值为 －0.288（中位数为 －0.254），变量 *DUVOL* 的均值为 －0.236（中位数为 －0.233），与王化成等（2014）、王化成等（2015）、叶康涛等（2015）利用主板上市公司样本的测度结果相比，创业板上市公司的股价崩盘风险更高。解释变量 *IE*1 与 *IE*2 也表现出不同创业板上市公司面临的外部市场化环境存在一定差异，从变量 *IE*2 的分布来看（中位数为 5.000），

更多的创业板上市公司位于市场化环境较好的区域内，这也与目前中国创业板上市公司的现实分布相吻合。

在控制变量的描述性统计结果中，变量 *AW* 与 *SEW* 的均值分别为 0.057 与 -0.002；变量 *ROA* 的均值为 0.052，表明样本创业板上市公司的净利润约占资产总额的 5.2%；变量 *Debt* 的均值为 0.252，表明样本创业板上市公司的负债总额约占资产总额的 25.2%，创业板上市公司的资产负债率远低于主板上市公司；变量 *Size* 的均值为 21.020，表明样本创业板上市公司的资产总额约为 13.45 亿元，由此可见创业板上市公司的资产总额并不大；变量 *DA* 的均值为 0.059，表明创业板上市公司存在信息操弄状况，而且不同创业板上市公司的信息操弄程度差异较大；变量 *Age* 的中位数为 2.000，表明样本创业板上市公司的平均上市时间仅为 2 年。

表 4-3　　描述性统计结果

变量	均值	中位数	最大值	最小值	标准差
NCSKEW	-0.288	-0.254	2.867	-3.681	0.630
DUVOL	-0.236	-0.233	1.288	-2.140	0.452
*IE*1	8.385	8.710	10.370	2.940	1.427
*IE*2	4.415	5.000	5.000	1.000	1.003
AW	0.057	0.053	0.156	0.017	0.022
SEW	-0.002	-0.001	0.021	-0.012	0.002
ROA	0.052	0.051	0.269	-0.657	0.049
Debt	0.252	0.220	0.886	0.011	0.157
Size	21.020	20.941	23.890	19.399	0.660
DA	0.059	0.039	3.313	0.000	0.109
Age	2.625	2.000	6.000	1.000	1.374

4.3.2　相关性分析

表 4-4 列出了样本主要变量的相关性检验结果。两个衡量市场化环境影响的解释变量与被解释变量之间虽然都存在负相关关系，但并没有通过常规置信水平的显著性检验。另外，纳入同一模型的各变量间的相关系数值并不高，表明变量间并不存在多重共线性问题。

表 4 – 4　　相关性检验结果

变量	*NCSKEW*	*DUVOL*	*IE*1	*IE*2	*AW*	*SEW*	*ROA*	*Debt*	*Size*	*DA*	*Age*
NCSKEW	1.000										
DUVOL	0.797***	1.000									
*IE*1	−0.011	−0.001	1.000								
*IE*2	−0.041	−0.029	0.888*	1.000							
AW	−0.147***	−0.123***	0.231***	0.071**	1.000						
SEW	0.099***	0.080***	−0.179***	−0.046*	−0.819***	1.000					
ROA	0.060**	0.059**	0.052*	0.103***	−0.028	0.015	1.000				
Debt	−0.074***	−0.060**	0.067**	−0.024	0.164***	−0.144***	−0.258***	1.000			
Size	0.074***	0.019	0.176***	0.093***	0.103***	−0.088***	0.062**	0.451***	1.000		
DA	−0.012	−0.019	−0.018	−0.049*	0.040	−0.024	−0.076***	0.208***	0.107***	1.000	
Age	−0.059**	−0.106***	0.194***	−0.028	0.299***	−0.239***	−0.105***	0.256***	0.374***	0.053*	1.000

注：*** 、** 和 * 分别表示在 1% 、5% 和 10% 置信水平下通过显著性检验。

4.3.3　回归检验结果

表 4 – 5 列出了市场化环境对股价崩盘风险影响的回归检验结果。以市场化环境实际值衡量的变量 *IE*1 与被解释变量 *NCSKEW* 之间表现为正相关关系，但未能通过常规置信水平的显著性检验，与被解释变量 *DUVOL* 之间也表现为正相关关系，同样未能通过常规置信水平的显著性检验，这表明在创业板上市公司中，外部市场化环境没有像所预期的那样对股价崩盘风险产生治理效应。以市场化进程序数值衡量的变量 *IE*2 与被解释变量 *NCSKEW* 及 *DUVOL* 之间均表现为正相关关系，同样未能通过常规置信水平的显著性检验，可见外部市场化环境对创业板上市公司股价崩盘风险的影响是不显著的，前文的研究假说没有得到验证。

控制变量中，*AW*、*SEW*、*Debt*、*Age*、*Idu* 与被解释变量间均表现为负相关关系，且多数能通过常规置信水平的显著性检验；变量 *Size* 与被解释变量间表现为正相关关系，也能通过常规置信水平的显著性检验；但变量 *ROA*、*DA* 与被解释变量间的关系未能通过常规置信水平的显著性检验。控制变量的检验结果与已有文献的研究结果没有明显的差异。

表 4-5　　回归检验结果

变量	(1)	(2)	(3)	(4)
	NCSKEW	*DUVOL*	*NCSKEW*	*DUVOL*
*IE*1	0.014 (0.013)	0.009 (0.009)		
*IE*2			0.018 (0.017)	0.008 (0.013)
AW	-5.880***	-3.381***	-5.780***	-3.301***
SEW	-24.395*	-16.937*	-24.418*	-16.893*
ROA	0.119	0.207	0.113	0.208
Debt	-0.420***	-0.145	-0.418***	-0.145
Size	0.138***	0.054**	0.138***	0.055**
DA	0.003	-0.035	0.005	-0.036
Age	-0.021	-0.030***	-0.019	-0.029***
Idu	控制	控制	控制	控制
Year	控制	控制	控制	控制
C	-2.801***	-1.145**	-2.784***	-1.133**
Adj R^2	0.040	0.025	0.040	0.024
F-statistic	7.012***	4.678***	7.002***	4.622***

注：***、**和*分别表示在1%、5%和10%置信水平下通过显著性检验，括号内为系数值标准误差值。

4.3.4 内生性检验

虽然本书在回归模型中添加了控制变量，且市场化环境属于外生变量，但市场化环境与股价崩盘风险间依然可能存在内生性问题。一种可能的情况是，地方经济发展的变化影响了外部市场化环境，影响了股价的稳定性，从而会导致市场化环境与股价崩盘风险间存在虚假的相关性。因此，为了解决内生性问题，本文使用 Heckman 两阶段回归方法，其中，第一阶段为对市场化环境的检验模型，加入地区经济发展水平、地区所属位置等变量以及其他控制变量作为工具变量；第二阶段进行相应的回归检验。

从表 4-6 列出的内生性检验结果来看，在控制了可能存在的内生性因素之后，变量 *IE*1 与 *IE*2 与被解释变量间的关系依然未能通过常规置信水平的显著性检验，表明市场化环境未能对创业板上市公司股价崩盘风险形成明显的抑制作用。

表 4-6　内生性检验结果

变量	(1)	(2)	(3)	(4)
	NCSKEW	*DUVOL*	*NCSKEW*	*DUVOL*
*IE*1	0.005 (0.007)	0.006 (0.004)		
*IE*2			0.017 (0.018)	0.007 (0.009)
AW	-4.235***	-3.665***	-6.245***	-3.267***
SEW	-21.778*	-16.047*	-21.334*	-14.335*
ROA	0.123	0.334	0.109	0.235
Debt	-0.421***	-0.190	-0.522***	-0.190
Size	0.125***	0.024**	0.190***	0.067**
DA	0.002	-0.024	0.010	-0.042
Age	-0.023	-0.012***	-0.018	-0.043***
Idu	控制	控制	控制	控制
Year	控制	控制	控制	控制
C	-3.009***	-2.334**	-3.224***	-2.023**
Adj R^2	0.042	0.021	0.047	0.029
F-statistic	8.112***	5.133***	6.335***	5.761***
J-statistic	5.201	7.882	5.290	8.001

注：***、**和*分别表示在1%、5%和10%置信水平下通过显著性检验，括号内为系数值标准误差值。

4.3.5　稳健性检验

为了检验回归结果的稳健性，本书进行相应的稳健性检验。首先，考虑到外部市场化环境对股价崩盘风险的影响可能并非即期显现的，因此以股价崩盘风险变量 *Crash* 的当期变量为被解释变量后进行回归检验；其次，本文利用王小鲁等（2016）提供的指数衡量，再利用樊纲等（2011）提供的地区市场化进程指数衡量解释变量后进行回归检验；最后，由于不同地区创业板上市公司面临的外部市场化环境差异较大，因而本书将样本分为东部地区样本、中部地区样本与西部地区样本后进行回归检验。稳健性检验结果与前文的回归检验结果没有实质性差异，可以认为实证检验结论具有稳健性。

4.4 小结

市场化环境作为重要的外部制度环境，会对企业所处的政企关系、法律环境、经营环境等产生影响。本书以2010—2014年间的1120个创业板上市公司为样本，实证检验了市场化环境对股价崩盘风险的影响。研究发现，在中国创业板上市公司中，外部制度环境没有产生约束与治理作用。具体而言就是，外部市场化环境对创业板上市公司股价崩盘风险的影响并不显著。

与已有文献更多地认可制度环境能够产生外部治理效应不同的是，本书研究发现，在创业板上市公司中，制度环境并没有真实地发挥对股价崩盘风险的制约作用，这说明能够对创业板上市公司股价崩盘风险发挥作用的，可能是创业板上市公司内部的财务状况或治理体系。这一结论的得出，从理论层面来说，存在制度环境治理效应以外的其他效应对资本市场产生影响，尤其是对创业类企业。从现实层面来说，该结论既说明当前中国资本市场的外部环境还存在一定缺陷，制度环境并没有较好地起到提升创业板上市公司信息透明度与流通顺畅性的作用，也说明创业板上市公司在发展过程中，无法获得源于外部制度环境的支持。在当前中国经济发展的过程中，资本市场和创业企业的发展依然会受到较薄弱的法律法规和政府干扰行为的阻碍。

5　市场化环境、控制人权力与股价崩盘风险

中国股票市场上很多上市公司的股权集中度较高，存在控股股东，尤其是在控股股东存在隐性终极控制权的情况下，最终能够决定上市公司决策的，往往可能并非管理层，而是上市公司的实际控制者（叶勇等，2007）。于是，管理层仅担任代理人角色，实际控制人操控着公司管理层。那么，在中国上市公司披露信息的过程中，能对披露的信息内容产生直接作用的，同样也是公司的实际控制人。实际控制人利用所有权集中的优势，通过代理人实施对公司的控制（Fan et al.，2002），选择对自身利益有利的方式，例如较低的信息披露水平，这样就会埋下股价崩盘隐患。王明伟和陈雪梅（2016）就指出，终极控制人会对股价崩盘风险产生影响。

本章在对市场化环境进行研究的基础上，进一步基于引发股价崩盘风险的控制人权力视角进行研究分析，同时将市场化环境产生的治理效应纳入研究框架中，希望可以明确是哪些因素影响了创业板上市公司的股价崩盘风险，具体而言包括：创业板上市公司控制人权力是否能够影响股价崩盘风险；市场化环境能否对创业板上市公司控制人权力对股价崩盘风险的影响起到调节作用。本章的边际贡献在于：拓宽了研究股价崩盘风险的视野，本书认为在中国上市公司中，管理层是实际控制人的代理人，真正对股价崩盘风险产生影响的是实际控制人；将市场化环境以调节变量的形式纳入研究中，讨论在外部制度环境的影响下，控制人权力会对创业板上市公司股价崩盘风险产生什么样的影响，这丰富了中国股票市场股价崩盘风险的研究内容。

5.1 制度背景与研究假说

5.1.1 控制人权力与股价崩盘风险的研究假说

近年来，控制人与中小股东的关系已经取代控制人与管理层之间的关系，成为公司治理体系中最重要的代理问题，这是因为 La Porta 等（1999）、Claessens 等（2002）、Faccio 和 Lang（2002）等的一系列研究都发现，在外国资本市场中，许多上市公司存在严重的股权集中现象，并且存在控股股东。在这种情况下，往往会存在公司控制人利用公司资源谋求私利，攫取中小股东利益的情况（Shleifer et al.，1997）。在中国资本市场中，同样存在股权高度集中、公司被控制人控制的现象，因此控制人与中小股东之间的利益冲突成为中国上市公司代理问题产生的主要缘由（肖作平，2012）。尤其是在资本市场的外部法制体制不健全，政府对上市公司的行政干预程度过高（这种行政干预不仅体现在国有上市公司中，同样也体现在非国有上市公司中）以及经理人市场非常不完善的情况下，公司管理层往往只具有发言权与执行权，并不具备话语权与决定权。一方面，控制人可能并不需要能力强的职业经理人，只需要“听话”的经理人（Fan et al.，2007）；另一方面，控制人为了创造“良好”的攫取利益的环境，甚至会对经理人进行“赎买”（李维安等，2010）。因此在中国上市公司中，真正对公司决策产生作用的并非管理层，而是管理层背后的实际控制人，管理层仅是实际控制人的代理人。

在这种代理问题下，随着实际控制人权力的增加，管理层遵循实际控制人指示的行为也会增加。当实际控制人不想披露某些不利于自己利益的信息时，管理层就会据此选择性地披露信息；当实际控制人需要延迟披露某些信息时，管理层同样也会延迟披露这些信息。在这种情况下，一方面，管理层无法做出符合公司长远利益的科学决策，而是单纯满足实际控制人追求自身利益最大化的要求；另一方面，原本就存在的信息不对称会进一步加剧。市场投资者虽然并不完全知晓公司的真实经营情况，但会感觉到公司可能存在不良信息，当被实际控制人隐藏的信息泡沫破裂时，股价崩盘风险就会急速上升（李小荣等，2012）。在信息不对称程度较高的公司中，公司的股票价格与实际价值背离程度较高，存在股价虚高的情况（叶康涛等，2015），其股价崩盘概率也会远大于其他公司。

随着控制人权力的增强，控制人本身就具有操弄公司信息的需要与能力。当控制人的权力较弱时，由于存在其他股东的制约行为，控制人并没有足够的权力影响信息的披露。然而，随着控制人权力的不断增强，控制人侵占其他股东利益的行为会相应增加，获得的控制权私人收益也随之增加（Claessens et al.，2002），但控制人并不希望这种控制权私人收益被其他股东发现，也不希望被其他股东干涉与制衡，因此随着控制人在公司的决策权增强，其对信息披露的影响会变得更为直接。于是，就会带来信息披露质量的下降，公司的不良信息就会在资本市场中不断积累。尤其是当在资本市场中传播的未被证实的坏消息被证实后，由于缺乏信息透明度的阻止，股价崩盘风险就会急剧上升（权小锋等，2016）。可见，控制人利用自身权力对信息的操弄会加快资本市场中“软消息”的散播速度，也积攒了很大的股价崩盘风险。

另外，由于控制人会利用自身权力侵占其他股东的利益，尤其是中小股东的利益，所以在信息不对称情况下的非知情市场投资者同样会推动股价崩盘风险上升。一方面，虽然市场投资者并不知晓实际控制人是否隐瞒了信息，但由于能够感受到自身利益是否受到侵占，所以就会根据股票价格所处的位置与公司经营状况的好坏猜测控制人对于信息的处理状况。这样一来，即使只是出现一件可能与控制人操弄信息无关的小事，市场投资者也会马上卖出股票，从而导致股价连续暴跌（Barlevy et al.，2003）。另一方面，由于存在信息不对称，非知情市场投资者就会变得更为谨慎，加之股价崩盘风险具有传染性，所以当市场投资者无法区分公司的抛售行为是出于流动性因素的考虑还是由控制人操弄信息导致时（Yuan，2005），就会跟随抛售股票。在这种情形下即使公司经营没有出现问题，也会出现股价崩盘。

与主板上市公司相比，创业板上市公司中控制人的控制水平明显更高，这与创业板上市公司的治理体系与治理效率及企业所处的成长阶段相关（王垒等，2016）。这种更高的控制水平对创业板上市公司的自愿性信息披露行为产生了明显的影响（于团叶等，2013）。创业板上市公司的控制人具有高控制权：一方面，控制人可以相对轻松地攫取其他非控制人的利益，尤其是普通市场投资者的利益，这对于处于创业成长阶段的企业具有隐性危害；另一方面，创业板上市公司的控制人对信息的掌控程度更高，可以更为随意地选择信息披露的内容与时机，从而可以为了“迎合”市场投资者喜好，披露利于控制人自身利益的信息，营造良好的控制人形象。在这种情况下，一旦控制人的高控制权被更多的市场投资者认知，往往就会导致控制人在获取控制收益过程中积累的负面信息集中涌入市场，导致公司股价崩盘风险集中爆发。

基于此，本章提出待检验的研究假说1：控制人权力越大，则创业板上市公司的股价崩盘风险越高。

5.1.2 市场化环境、控制人权力与股价崩盘风险的研究假说

作为产生外部治理效应的市场化环境，同样会对上市公司控制人权力产生制约作用，能够遏制控制人利用自身权力攫取中小股东利益的行为。Dyck 和 Zingales（2004）指出，外部环境的市场化程度每增加 1 个标准差，公司控制人的控制权价值就会下降约 5.5%。这就表明，随着外部制度环境的变好，中小股东及普通投资者利益被侵害程度会减轻。一方面，在市场化环境相对较好的地区，地方政府会更少地将自身社会性负担转嫁到辖区内上市公司身上，也就是说，地方政府对上市公司利益或者说控制人利益的侵占程度相对较低，这就会使控制人进一步将这些负担转嫁到中小股东身上的可能性降低；另一方面，伴随着市场化环境的改善，上市公司面临的外部竞争环境也会逐渐变好。若此时控制人还是一味追求个人利益，就会面临被市场淘汰的风险（叶会等，2008），也就失去了在资本市场进一步融资的能力。因此，市场化环境能够分散控制人权力，能够通过隐性监管与约束使控制人利用权力谋求私利变得十分困难。

在市场化环境的约束下，控制人的行为受到制衡，控制人权力对股价崩盘风险的负面影响也会在一定程度上降低。首先，在外部市场化环境较好地区的上市公司中，公司的治理结构通常较好，管理层更希望发挥好职业经理人的职能，而不是充担控制人的代理人，管理层受制于控制人的程度自然也会降低，并不会完全被控制人牵着鼻子走。管理层会根据自己的专业知识做出对公司有利的决策，也不会为了满足控制人利益最大化的要求隐瞒不良信息。其次，由于存在市场化环境的外部治理监管，控制人操弄信息粉饰自身攫取其他股东利益的行为会被制约，当涉及信息披露时无论控制人自愿还是

不自愿，都需要及时全面地披露信息，这也就提升了公司的信息透明度，降低了控制人与市场投资者之间的信息不对称程度，阻止了不良信息的积累，进而也就降低了股价崩盘风险。最后，市场化环境的监管使控制人利用自身权力侵占其他中小股东及市场普通投资者利益的边际成本迅速上升，尤其是在创业板市场的非国有上市公司中，这种边际成本的上升速度更快（雷光勇等，2007）。在这种情况下，市场投资者由于会受到市场化进程的外部环境保护，能够获得更多利益，就不会轻易“以脚投票”，股价崩盘风险也会因此而降低。

同样，在创业板上市公司中，市场化环境的治理效应也会发挥相应作用。一方面，从代理理论来看，虽然创业板公司在上市后对股份的稀释削弱了原始控制人的控制权，加剧了控制人与其他非控制人及市场普通投资者之间的代理冲突，但外部治理效应能够通过增加对控制人的监督，在一定程度上降低因代理冲突产生的公司利益损失，能够保证市场普通投资者的利益诉求；另一方面，市场化环境的外部治理效应也能够使创业板上市公司控制人为了“迎合”政府等监管部门的需要，提升企业信息透明度，约束自身行为。

图 5－1 展示了市场化环境在创业板上市公司控制人权力与股价崩盘风险

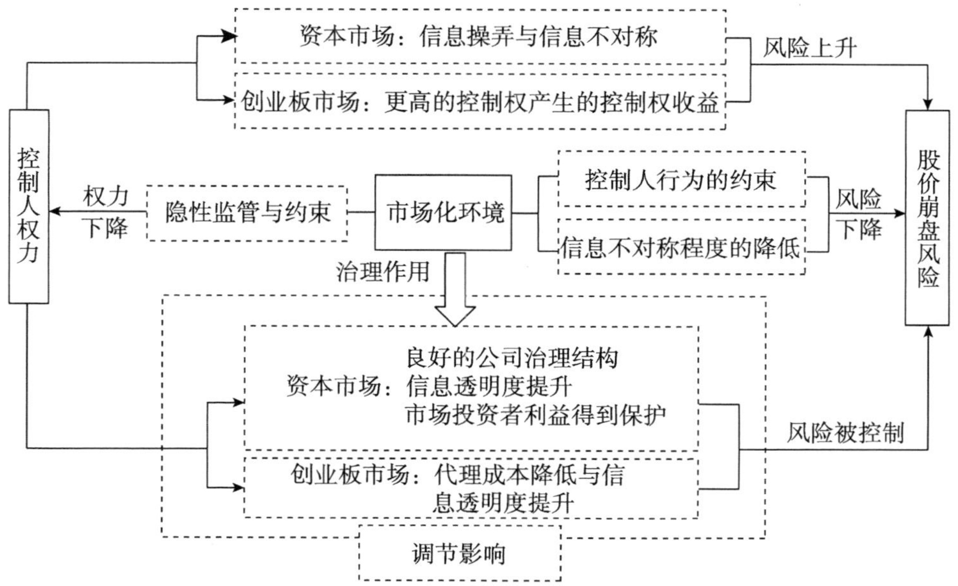

图 5－1　市场化环境在创业板上市公司控制人权力与股价崩盘风险间的调节机制

间的调节机制。从中可以看出，市场化环境的外部治理不仅能够增强对创业板上市公司的监管，而且能够为其提供良好的外部环境，因此就会在一定程度上降低控制人对公司的绝对控制程度，进而发挥相应的调节作用；同时，降低了创业板上市公司的代理成本，减少了公司中负面信息的累积，在一定程度上降低了股价崩盘风险。

基于此，本章提出待检验的研究假说2：市场化环境在控制人权力与股价崩盘风险间产生了调节影响，即相较于市场化环境较差地区的创业板上市公司，市场化环境较好地区的创业板上市公司的控制人权力对股价崩盘风险的正向影响会降低。

5.2 实证研究设计

5.2.1 变量设计

（1）被解释变量。

参考已有文献设计的衡量股价崩盘风险的变量（*Crash*），本章分别以负收益偏态系数（*NCSKEW*）与收益波动比率（*DUVOL*）衡量创业板上市公司的股价崩盘风险，计算公式见式3.3和式3.4。计算所得变量*NCSKEW*与*DUVOL*的数值越大，代表股价崩盘风险越大。

（2）解释变量。

控制人权力（*CP*）：参考La Porta等（2002）、王鹏和周黎安（2006）等的研究，以样本公司实际控制人两权分离度（控制权与现金流权的差值）衡量，该指数越大，则意味着控制人权力越大。

市场化环境的解释变量*IE*1与*IE*2的衡量标准，与前文第4章的方法一致。

（3）控制变量。

参考已有文献，本章将周特有收益率均值（*AW*）、周特有收益率标准差（*SEW*）、资产收益率（*ROA*）、资产负债率（*Debt*）、资产总额（*Size*）、信息透明度（*DA*）、上市年度（*Age*）、行业变量（*Idu*）、年度变量（*Year*）作为控制变量，具体的变量解释、度量方法与前文表4-2中的一致。

5.2.2 模型设计

根据研究的需要及设定的变量构建相应的实证模型。首先，为了检验控制人权力对股价崩盘风险的影响，构建：

$$Crash_{t+1,i} = \begin{pmatrix} \alpha_1 CP_{t,i} + \alpha_2 AW_{t,i} + \alpha_3 SEW_{t,i} + \alpha_4 ROA_{t,i} + \alpha_5 Debt_{t,i} + \\ \alpha_6 Size_{t,i} + \alpha_7 DA_{t,i} + \alpha_8 Age_{t,i} + Idu + Year + C + \varepsilon_{t,i} \end{pmatrix} \tag{5.1}$$

其次，考虑到股价崩盘风险的反应通常具有滞后性，因此本章采用滞后一期的变量衡量创业板上市公司股价崩盘的风险。为了检验外部市场化环境的调节效应，构建：

$$Crash_{t+1,i} = \begin{pmatrix} \alpha_1 CP_{t,i} + \alpha_2 IE_{t,i} + \alpha_3 (CP_{t,i} \times IE_{t,i}) + \alpha_4 AW_{t,i} + \alpha_5 SEW_{t,i} + \alpha_6 ROA_{t,i} + \\ \alpha_7 Debt_{t,i} + \alpha_8 Size_{t,i} + \alpha_9 DA_{t,i} + \alpha_{10} Age_{t,i} + Idu + Year + C + \varepsilon_{t,i} \end{pmatrix} \tag{5.2}$$

在式 5. 1 与式 5. 2 中，股价崩盘风险变量 *Crash* 分别采用负收益偏态系数（*NCSKEW*）与收益波动比率（*DUVOL*）衡量，t 代表样本年度，i 代表样本公司，变量 α 为待估参数，C 为常数项，ε 为残差项。

5.2.3 样本选择与数据说明

与前文一致，本章以创业板上市公司为研究对象，样本区间为 2010—2014 年，根据第 4 章样本选择时的剔除原则，剔除 IPO 公司样本、当年度股票交易不足 30 周的样本、特殊处理样本等，以及缺失数据且无法补充的样本，最终得到 1120 个样本。

5.3 实证结果分析

5.3.1 描述性统计分析

表 5 -1 列出了本章样本的描述性统计结果。从中可以看出，与前一章的研究结果相同，被解释变量 *NCSKEW* 的均值为 -0. 288（中位数为 -0. 254），变量 *DUVOL* 的均值为 -0. 236（中位数为 -0. 233）。解释变量 *CP* 的均值为

0.031（中位数为0.000），样本中有半数以上公司不存在两权分离情况，不同创业板上市公司控制人的控制权大小存在较大差异。变量 *IE*1 与变量 *IE*2 也表现出不同创业板上市公司面临的外部市场化环境有一定差异，从变量 *IE*2 的分布（中位数为5.000）来看，大多的创业板上市公司位于市场化环境较好的区域范围内。控制变量的描述性统计结果与第4章的一致。

表5-1　　　　描述性统计结果

变量	均值	中位数	最大值	最小值	标准差
NCSKEW	-0.288	-0.254	2.867	-3.681	0.630
DUVOL	-0.236	-0.233	1.288	-2.140	0.452
CP	0.031	0.000	0.312	0.000	0.064
*IE*1	8.385	8.710	10.370	2.940	1.427
*IE*2	4.415	5.000	5.000	1.000	1.003
AW	0.057	-0.001	0.021	-0.012	0.002
SEW	-0.002	0.053	0.156	0.017	0.022
ROA	0.052	0.051	0.269	-0.657	0.049
Debt	0.252	0.220	0.886	0.011	0.157
Size	21.020	20.941	23.890	19.399	0.660
DA	0.059	0.039	3.313	0.000	0.109
Age	2.625	2.000	6.000	1.000	1.374

5.3.2　相关性分析

表5-2列出了样本主要变量的相关性检验结果。解释变量 *CP* 与被解释变量间表现出正相关关系，且均能够通过常规置信水平下的显著性检验；两个衡量市场化环境的解释变量 *IE*1 和 *IE*2 与被解释变量间存在负相关关系，但没有通过常规置信水平下的显著性检验。另外，纳入同一模型的各变量间的相关系数值并不高，表明变量间并不存在多重共线性问题。

表5-2　　　　相关性检验结果

变量	*NCSKEW*	*DUVOL*	*CP*	*IE*1	*IE*2	*AW*	*SEW*	*ROA*	*Debt*	*Size*	*DA*	*Age*
NCSKEW	1.000											
DUVOL	0.797***	1.000										

续表

变量	*NCSKEW*	*DUVOL*	*CP*	*IE*1	*IE*2	*AW*	*SEW*	*ROA*	*Debt*	*Size*	*DA*	*Age*
CP	0.092***	0.075***	1.000									
*IE*1	-0.011	-0.001	0.030	1.000								
*IE*2	-0.041	-0.029	0.005	0.888*	1.000							
AW	-0.147***	-0.123***	-0.043*	0.231***	0.071**	1.000						
SEW	0.099***	0.080***	0.020	-0.179***	-0.046*	-0.819***	1.000					
ROA	0.060**	0.059**	0.002	0.052*	0.103***	-0.028	0.015	1.000				
Debt	-0.074***	-0.060**	-0.013	0.067**	-0.024	0.164***	-0.144***	-0.258***	1.000			
Size	0.074***	0.019	0.065**	0.176***	0.093***	0.103***	-0.088***	0.062**	0.451***	1.000		
DA	-0.012	-0.019	-0.020	-0.018	-0.049*	0.040	-0.024	-0.076***	0.208***	0.107***	1.000	
Age	-0.059**	-0.106***	-0.043	0.194***	-0.028	0.299***	-0.239***	-0.105***	0.256***	0.374***	0.053*	1.000

注：***、**和*分别表示在1%、5%和10%置信水平下通过显著性检验。

5.3.3 回归检验结果

（1）控制人权力与股价崩盘风险的回归检验结果。

表5-3列出了控制人权力与股价崩盘风险的回归检验结果。在全样本中，变量*CP*与被解释变量*NCSKEW*、*DUVOL*间均表现为正相关关系，且均能够通过常规置信水平下的显著性检验，这表明在中国创业板上市公司中，控制人控制程度越高，股价崩盘风险也越高。进一步，将衡量股价崩盘风险的两个被解释变量根据取值的正负对样本进行分类后，也得到了相似的回归结果，表明前文的研究假说1得到验证。可见，在创业板上市公司中，控制人特征会对股价崩盘风险产生明显的影响，而且随着两权分离程度的增大，控制人对公司控制权的增强，控制人会利用自身对公司的控制获得所需要的信息，加剧了不良信息的累积，也就累积了股价崩盘风险。

表5-3　　控制人权力与股价崩盘风险的回归检验结果

变量	全样本		*Crash* 正值样本		*Crash* 负值样本	
	(1)	(2)	(3)	(4)	(5)	(6)
	NCSKEW	*DUVOL*	*NCSKEW*	*DUVOL*	*NCSKEW*	*DUVOL*
CP	0.727*** (0.269)	0.434** (0.195)	1.330*** (0.264)	0.638*** (0.162)	0.711*** (0.247)	0.246 (0.173)

续表

变量	全样本		*Crash* 正值样本		*Crash* 负值样本	
	(1)	(2)	(3)	(4)	(5)	(6)
	NCSKEW	*DUVOL*	*NCSKEW*	*DUVOL*	*NCSKEW*	*DUVOL*
AW	-5.573***	-3.190***	-0.103***	-2.268***	-3.836***	-1.856**
SEW	-22.992*	-16.086*	-10.168*	-27.552*	-13.101*	-10.356*
ROA	0.161	0.233	-0.374	-0.001	0.541	0.402*
Debt	-0.409***	-0.139*	-0.150	-0.045	-0.268**	-0.066
Size	0.133***	0.051**	0.046*	0.021	0.073**	0.022
DA	0.004	-0.035	-0.235	-0.024	0.112	-0.016
Age	-0.018	-0.028***	-0.023*	-0.018**	0.017	-0.013*
Idu	控制	控制	控制	控制	控制	控制
Year	控制	控制	控制	控制	控制	控制
C	-2.636***	-1.046**	-0.515	-0.046	-1.947***	-0.830**
Adj R^2	0.044	0.028	0.056	0.044	0.037	0.014
F-statistic	7.729***	5.145***	3.750***	3.088***	4.777***	2.368***

注：1. *Crash* 正值样本与负值样本为分别按照变量 *NCSKEW* 与变量 *DUVOL* 取值的正负进行分类的样本。

2. ***、** 和 * 分别表示在 1%、5% 和 10% 置信水平下通过显著性检验。

（2）控制人权力、市场化环境与股价崩盘风险的回归检验结果。

表 5-4 列出了市场化环境对股价崩盘风险的影响及考虑市场化环境调节影响后的回归检验结果。与第 4 章的实证检验结果一致，在市场化环境对股价崩盘风险影响的检验中，变量 *IE*1 与被解释变量 *NCSKEW*、*DUVOL* 间均表现为正相关关系，但未能通过常规置信水平下的显著性检验。这表明在创业板上市公司中，外部市场化环境没有像预期的那样对股价崩盘风险产生治理效应。变量 *IE*2 同样与被解释变量 *NCSKEW* 及 *DUVOL* 间表现为正相关关系，也未能通过常规置信水平下的显著性检验，表明外部市场化环境对创业板上市公司股价崩盘风险的影响并不显著。

加入交互项后，比较表 5-3 与表 5-4 的回归检验结果，变量 *CP* 的回归系数值不但没有降低，反而有明显的提升，这说明市场化环境不但未能降低控制人权力对股价崩盘风险的影响，还提升了控制人进一步利用自身权力操弄信息、获取私利的能力，前文的研究假说2未能得到验证。这与施先旺等（2014）及其他文献研究主板上市公司得到的结论不同，表明不同板块上市公司的股价崩盘风险之间存在较大差异。一方面，市场化环境并没有对创业板上市公司的股价崩盘风险产生抑制作用，说明在创业板上市公司中存在其他因素，如社会信任（刘宝华等，2016）会对股价崩盘产生影响，使外部市场化环境没有对创业板上市公司股价崩盘风险发挥应有的治理作用；另一方面，创业板上市公司控制人特征不仅能够对股价崩盘风险产生明显的影响，而且这一影响并不会受到市场化环境的抑制，反而会受到“激励”，这说明在创业板上市公司中，影响股价崩盘风险的更多的是内因，而且内因会将外因提供的环境作为获取私利的保护伞，实际控制人会更加为所欲为，从而增加了创业板上公司股价崩盘的风险。

控制变量的检验结果也与前文一致，变量 *AW*、*SEW*、*Debt*、*Age*、*Idu* 与被解释变量间表现为显著的负相关关系，变量 *Size* 与被解释变量间表现为显著的正相关关系，但变量 *ROA* 及变量 *DA* 与被解释变量间的关系未能通过常规置信水平下的显著性检验。控制变量的检验结果与已有文献的结论没有明显的差异。

表5-4　控制人权力、市场化环境与股价崩盘风险的回归检验结果

变量	(1)	(2)	(3)	(4)	(5)	(6)	(7)	(8)
	NCSKEW	*DUVOL*	*NCSKEW*	*DUVOL*	*NCSKEW*	*DUVOL*	*NCSKEW*	*DUVOL*
*IE*1	0.014 (0.013)	0.009 (0.009)			0.014 (0.014)	0.022 (0.019)		
*IE*2			0.018 (0.017)	0.008 (0.013)			0.022 (0.019)	0.010 (0.014)
CP					1.252** (0.164)	1.489** (0.138)	1.489** (0.138)	0.750* (0.099)
*IE*1×*CP*					-0.063* (0.019)	-0.171** (0.035)		
*IE*2×*CP*							-0.171* (0.031)	-0.071* (0.022)
AW	-5.880***	-3.381***	-5.780***	-3.301***	-5.737***	-5.652***	-5.652***	-3.226***
SEW	-24.395*	-16.937*	-24.418*	-16.893*	-23.262*	-23.325*	-23.325*	-16.237*
ROA	0.119	0.207	0.113	0.208	0.147	0.136	0.136	0.222
Debt	-0.420***	-0.145	-0.418***	-0.145	-0.406***	-0.403***	-0.403***	-0.136

续表

变量	(1)	(2)	(3)	(4)	(5)	(6)	(7)	(8)
	NCSKEW	*DUVOL*	*NCSKEW*	*DUVOL*	*NCSKEW*	*DUVOL*	*NCSKEW*	*DUVOL*
Size	0.138***	0.054**	0.138***	0.055**	0.129***	0.129***	0.129***	0.050**
DA	0.003	-0.035	0.005	-0.036	0.009	0.013	0.013	-0.031
Age	-0.021	-0.030***	-0.019	-0.029***	-0.019*	-0.017	-0.017	-0.028***
Idu	控制	控制	控制	控制	控制	控制	控制	控制
Year	控制	控制	控制	控制	控制	控制	控制	控制
C	-2.801***	-1.145**	-2.784***	-1.133**	-2.671***	-2.663***	-2.663***	-1.057**
Adj R^2	0.040	0.025	0.040	0.024	0.044	0.044	0.044	0.027
F-statistic	7.012***	4.678***	7.002***	4.622***	6.416***	6.449***	6.449***	4.254***

注：***、**和*分别表示在1%、5%和10%置信水平下通过显著性检验。

5.3.4 内生性检验

虽然本书在回归模型中添加了控制变量，但在控制人权力与股价崩盘风险间仍然可能存在内生性问题。可能存在的情况是，无效的内外部监管会使控制人权力增大，进而对股价崩盘风险产生影响。这就可能会导致控制人权力与股价崩盘风险之间存在虚假的相关性，这种现象尤其可能会在创业板上市公司中出现，因为创业板上市公司更有可能存在逃避监管的行为。因此，为了解决内生性问题，本书使用 Heckman 两阶段回归方法。其中，第一阶段为对控制人权力的检验模型，参考潘秀丽和王娟（2016）等的研究，加入为公司提供审计服务的会计师事务所是否为当年度国内十大会计师事务所的审计变量（*Big*10）、公司是否设立战略委员会的监管变量（*SC*）以及其他控制变量作为工具变量；第二阶段进行相应的回归检验。

从表5-5的内生性检验结果来看，在控制了可能存在的内生性因素之后，变量 *CP* 与被解释变量间仍然表现为显著的正相关关系，而在加入交互项之后，变量 *CP* 的系数值得到了明显的提升，变量 *IE*1 与 *IE*2 依然未能通过常规置信水平下的显著性检验。

表 5-5　　内生性检验结果

变量	(1)	(2)	(3)	(4)	(5)	(6)
	NCSKEW	*DUVOL*	*NCSKEW*	*DUVOL*	*NCSKEW*	*DUVOL*
CP	0. 840 ** (0. 034)	0. 397 * (0. 244)	1. 439 ** (0. 185)	1. 238 ** (0. 128)	1. 580 ** (0. 157)	0. 816 ** (0. 107)
*IE*1			0. 010 (0. 025)	0. 003 (0. 018)		
*IE*2					0. 016 (0. 024)	0. 008 (0. 016)
*IE*1 × *CP*			-0. 071 * (0. 021)	-0. 098 * (0. 015)		
*IE*2 × *CP*					-0. 164 * (0. 035)	-0. 093 * (0. 024)
AW	-13. 523 ***	-10. 187 ***	-13. 980 ***	-9. 155 ***	-15. 958 ***	-9. 356 ***
SEW	-22. 398 *	-17. 285 *	-26. 679 *	-15. 522 *	-29. 319 *	-15. 656 *
ROA	0. 248	0. 118	0. 285	0. 132	0. 290	0. 120
Debt	-0. 405 ***	-0. 232 *	-0. 357 **	-0. 225 *	-0. 349 *	-0. 223 *
Size	0. 140 ***	0. 060 **	0. 132 ***	0. 059 **	0. 132 ***	0. 059 **
DA	-0. 025	-0. 011	-0. 029	-0. 014	-0. 030	-0. 010
Age	-0. 033 *	-0. 043 **	-0. 024 *	-0. 043 *	-0. 022 *	-0. 042 *
Idu	控制	控制	控制	控制	控制	控制
Year	控制	控制	控制	控制	控制	控制
C	-3. 429 ***	-1. 067 *	-3. 325 ***	-1. 108 *	-3. 379	-1. 091 *
Adj R^2	0. 119	0. 125	0. 170	0. 097	0. 212	0. 097
F-statistic	4. 307 ***	3. 179 ***	3. 393 ***	2. 704 ***	3. 316 ***	2. 681 ***
J-statistic	6. 330	4. 276	5. 397	4. 016	6. 968	3. 906

注：***、** 和 * 分别表示在 1%、5% 和 10% 置信水平下通过显著性检验，括号内为系数值的标准误差值。

5.3.5　稳健性检验

为检验回归结果的稳健性，本书进行稳健性检验。首先，考虑到外部市场化环境对股价崩盘风险的影响可能并非即期实现的，因此以股价崩盘风险变量 *Crash* 的当期变量为被解释变量进行回归检验；其次，本章利用王小鲁等（2019）提供的指数衡量，重新利用樊纲等（2011）提供的地区市场化进程指数衡量解释变量后进行回归检验；最后，由于不同地区创业板上市公司面临的外部市场化环境差异较大，因此本章将样本分为东部地区样本、中部地区样本与西部地区样本后进行回归检验。稳健性检验的结果与前文的回归检验结果没有实质性差异，可以认为实证检验结论具有稳健性。

5.4 小结

上市公司外部治理机制取决于内部治理机制的效率，而内部治理机制在很大程度上内生于公司所处的外部治理环境，内部治理会根据外部治理环境的不同而选择特定的机制。虽然不同地区上市公司的内部治理机制之间存在差异，但是由于公司自然属性的存在，内部治理机制之间的差异并不大，而且随着上市公司自身的发展及监管制度的完善，内部治理机制将趋同。但不同地区上市公司之间的外部治理机制差异较大：一方面，由于不同地区的政治、经济、法律及社会发展之间存在很大的差异，使得上市公司面对的外部环境不尽相同；另一方面，不同地区的外部治理机制存在特殊性，即只适用于本地区上市公司发展的外部治理特性。差异化的外部治理环境会对公司的决策及普通投资者的利益保护产生不同的影响，从而导致不同地区上市公司的决策行为之间存在差异。

本章以2010—2014年间的1120个创业板上市公司样本实证检验了控制人权力、市场化环境对股价崩盘风险的影响。研究发现，在中国创业板上市公司中，对股价崩盘风险产生影响的更多的是内因，外因没有起到足够的治理作用。具体而言：一是控制人权力对创业板上市公司股价崩盘风险产生了明显的作用，控制人权力越大，创业板上市公司的股价崩盘风险越高，说明控制人通过提升对公司的控制程度，掌握了操控信息的能力，获得了攫取私利的机会，也积累了股价崩盘风险；二是市场化环境没有对创业板上市公司股价崩盘风险产生足够的治理与制约作用；三是市场化环境同样没能对创业板上市公司控制人权力对股价崩盘风险的影响起到调节效应，在引入市场化环境的影响后，控制人权力对股价崩盘风险的影响反而更大了，说明创业板上市公司控制人会利用外部市场化环境更大程度地强化自身对公司的控制权。

从本章的经验证据来看，创业板上市公司实际控制人对公司的控制程度，会极大地影响股价崩盘风险。这种对公司的控制，伴随着对其他股东利益的侵占和对公司长期业绩的恶性影响，破坏资本市场的健康稳定发展。因此，从这个角度出发，寻找抑制实际控制人对信息操弄的途径，降低实际控制人攫取私利的程度，减少股价崩盘的风险，保证创业板上市公司股价的稳定，是值得持续关注的问题。同时，由于本章的经验证据表明，外部市场化环境并没有起到足够的抑制作用，也没有产生相应的调节作用，所以如何构建良好的外部环境，以使其能够产生相应的治理效应，以及基于内外部因素，尤其是基于公司治理内部监督体系，寻找能够降低控制人权力对创业板上市公司股价崩盘风险影响的其他的调节方式，也是值得持续关注的问题。再者，本章提供的是中国创业板上市公司的经验证据，由于创业板上市公司在经营行业、所处区域、风险偏好、资金流动等方面与主板上市公司有所不同，两者在信息处理与披露等方面也存在差异，创业板上市公司比一般上市公司积累了更多的股价崩盘风险，所以本章经验证据中得出的外部市场化环境无法产生相应作用的结论，能否适用于中国主板上市公司，是进一步研究应关注的问题。

基于以上研究结论，本章提出以下政策建议：一是创业板上市公司治理结构进一步改善的方向之一是适当降低控制人的控制程度，提升外部投资者的辨别能力，缩小控制人与其他股东之间的控股差距，促成控制人与其他股东之间利益的一致性，以此长期提升创业板上市公司的绩效；二是提升创业板上市公司的信息透明度，加强对控制人信息操弄的监管，抑制控制人通过信息操弄牟取私利的行为；三是进一步加快市场化环境建设进程和资本市场法治化进程，降低政府的干预程度，以促进资源合理配置和信息便捷流通，为创业型企业的发展提供良好的外部环境。

6 市场化环境、CEO 权力与股价崩盘风险

前文的经验证据表明，在中国创业板上市公司中，实际控制人对公司具有相对较强的控制能力，因此会对公司的股价崩盘风险产生影响。然而，一方面，虽然创业板上市公司具有强烈的控制人个人属性，但并非所有控制人都会对公司决策具有强烈的干扰动机，在某种程度上，CEO 依然对公司决策具有最直接的影响；另一方面，创业板上市公司的天然属性使得创业板上市公司的 CEO 更加接近职业经理人，与主板上市公司，尤其是主板国有上市公司相比，创业板上市公司的 CEO 并没有政治提升压力，只有业绩提升压力，因此这些 CEO 就更加希望通过在职位上的表现获得经理人市场的关注。在创业板上市公司中，CEO 不仅需要完成实际控制人“布置的作业”，还需要满足实际控制人的利益需要，同时也有满足自身利益的诉求，因此与实际控制人相比，CEO 对公司决策、信息进行操弄的动机丝毫不弱。

通常，由于 CEO 拥有上市公司内部的最终执行权力与管理组织结构的核心地位，即直接掌管了公司决策权，所以其权力越大，对上市公司的控制力越强，在决策过程中起到的作用和影响也就越大（韩立岩等，2009）。尤其是在中国资本市场的特殊股权结构制度背景下，CEO 往往与公司控股股东或董事长具有千丝万缕的联系，因此也就具有更大的决策权力（吴卫华等，2014）。赵忍和顾荣宝（2017）的研究指出，CEO 的权力对股价崩盘风险产生了显著的正向影响。

因此，在前文检验创业板上市公司实际控制人对股价崩盘风险影响的基础上，本章进一步检验创业板上市公司 CEO 权力对股价崩盘风险的影响，以

及外部市场化环境所产生的调节治理效应。具体包括：创业板上市公司 CEO 仅是实际控制人的代理人还是具有自主决策权，即创业板上市公司 CEO 权力能否影响股价崩盘风险；市场化环境能否对 CEO 权力形成制约。本章同样使用王小鲁等（2016）提供的市场化进程指数进行检验。

6.1 制度背景与研究假说

6.1.1 CEO 权力与股价崩盘风险的研究假说

Jin 和 Myers（2004）在首次对股价崩盘的信息披露机制进行研究时就指出，信息的隐瞒与延迟披露是引发股价崩盘风险的罪魁祸首，而管理层则是始作俑者。CEO 会根据自身需要对企业信息进行选择性的披露。随后，Kothari 等（2009）、Xu 等（2014）、Piotroski 等（2015）、Kim 等（2011）、Ball（2009）、Callen 和 Fang（2015）等的研究指出，CEO 为了实现职位升迁、薪酬激励、政治激励、避税、股权激励、构建企业帝国等目的而进行信息操弄，进而影响公司股价崩盘风险。

可见，不同的 CEO 权力会对股价崩盘风险产生不同的影响。首先，CEO 权力越大，操弄公司信息的动机与能力就越强。随着 CEO 权力的增大，CEO 可以更加容易地控制公司决策，当 CEO 有信息操弄需求时，就会以更低的成本进行隐瞒、延迟披露以及有选择性地披露信息。CEO 权力越大，意味着 CEO 受到的约束越少，无论这种约束源于其他股东、内部控制还是外部监管，从而就会使 CEO 利用自身权力达到个人目的的动机更强，对公司信息的操弄成本更低、操弄也更便利。尤其是在现代企业中，CEO 的根本利益往往与股东等利益相关者的不一致，也就导致了 CEO 会利用自身所拥有的权力，在上市公司经营决策与战略决策中更多地融入个人意志（李小荣等，2015），这种行为就会导致上市公司中存在一言堂的现象，从而就会降低上市公司决策的科学性与可行性，也增加了上市公司股价崩盘的风险。

其次，CEO 权力越大，CEO 追求私利的动机越强，过度自信的程度越高。随着 CEO 权力的增大，CEO 往往会通过一些决策行为获得私利，如权力较大的 CEO 会更加主张大规模的并购行为，以此来获得更高的市场关注度与薪酬水平（Grinstein et al.，2003），但是，这些行为并不意味着能被资本市场看好，资本市场可能会看穿 CEO 的真实目的。同时，随着 CEO 权力的增大，CEO 的自信程度也会随之提高，会更加相信自己的决定，听不进去管理层其他成员的意见，而且会无视上市公司在经营过程中存在的负面信息，导致负面信息的积累（江轩宇等，2015），从而使得上市公司的股票价格无法准确反映其真实价值。

最后，CEO 权力越大，内部监管体系的监管力度越低，甚至还会出现合谋的现象。一方面，随着 CEO 权力的增加，如董事会、监事会、独立董事等的监管体系，往往无法起到应有的监管作用。赵忍和顾荣宝（2017）指出，监事会反而会加大 CEO 权力对股价崩盘风险的影响，而如薪酬等应降低代理成本的激励方式，甚至可能产生新的代理问题（权小锋等，2010）。另一方面，随着 CEO 权力的增大，CEO 会对董事的聘任及薪酬产生较大影响，董事会成员反而会为 CEO 实施权力提供便利通道（李小荣等，2015），会成为 CEO 权力进一步提升以及 CEO 凭借权力牟取私利的工具。尤其是在创业板上市公司中，CEO 往往与董事会、监事会等具有密切关系，诸如 CEO 与部分董事均为企业创始人或为亲戚关系的现象屡见不鲜。因此，在创业板上市公司中，CEO 往往也就具有更强的利用自身权力牵制其他监管成员的能力。

基于此，本章提出待检验的研究假说 1：CEO 权力越大，则创业板上市公司的股价崩盘风险越高。

6.1.2 市场化环境、CEO 权力与股价崩盘风险的研究假说

从前文的经验证据来看，市场化环境没有对股价崩盘风险产生治理效应，没有降低股价崩盘风险。

从理论上来说，市场化环境所产生的治理效应，会减少 CEO 权力对股价崩盘风险的正向影响。首先，从 CEO 的代理人身份来看，CEO 行使的是对上市公司的决策与管理权力，因此市场化环境的外部治理能够起到对 CEO 的约束作用。虽然随着 CEO 权力的增大，内部监管可能无法对 CEO 产生约束作用，但是外部监管并不会因其权力的增大而失去效力，甚至对于权力较大的 CEO 还会加强监管，从而降低 CEO 权力对上市公司的损害。在市场化环境较好的地区，上市公司往往会形成较完善的治理体系，外部治理的加强也会带

动内部监管体系的完善及内部利益分配的合理化，从而就约束了 CEO 的行为，抑制 CEO 做出为了个人利益而破坏上市公司发展的决策。

其次，随着外部治理约束性的增强，CEO 控制上市公司信息的能力和动机也会降低。由于存在外部治理的约束，虽然 CEO 具有操弄公司信息的能力，但很有可能会被提前发现，操弄信息的成本也会随之增加，那时 CEO 在对收益与成本进行衡量之后，就可能放弃隐瞒或延迟发布信息的行为。

最后，市场化环境的治理效应有助于保护市场投资者的利益。外部治理的约束减少了 CEO 及 CEO 代表大股东侵占普通市场投资者利益的行为，从而使得市场投资者更乐于对上市公司进行长期投资。

同样，在创业板市场中，一方面，由于创业板市场本身比主板市场更加吸引市场投资者关注，因此面临的外部监管也比其他市场更多。伴随着外部监管的增加，CEO 会主动放弃一部分自己的权力，甚至会加强内部监管；另一方面，由于 CEO 对其经理人身份更加重视，从而在面临外部监管时，会更加收敛自身行为。

图 6－1 列出了市场化环境在创业板上市公司 CEO 权力与股价崩盘风险间的调节机制。从中可以看出，CEO 权力的增加带来了股价崩盘风险的提升，而在市场化环境的治理作用下，CEO 权力带来的股价崩盘风险会被市场化环境稀释，从而在一定程度上降低了 CEO 权力对股价崩盘风险的不良影响。

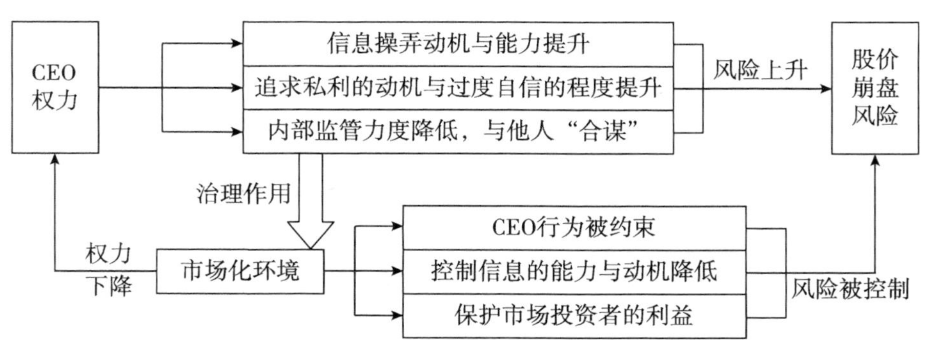

图 6－1　市场化环境在创业板上市公司 CEO 权力与股价崩盘风险间的调节机制

基于此，本章提出待检验的研究假说 2：市场化环境在 CEO 权力与股价崩盘风险间产生了调节影响，即市场化环境越好，则 CEO 权力对股价崩盘风险的正向影响程度越低。

6.2 实证研究设计

6.2.1 变量设计

（1）被解释变量。

参考已有文献设计的衡量股价崩盘风险的变量（*Crash*），本书分别以负收益偏态系数（*NCSKEW*）与收益波动比率（*DUVOL*）衡量创业板上市公司的股价崩盘风险，计算公式见式 3.3 和式 3.4。计算所得变量 *NCSKEW* 与 *DUVOL* 的数值越大，则代表股价崩盘风险越大。

（2）解释变量。

CEO 权力（*CEOP*）：参考李海霞和王振山（2015）的研究，考虑数据可得性并根据本书的研究需要进行修正，分别从位置权力、所有者权力、专家权力及自主决策权力四个不同的层面对 CEO 权力进行衡量。其中，位置权力以 CEO 是否同时兼任公司董事长或副董事长衡量；所有者权力以 CEO 是否持有本公司股票及是否为本公司创始人衡量；专家权力以 CEO 学历及职称衡量；自主决策权力以 CEO 是否受到独立董事（简称独董）更好的监管衡量。因此本章对 CEO 权力指标从四个层面六个维度取值衡量，具体如表 6－1 所示。

表 6－1　CEO 权力指标的含义

<table>
<tr><th>一级指标</th><th>二级指标</th><th>三级指标</th><th>指标的含义</th></tr>
<tr><td rowspan="6">CEO 权力</td><td>位置权力</td><td>是否兼任</td><td>若 CEO 兼任董事长，取值为 2；若 CEO 兼任副董事长，取值为 1；若不兼任，则取值为 0</td></tr>
<tr><td rowspan="2">所有者权力</td><td>是否持股</td><td>若 CEO 持有本公司股票，取值为 1；否则取值为 0</td></tr>
<tr><td>是否为创始人</td><td>若 CEO 为本公司创始人，取值为 1；否则取值为 0</td></tr>
<tr><td rowspan="2">专家权力</td><td>教育背景</td><td>若 CEO 具有硕士以上文凭，取值为 1；否则取值为 0</td></tr>
<tr><td>职称背景</td><td>若 CEO 具有高级职称，取值为 1；否则取值为 0</td></tr>
<tr><td>自主决策权力</td><td>独董监管</td><td>若 CEO 所在公司的独董占比低于行业均值，取值为 1；否则取值为 0</td></tr>
</table>

市场化环境的变量 *IE*1 与 *IE*2 的衡量标准与前文第 4 章的方法一致。

（3）控制变量。

参考已有文献，本章将周特有收益率均值（*AW*）、周特有收益率标准差（*SEW*）、资产收益率（*ROA*）、资产负债率（*Debt*）、资产总额（*Size*）、信息透明度（*DA*）、上市年度（*Age*）、行业变量（*Idu*）、年度变量（*Year*）作为控制变量，具体的变量解释、度量方法与表 4－2 中的一致。

6.2.2 模型设计

根据研究的需要及设定的变量构建相应的实证模型。首先，为了检验 CEO 权力对股价崩盘风险的影响，构建如下模型：

$$Crash_{t+1,i} = \begin{pmatrix} \alpha_1 CEOP_{t,i} + \alpha_2 AW_{t,i} + \alpha_3 SEW_{t,i} + \alpha_4 ROA_{t,i} + \alpha_5 Debt_{t,i} + \\ \alpha_6 Size_{t,i} + \alpha_7 DA_{t,i} + \alpha_8 Age_{t,i} + Idu + Year + C + \varepsilon_{t,i} \end{pmatrix} \tag{6.1}$$

其次，考虑到股价崩盘风险的反应通常具有滞后性，因此本书采用滞后一期的变量衡量创业板上市公司的股价崩盘风险。为了检验市场化环境的调节效应，构建以下模型：

$$Crash_{t+1,i} = \begin{pmatrix} \alpha_1 CEOP_{t,i} + \alpha_2 IE_{t,i} + \alpha_3 (CEOP_{t,i} \times IE_{t,i}) + \alpha_4 AW_{t,i} + \alpha_5 SEW_{t,i} + \alpha_6 ROA_{t,i} + \\ \alpha_7 Debt_{t,i} + \alpha_8 Size_{t,i} + \alpha_9 DA_{t,i} + \alpha_{10} Age_{t,i} + Idu + Year + C + \varepsilon_{t,i} \end{pmatrix} \tag{6.2}$$

在式 6.1 与式 6.2 中，股价崩盘风险变量 *Crash* 分别用负收益偏态系数（*NCSKEW*）与收益波动比率（*DUVOL*）衡量，t 代表样本年度，i 代表样本公司，变量 α 为待估参数，C 为常数项，ε 为残差项。

6.2.3 样本选择与数据说明

本章以创业板上市公司为研究对象，样本区间为 2010—2014 年。由于部分创业板上市公司并未在定期报告中较为完整地披露 CEO 的个人信息，使得无法测度部分创业板上市公司的 CEO 权力，因此在将无法获得 CEO 信息的创业板上市公司样本进行剔除的基础上，最终得到 947 个样本。

6.3 实证结果分析

6.3.1 描述性统计分析

表6－2列出了本章样本的描述性统计结果。从中可以看出，被解释变量*NCSKEW*的均值为－0.268（中位数为－0.250），变量*DUVOL*的均值为－0.224（中位数为－0.233），与前文相比，本章样本的股价崩盘风险变量的均值差异不大。解释变量*CEOP*的均值为3.392（中位数为3.000），样本中创业板上市公司的CEO权力处于中间位置，但不同公司之间的CEO权力差异较大，这与不同公司CEO的人选有较大差异相关，有的创业板上市公司的CEO属于职业经理人，有的则是公司控制人。变量*IE*1与变量*IE*2也表现出不同创业板上市公司面临的外部市场化环境之间有一定差异，从变量*IE*2的分布结果（中位数为5.000）来看，大多数创业板上市公司位于市场化环境较好的区域范围内。控制变量的描述性统计结果与第四章的一致。

表6－2　描述性统计结果

变量	均值	中位数	最大值	最小值	标准差
NCSKEW	－0.268	－0.250	2.781	－3.681	0.683
DUVOL	－0.224	－0.233	1.756	－2.253	0.504
CEOP	3.392	3.000	7.000	0.000	1.655
*IE*1	8.074	8.370	9.950	2.910	1.456
*IE*2	4.339	5.000	5.000	1.000	1.069
AW	－0.001	－0.001	0.019	－0.009	0.001
SEW	0.050	0.048	0.130	0.017	0.016
ROA	0.054	0.052	0.279	－0.437	0.044
Debt	0.234	0.201	0.886	0.011	0.153
Size	20.935	20.864	23.154	19.544	0.606
DA	0.057	0.039	0.960	0.000	0.063
Age	2.248	2.000	5.000	1.000	1.107

6.3.2 相关性分析

表6-3列出了样本主要变量的相关性检验结果。解释变量 *CEOP* 与被解释变量间表现出正相关关系，且均能通过常规置信水平下的显著性检验，两个衡量市场化环境的解释变量与被解释变量间的相关性没有通过常规置信水平下的显著性检验。另外，纳入同一模型的各变量间的相关系数值并不高，表明变量间并不存在多重共线性问题。

表6-3　　相关性检验结果

变量	*NCSKEW*	*DUVOL*	*CEOP*	*IE*1	*IE*2	*AW*	*SEW*	*ROA*	*Debt*	*Size*	*DA*	*Age*
NCSKEW	1.000											
DUVOL	0.791***	1.000										
CEOP	0.097***	0.054***	1.000									
*IE*1	0.009	0.006	0.052*	1.000								
*IE*2	0.041	0.033	0.067**	0.904***	1.000							
AW	0.004	-0.013	-0.011	-0.097***	-0.043	1.000						
SEW	0.027	0.063*	0.020	0.144***	0.074**	-0.758***	1.000					
ROA	0.090***	0.032	0.048	0.050	0.103***	0.013	0.021	1.000				
Debt	-0.024	-0.004	-0.065*	0.020	-0.048	-0.058**	0.084***	-0.302***	1.000			
Size	0.137***	0.078**	0.036	0.121***	0.088***	0.080***	-0.075**	0.031**	0.430***	1.000		
DA	-0.026	-0.027	0.013	0.048	0.057***	-0.036	0.063*	-0.063*	0.274***	0.152***	1.000	
Age	0.010	-0.035	-0.021***	0.146	-0.027	-0.067**	0.088***	-0.074**	0.259***	0.307***	-0.039	1.000

注：***、**和*分别表示在1%、5%和10%置信水平下通过显著性检验。

6.3.3 回归检验结果

表6-4与表6-5分别给出以变量 *NCSKEW* 和 *DUVOL* 为被解释变量的回归检验结果。从中可以看出，变量 *CEOP* 与被解释变量间的回归系数分别为0.034与0.134，且均能够通过常规置信水平下的显著性检验，这表明在创业板上市公司中，CEO权力越大，则公司股价崩盘风险越大，这一结果验证了本章的研究假说1。与前文检验控制人权力与股价崩盘风险关系的检验结果相比，变量 *CEOP* 的系数值明显比变量 *CP* 的系数值低，这表明虽然CEO权力与控制人权力都会对股价崩盘风险产生明显的作用，但CEO权力的作用比控制人权力的作用小，可见在创业板上市公司中，控制人对公

司的控制力更强。

变量 *IE*1 与 *IE*2 的检验结果，与前文控制人样本的检验结果一样，未通过常规置信水平下的显著性检验，说明市场化环境没有对创业板上市公司股价崩盘风险产生治理效应。

加入市场化环境这一交叉项后发现，变量 *CEOP* 的系数值虽然依然为正，但不能通过常规置信水平下的显著性检验，而且与未加入交叉项时的系数值相比，变量 *CEOP* 的系数值更低。这表明在考虑市场环境的外部制度约束与外部治理之后，CEO 权力对股价崩盘风险的作用明显减弱，虽然在前文的检验中外部约束没有对控制人权力产生约束作用，但对 CEO 权力产生了明显的约束作用，即本章研究假说 2 得到了验证。可见，与控制人权力相比，在创业板上市公司中，CEO 由于只是控制人的代理人，因此在做出企业决策时会有更多顾忌，尤其是 CEO 更加需要在职业经理人市场树立自身形象，所以在外部监管力度较大时，就不会轻易隐瞒或延迟披露信息，而会遵循规章制度，接受相应的监管，不会对股价崩盘风险产生较大的影响。

控制变量的检验结果中，变量 *SEW*、*Size*、*DA* 与被解释变量间表现为显著的正相关关系，变量 *Debt*、*Age* 与被解释变量间表现为显著的负相关关系，而变量 *AW*、*ROA* 与被解释变量间的关系没有通过常规置信水平下的显著性检验。

表 6－4　CEO 权力、市场化环境与股价崩盘风险的回归检验结果（变量为 *NCSKEW*）

变量	(1)	(2)	(3)	(4)	(5)
	NCSKEW	*NCSKEW*	*NCSKEW*	*NCSKEW*	*NCSKEW*
CEOP	0.034** (0.013)			0.010 (0.073)	0.026 (0.053)
*IE*1		−0.010 (0.015)		−0.022 (0.033)	
*IE*2			−0.004 (0.021)		−0.044 (0.045)
*IE*1 × *CEOP*				0.031* (0.009)	
*IE*2 × *CEOP*					0.140** (0.012)

续表

变量	(1)	(2)	(3)	(4)	(5)
	NCSKEW	*NCSKEW*	*NCSKEW*	*NCSKEW*	*NCSKEW*
AW	24. 079	24. 526	24. 269	24. 345	24. 230
SEW	2. 760 *	3. 028 *	2. 868 *	2. 900 *	2. 707 *
ROA	0. 744	0. 768	0. 754	0. 741	0. 710
Debt	-0. 262 *	-0. 306 *	-0. 296 *	-0. 274 *	-0. 272 *
Size	0. 193 ***	0. 203 ***	0. 200 ***	0. 197 ***	0. 196 ***
DA	0. 520 *	0. 488 *	0. 501 *	0. 507 *	0. 522 *
Age	-0. 017 *	-0. 016 *	-0. 018 *	-0. 015 *	-0. 017 *
Idu	控制	控制	控制	控制	控制
Year	控制	控制	控制	控制	控制
C	-4. 352 ***	-4. 379 ***	-4. 392 ***	-4. 275 ***	-4. 216 ***
Adj R^2	0. 038	0. 032	0. 032	0. 037	0. 038
F - statistic	5. 202 ***	4. 508 ***	4. 461 ***	4. 314 ***	4. 375 ***

注：***、** 和 * 分别表示在 1%、5% 和 10% 置信水平下通过显著性检验，括号内为系数值标注误差值。

表 6-5　　CEO 权力、市场化环境与股价崩盘风险的回归检验结果（变量为 *DUVOL*）

变量	(1)	(2)	(3)	(4)	(5)
	DUVOL	*DUVOL*	*DUVOL*	*DUVOL*	*DUVOL*
CEOP	0. 134 *** (0. 010)			0. 029 (0. 054)	0. 046 (0. 040)
IE1		-0. 004 (0. 012)		-0. 022 (0. 025)	
IE2			-0. 004 (0. 016)		-0. 043 (0. 033)
IE1 × CEOP				0. 052 * (0. 007)	
IE2 × CEOP					0. 139 ** (0. 009)
AW	31. 340	31. 527	31. 392	31. 481	31. 475
SEW	4. 010 **	4. 121 **	4. 041 **	4. 046 **	3. 949 **
ROA	0. 006	0. 016	0. 007	0. 012	0. 029

续表

变量	(1)	(2)	(3)	(4)	(5)
	DUVOL	DUVOL	DUVOL	DUVOL	DUVOL
Debt	-0.074 *	-0.092 *	-0.086 *	-0.086 *	-0.083 *
Size	0.098 ***	0.102 ***	0.100 ***	0.101 ***	0.100 ***
DA	0.439 *	0.426 *	0.433 *	0.431 *	0.442 *
Age	-0.033 **	-0.033 **	-0.033 **	-0.032 **	-0.033 **
Idu	控制	控制	控制	控制	控制
Year	控制	控制	控制	控制	控制
C	-2.305 ***	-2.316 ***	-2.320 ***	-2.196 **	-2.168 ***
Adj R^2	0.018	0.016	0.016	0.017	0.019
F-statistic	2.933 ***	2.739 ***	2.728 ***	2.471 ***	2.622 ***

注：***、** 和 * 分别表示在 1%、5% 和 10% 置信水平下通过显著性检验，括号内为系数值标注误差值。

6.3.4 内生性检验

虽然在回归模型中加入了控制变量，但是 CEO 权力与股价崩盘风险间依然可能存在内生性问题。可能存在的情况是，CEO 会为了“讨好”控制人而不在意内外部监管，从而影响股价崩盘风险，导致 CEO 权力与股价崩盘风险间形成虚假的相关性。为了解决可能存在的内生性问题，本章同样使用 Heckman 两阶段回归方法，其中，第一阶段为对 CEO 权力的检验模型，加入以公司是否设立战略委员会衡量的监管变量与 CEO 与董事长是否二职合一的虚拟变量，以及其他控制变量等工具变量，第二阶段进行相应的回归检验。

从表 6-6 的内生性检验结果来看，在控制了可能存在的内生性因素之后，检验结果与前文的无实质性差异，变量 *CEOP* 与被解释变量间依然存在显著的正相关关系，而在控制了市场化环境的影响后，变量 *CEOP* 的系数值无论是数值大小还是显著性都明显降低，但变量 *IE*1 与 *IE*2 同样没有通过常规置信水平下的显著性检验。

表 6-6　　内生性检验结果

变量	(1)	(2)	(3)	(4)	(5)	(6)
	NCSKEW	*DUVOL*	*NCSKEW*	*DUVOL*	*NCSKEW*	*DUVOL*
CEOP	0.033 ** (0.014)	0.129 ** (0.010)	0.014 (0.079)	0.049 (0.058)	0.024 (0.057)	0.066 * (0.042)
*IE*1			-0.034 (0.036)	-0.030 (0.026)		
*IE*2					-0.050 (0.048)	-0.048 (0.035)
*IE*1 × *CEOP*			0.060 * (0.009)	0.008 * (0.001)		
*IE*2 × *CEOP*					0.018 * (0.013)	0.018 ** (0.010)
AW	22.859	29.235 *	23.089	29.383	23.040	29.412
SEW	2.446	3.534 **	2.576	3.542 **	2.337	3.410 **
ROA	1.104 **	0.286	1.091 *	0.252	1.037 *	0.212
Debt	-0.237	0.002	-0.251	-0.010	-0.246	-0.006
Size	0.191 ***	0.081 **	0.197 ***	0.085 **	0.192 ***	0.081 ***
DA	0.580 *	0.520 *	0.570 *	0.514 *	0.588 *	0.529 *
Age	-0.018	-0.036 **	-0.016	-0.034 **	-0.017	-0.034 **
Idu	控制	控制	控制	控制	控制	控制
Year	控制	控制	控制	控制	控制	控制
C	-4.334 ***	-1.958 ***	-4.204	-1.797	-4.129 ***	-1.744 **
Adj R^2	0.038	0.016	0.037	0.015	0.038	0.019
F - statistic	4.526 ***	2.460 ***	3.799 ***	2.135 **	3.886 ***	2.394 ***
J - statistic	0.863	1.139	0.797	0.996	0.843	1.052

注：***、** 和 * 分别表示在 1%、5% 和 10% 置信水平下通过显著性检验，括号内为系数值标注误差值。

6.3.5　稳健性检验

为检验本章回归结果的稳健性，本章进行稳健性检验。首先，考虑到外部市场化环境对股价崩盘风险的影响可能并非即期实现的，因此以股价崩盘风险变量 *Crash* 的当期变量为被解释变量进行回归检验；其次，本章是利用王小鲁等（2019）提供的指数衡量的，因此重新利用樊纲等（2011）提供的地区市场化进程指数衡量解释变量后进行回归检验；最后，由于不同地区创业板上市公司面临的外部市场化环境差异较大，因此本章将样本分为东部地区样本、中部地区样本与西部地区样本后进行回归检验。稳健性检验结果与前文的回归检验结果没有实质性差异，可以认为实证检验结论具有稳健性。

6.4 小结

本章基于 CEO 权力视角，以 2010—2014 年间的 947 个创业板上市公司为样本，进一步对股价崩盘风险问题进行研究，并同样加入对市场化环境调节效应的考虑。研究发现：在中国创业板上市公司中，CEO 权力与股价崩盘风险之间存在显著的正相关关系，表明 CEO 权力越大，创业板上市公司的股价崩盘风险越大；市场化环境同样没有对创业板上市公司股价崩盘风险产生足够的治理与制约作用；加入对市场化环境调节效应的考虑后，CEO 权力对创业板上市公司股价崩盘风险的影响明显降低了，这表明外部市场化环境能够对创业板上市公司 CEO 权力产生制约作用。

本章的研究结论具有重要的理论与现实意义。首先，本章发现了随着创业板上市公司 CEO 权力的增大，会带来所在公司股价崩盘风险的提升，这意味着如果创业板上市公司 CEO 权力过大，就极有可能造成 CEO 在公司内搞“一言堂”的情形。因此，应该适当地分散 CEO 权力，增强对 CEO 的监管，这对创业板上市公司的发展有一定益处。其次，与前文的检验相比，虽然 CEO 权力会对股价崩盘风险产生影响，但在创业板上市公司中，控制人权力会比 CEO 权力产生更明显的作用，会在更大程度上提升股价崩盘风险。这说明，CEO 在创业板上市公司中更多地担任控制人的代理人身份，或者说，CEO 需要满足控制人利益最大化需求，所以在适当分散 CEO 权力的同时，也应制约控制人权力。

第三部分　政治环境视角下的股价崩盘风险

近年来政治环境成为影响实体经济发展的重要因素，也成为宏观经济与微观金融关注的焦点问题，尤其是当政治环境存在很多变化的因素时，政治环境更是成为影响企业决策的关键问题（Pástor et al.，2013；Xu et al.，2016；Kelly et al.，2016）。2011 年标准普尔评级服务公司史无前例地降低了美国长期主权信用评级，首要理由就是美国政治环境的变化导致了人们对美国政治决策机制信心的下降。同样，在欧洲大选年的 2017 年，政治环境变化也成为影响欧元区经济发展、商业活动、货币政策、金融市场等的重要因素。由于政治环境变化会引发经济政策、产业政策、投资政策及监管政策等的变化，因此就会增加市场风险，影响企业决策与企业行为，如推迟投资（Julio et al.，2012）。虽然从新制度经济学开始，相关研究已经开始将制度环境中的政治环境问题纳入企业行为的研究框架，强调宏观层面政治环境对微观层面企业的影响（North et al.，1973；North，1991）。但早期研究更多地强调政治环境而非政治环境的变化，即只见政府，不见官员（贺小刚等，2016），外在政治环境所表现出来的各种特征正是官员动机的外在表现，也是推动地区经济增长的主要动力之一（Jones et al.，2005；钱先航等，2011）。因此，基于官员视角对政治环境进行研究就具有更为重要的学术价值与现实意义。在现有的中国政企环境中，政府与企业之间一直也存在利益联盟的关系（孙早等，2012），这种关系不仅体现为企业是地方政府经济和财政收入的主要力量，地方官员会通过视察、考察等方式与企业保持联系，也体现为企业会通过政治关联的方式，主动寻求经营市场、资本市场的政治倾斜（潘越等，2009；唐松等，2014），体现更为明显的是当地方政府官员发生变化时，企业就会更加主动地重建政企关系（潘越等，2015）。可见，对于当前转轨与新兴市场并存的中国，一方面，因现行行政制度而产生的地方政府官员定期更换与因各种原因而产生的不定期更换并存；另一方面，地方政府官员更替产生的地方政治生态、经济生态、政企关系的变化，致使企业的投资活动、财务决策等发生变化，从而为基于宏观因素研究中国企业行为提供了良好的微观基础，而这也是当前已有文献主要关注的问题（陈艳艳等，2012；曹春方，2013；徐业坤等，2013；雷光勇等，2015；An et al.，2016；Xu et al.，2016）。

然而，鲜有文献关注政治环境，尤其是政治环境变化如何影响股价崩盘风险。企业行为会因政治环境的变化而影响到资本市场，尤其是中国资本市场长期受到政府行为的干预（廖义刚等，2016）。本部分将基于企业所在地区政府主要官员变更的视角，研究政治环境对股价崩盘风险的影响。同时，一方面，将社会责任影响纳入研究范畴，这是因为良好的社会责任履行能够降低政治环境变化的不确定性与风险；另一方面，将银行竞争影响也纳入研究范畴，这是因为银行竞争会产生监管效力，会增加银行的代理成本（Allen et al.，2000），从而影响到股价崩盘风险。

7 政治环境与股价崩盘风险

管理层隐瞒信息的投机行为，会使企业的负面信息逐渐累积，可能会在某一个时间节点集中爆发，因而隐瞒行为被归咎为引发股价崩盘的最根本原因（Jin et al.，2004）。后来许多学者从信息透明度、避税、会计稳健性、过度投资视角，以及从企业内部信息隐藏与信息释放导致的信息不对称视角进行研究（Kothari et al.，2009；Hutton et al.，2008；Kim et al.，2014；Kim et al.，2016）。然而，已有文献均强调企业管理层会隐瞒信息，却忽略了管理层会在什么时间隐瞒信息这一问题。此外，在已有关于股价崩盘风险的研究文献中，多是基于企业内部人（包括管理层、股东、董事会等）视角的研究，少有文献从企业所处的外部环境因素（经营环境、市场交易环境、信息环境等）入手研究股价崩盘风险。然而，外部环境以及外部环境的变化，会使企业经营策略发生变化，从而影响到企业在股票市场的表现。中国市场本身也存在着信息透明度较低、信息环境较差等问题（Piotroski et al.，2015），以及在“晋升锦标赛”背景下，当前中国各地方政府存在嵌入经济竞争中的政治晋升博弈行为（周黎安，2004），这些都会使企业面临的外部环境因政治变化而产生较大变化，也会使外部环境中的信息透明度存在较大的不确定性。尤其是随着中国政府对于地方干部交流的规范化和制度化建设①，以及党的十八大后国家反腐败力度的加大，加之中国股票市场较大幅度波动而引发的国家

① 《2010—2020 年深化干部人事制度改革规划纲要》中明确做出规定，要推进党政领导干部交流工作，各地区、各部门要结合实际，将干部交流工作逐步规范化和制度化。

领导人的关注，都为本章研究提供了理想的制度背景与“准自然实验”样本。

基于上述现实背景，本章以2010—2014年间中国创业板上市公司为样本，考察因地方政府主要官员更换导致的政治环境变化对股价崩盘风险的影响，包括地方政府主要官员更换导致的政治环境变化对股价崩盘风险的影响机制是什么，以及产生了哪些影响。从逻辑上讲，地方政府主要官员更换导致的政治环境变化对股价崩盘风险可能会产生双面影响：一方面，新任官员上任后，企业管理层可能会为了迎合新任官员的喜好而选择性地披露信息，无形中增加了企业的股价崩盘风险；另一方面，新任官员上任后往往会实施更严格的经济政策，会为企业营造更公平的环境，这种严格的政策与公平的环境本身就包括良好的信息披露机制与环境，从而会降低企业的股价崩盘风险。到底政治环境变化会对中国企业产生什么影响，本章将利用样本进行检验。除此之外，新任官员来源也会对企业维护政企关系等的行为产生重要影响，这是多数已有文献关注的问题（徐业坤等，2013；戴亦一等，2014；潘越等，2015；雷光勇等，2015；贾明等，2015），也是本章关注的问题。但大多数已有文献忽略了前任官员离职原因问题。前任官员正常离职或非正常离职，会对新任官员来源，以及新任官员上任后的政治、经济举措产生重要影响，尤其是在党的十八大后，中国各级政府的反腐败工作被提到了一个新高度，很多地方政府的主要官员在任期内因腐败问题被撤职①，这与正常离职产生的政治环境变化及企业重构政企关系所需要做的行为存在极大差异。所以，政治环境变化对股价崩盘风险会因外生的特殊因素而产生不同的影响，这也是本章重点关注的问题。

与已有文献不同，本章的研究边际贡献在于：第一，进一步丰富了政治环境，尤其是政治环境变化对微观企业行为影响的研究。本章基于中国企业面临的制度环境中特殊的政治环境，从地方政府主要官员更换视角首次提供

---

① 根据人民网2015年4月7日的报道《聚焦地级市反腐：十八大后14省24市委书记落马》，自党的十八大闭幕以来，在全国289个地级市中，已经至少有24名市委书记落马，涉及河南、贵州、四川、安徽、青海、山西、广东、云南、河北、江西、福建、江苏、山东、黑龙江14省份。根据廖冲绪等（2017）的统计，十八大后的2013—2016年间，落马的市委书记共有36位。

了政治环境影响股价崩盘风险的经验证据，有助于更全面地理解政治环境对于股票市场的影响。第二，进一步拓展了股价崩盘风险发生机制的研究视野。与以往文献从企业的财务或非财务因素的研究视角不同，本章基于企业外部宏观环境中的政治环境视角研究股价崩盘风险，为股价崩盘风险的研究开拓了一个新的研究视角。第三，本章将官员更换原因纳入研究范畴，除考虑官员的更换时间、新任官员来源等因素外，还重点考虑当前中国政治环境中的反腐败对于政治环境产生的影响，这使得本章所得结论具有重要的现实意义，也能够为相关政策改革效果的研究提供新的视角和新的证据。

7.1 制度背景与研究假说

由于政府官员更换意味着法定政治权利的转移，因此新任官员需要通过改变一些政策传达自己的施政理念以及完成自己的绩效目标，从而必然会使企业所在的外部政治环境发生变化，带来政治环境的不确定性。这种政治环境的变化对企业来说是一把“双刃剑”。一方面，新任官员为了实现自身政治目标，需要在任期内向上级政府传递强有力的政绩信号（Li et al.，2005；贺小刚等，2016），尤其是地方政府的新任官员，需要完成中央政府要求的业绩，更需要通过明显的经济绩效获得中央政府的认可，而且实现目标的时间越短越好。所以本地企业，尤其是具有龙头效应的本地上市企业，就需要主动承担起完成地方官员经济业绩的责任，既需要通过资本市场等各种手段为本地区的经济发展筹集资金，也需要通过税收等方式直接增加地区经济收入，于是新任官员利益与企业利益就绑定在了一起，企业能够获得政治环境变化带来的收益。另一方面，伴随着前任官员的离职，企业原有的政治关系资源就相继消失，新任官员的上任往往会使企业增加风险，因为企业不知道自己的行为是否合新任官员的“胃口”，于是就会在投资、信贷、避税等方面更为谨慎（Julio et al.，2012；徐业坤等，2013；陈德球等，2016）。我国在“分权－权威制”政治制度下（Xu，2011），地方政府对地方经济的发展具有直接干预权与执行权，加之经济指标是地方政府主要官员晋升的重要考核因素（周黎安，2004；陈艳艳等，2012）。同时，中国企业也具有主动与政府建立密切关系的诉求，尤其是民营企业的董事长或总经理，总是希望获得相应的政治关系，从而为企业谋求更多利益（Li et al.，2008）。可见，中国企业更容易与地方政府建立良好的政企关系，在面临政治环境变化时，中国企业也会更愿意构建新的政企关系，即使这一过程存在风险，企业也愿意去“搏一把”。

所以当外在的政治环境影响到企业的内在决策时，就会对企业股票在资本市场的表现产生影响。首先，从信息披露方式与内容的视角来看，政治环境变化影响了股价中的信息含量。当新任官员上任时，企业为寻求新的政治关系往往会进行寻租活动，甚至会通过贿赂的行为确立与新任官员的关系，从而降低政治环境变化中企业的风险，然而这些均为政府与企业间构建的非正式制度，属于“灰色地带”（唐松等，2011）。这里面的信息既是企业不会主动披露的信息，也是企业不能对外披露的信息，因此就会降低企业信息透明度，使企业与投资者之间的信息不对称程度进一步提高。同时，在新任官员上任后，企业会主动通过慈善捐赠等方式“献金”（戴亦一等，2014；贾明等，2015），而作为地区龙头的上市企业的资本市场表现同样是一种“政治献金”方式。通常，很多新任地方政府官员上任后，都会在短期内到辖区内龙头企业走访、调研，这些企业也希望通过资本市场的良好表现向新任官员传递自身经营状况良好并能够为地区经济发展做贡献的信号。于是，为了在短期内获得资本市场的良好表现，企业就会有选择地披露好的信息，隐瞒不好的信息。同时为了获得新任官员的关注，很多企业会主动“弄出动静”，主动发布一些新任官员可能喜欢的特有信息，例如与新任官员有关的行业或部门、与新任官员曾经的讲话或行为相关的信息，这些都增加了企业异质信息的含量，积累了股价崩盘风险。另外，当地方政府主要官员更换时，企业的未来是不确定的，即使企业已经通过各种手段确立了新的政企关系，这种不确定性也依然会存在。这就使得很多企业在这段时间内不会盲目披露信息，而是会在信息披露时更为保守（Pástor et al.，2013；刘慧芬等，2015），只披露一些“不痛不痒”的信息。

其次，从投资的视角来看，政治环境变化带来了更多的无效率投资。陈艳艳和罗党论（2012）指出，地方官员更替虽然会导致辖区内企业投资支出的增加，但投资效率却有所下降。部分新任官员为了在任期内获得更明显的成果，会在刚刚上任时迅速推行新的经济政策，并走访辖区内龙头企业，向龙头企业传递这些政策。这些企业无论是出于自愿还是为了构建政企关系，都会主动配合新任官员需求，短时间内较大幅度地提高投资力度，甚至出现过度投资的现象。但是，一方面，由于在新任官员推动下产生的投资，属于外部推动的投资行为，并非企业最优决策，导致这些投资项目往往是无效率的，不利于企业的长期发展；另一方面，过度投资会增加股价崩盘风险，会在投资项目还未出现净现值为负的情况之前就积累大量的股价泡沫（江轩宇等，2015）。

最后，从风险的视角来看，政治环境变化增加了资本市场的风险。一方面，政治环境变化时，由于企业对新任官员了解不充分，因此企业面临的经营风险增加，导致融资成本、投资决策、股利政策、现金流决策等发生改变（雷光勇等，2015；廖义刚等，2016），管理层的风险预期也会随之出现变化，而且这种变化会被市场投资者感觉到。再加上企业可能不会及时披露相关信息或是不能披露一些信息，从而市场投资者会给予企业较高的风险溢价（Pástor et al.，2013），对企业在股票市场的表现变得更为敏感。另一方面，相较于企业，市场投资者，尤其是普通市场投资者对于新任官员的了解不多，并不了解已有政策会被延续还是会被改变，若对这些地区的企业进行投资风险就会变得很大。因此投资者往往会给予这些政治变化负面的市场回报（Pástor et al.，2013），有一点点“风吹草动”就迅速“以脚投票”。除此之外，中国股票市场本身也具有“换届效应”（陈晓平等，2013），无论是中央政府还是地方政府，在换届时由于新任官员的政策取向存在一定的未知性，并且新的政策发挥作用需要一段时间，因此会影响到市场投资者的信心，从而在一段时间内由政治风险溢价上行导致的股票市场崩盘风险上升会表现得较为明显。基于此，本章提出研究假说1：政治环境变化会增加企业股价崩盘风险。

然而，由于地方政府官员更替引发的政治环境变化对企业存在激励作用，对地方经济增长也有一定促进作用（张军等，2007），所以政治环境变化对企业及股票市场也会产生良性作用，最终可能会降低股价崩盘风险。首先，从信息披露方式与内容的视角来看，政治环境变化可能会提高企业释放信息的数量与自愿性。政治环境变化会使企业产生一定的经营风险，这种风险随之会转移到资本市场，因此企业出于谨慎性考虑与预防性动机，会向资本市场释放更多信息，从而加大了企业信息披露数量，减少市场投资者对企业风险的担忧（Bloom et al.，2007；廖义刚等，2016）。伴随企业披露信息数量的增加，不同市场投资者结合自身需要对信息的索取以及对信息的处理也存在差异，对企业股票无论是继续持有还是减持，在短期内不会有大量投资者做出相同决策，因此企业股价崩盘风险就会降低。新任官员上任初期，往往会形成更为宽松或更为严格的政企关系：宽松表现为任何企业都可以主动与政府建立新的关系，并且积极主动地为政府谋求利益；严格则表现为任何企业都不敢贸然通过“灰色”途径建立与政府之间的关系，因为此时企业面临更为严格的约束与监督。在这种情况下，企业，尤其是没有建立政企关系的企业的最佳选择就是在遵守制度的前提下，主动披露更多的信息，赢得新任官员的信任和好感，使信息披露成为建立新的政治关系的特殊途径。

其次，从新任官员主观意愿的视角来看，新任官员上任后，都希望在新职位做出政绩，所以其主观意愿是推动地方经济进入良性循环，尤其是希望通过本地经济的良好发展获得进一步晋级的机会。于是，新任官员就会将这种信号释放给企业。企业在得到信号之后，会制定稳定的发展策略，确定明晰的融资计划与稳定的现金流（Katz et al.，2013），从而由政治环境变化引发的未来经营风险就会明显降低。同时，新任官员也希望辖区内的上市企业在资本市场中具有良好的表现且这种良好的表现能够具有持续性，这就会对这些企业产生无形的约束，使得企业不敢轻易做一些隐瞒信息等有损于资本市场表现的行为。此外当辖区内企业数量较多时，新任官员尤其是异地新任官员上任时，并不会迅速地与某一家企业建立特殊的政企关系，而是会平衡与更多企业间的关系，需要通过一段时间的熟悉后，才会构建属于自己的政企关系，因此在这段时间内，企业不会盲目积累负面信息。

最后，从媒体关注的视角来看，政治环境变化增加了媒体对新任官员与企业的监督。当更换地方政府主要官员时，本地媒体一定会保持足够的关注度，甚至有些地方政府的主要官员更换时还会引发全国媒体的持续关注。媒体关注既能有效地约束新任官员的行为，又能有效地约束企业的行为。媒体的重点关注让新任官员的一举一动都曝光在聚光灯之下，因此新任官员会表现得更为理性，不会盲目地与企业达成一些“共识”，而企业在媒体的盯住效应之下，为减少市场投资者、媒体及监管部门的持续重点关注，最佳对策就是暂停一些不好的行为（Dyck et al.，2008；戴亦一等，2011）。尤其是已经建立了政企关系的企业或是新任官员已经视察过的企业，就更没有必要在这段时间里利用自己的政治资源谋求利益，这样既不会给自己带来麻烦，也不会给新任官员带来麻烦。同时，媒体关注产生的治理作用，也会降低企业与市场投资者之间的信息不对称程度（罗进辉等，2014）。媒体必然会对新任官员上任后走访企业的事情进行报道，这就使得市场投资者能够更好地知晓企业与政府之间的关系，并且随着媒体报道的深入，企业与政府之间建立了什么样的关系就会变得更为清晰。在媒体的监督作用下，管理层隐藏信息的成本就会增加，有的管理层还希望通过媒体将企业与政府之间建立的一些可以公开的信息作为利好消息尽快公开。基于此，本章提出研究假说 2：政治环境变化会降低企业股价崩盘风险。

研究假说 1 与研究假说 2 属于竞争性的备择假说。在图 7－1 列出了政治环境变化对股价崩盘风险的影响机制。

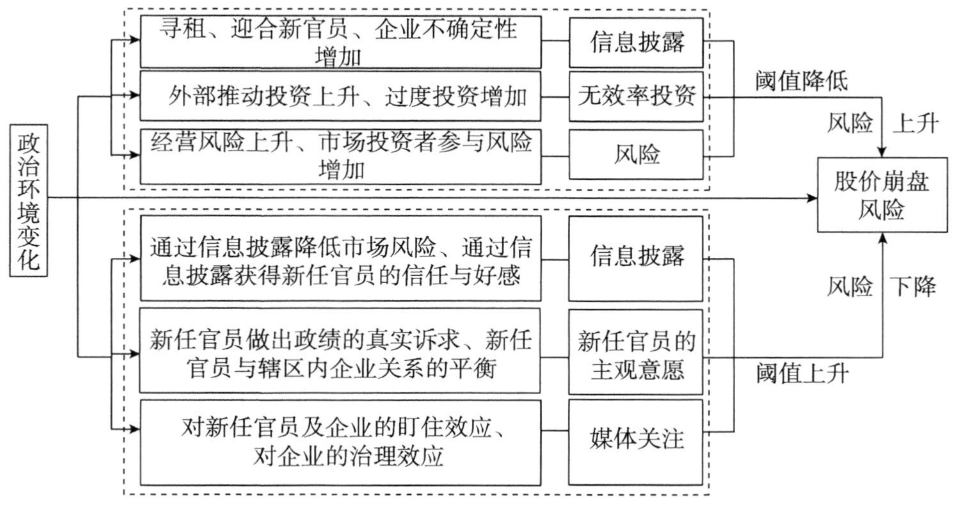

图 7－1 政治环境变化对股价崩盘风险的影响机制

7.2 实证研究设计

7.2.1 变量设计

（1）被解释变量。

参考已有文献设计的衡量股价崩盘风险的变量（*Crash*），本章分别以负收益偏态系数（*NCSKEW*）与收益波动比率（*DUVOL*）衡量创业板上市公司的股价崩盘风险，计算公式见式3.3和式3.4。计算所得变量*NCSKEW*与*DUVOL*的数值越大，则代表股价崩盘风险越大。

（2）解释变量。

政治环境（*PU*）：本章以样本创业板上市公司所在地（市、自治州、盟、地区，下同）的市委书记（含州委书记、盟委书记、地委书记，下同）是否更替进行衡量，即若样本年度内出现了所在地市委书记的更替，则 $PU=1$，否则，$PU=0$。

（3）控制变量。

参考已有文献，本章将周特有收益率均值（*AW*）、周特有收益率标准差（*SEW*）、资产收益率（*ROA*）、资产负债率（*Debt*）、资产总额（*Size*）、信息透明度（*DA*）、上市年度（*Age*）、行业变量（*Idu*）、年度变量（*Year*）作为控制变量，具体的变量度量方法如表7－1所示。

表7－1　　　　变量的度量方法

变量名	变量标识	度量方法
负收益偏态系数	*NCSKEW*	见式3.3
收益波动比率	*DUVOL*	见式3.4
政治环境	*PU*	若样本创业板上市公司所在地在样本年度内出现了市委书记的更替，则 $PU=1$；否则，$PU=0$
周特有收益率均值	*AW*	式3.2中周特有收益率 *W* 的均值
周特有收益率标准差	*SEW*	式3.2中周特有收益率 *W* 的标准差
资产收益率	*ROA*	净利润/资产总额
资产负债率	*Debt*	负债总额/资产总额
资产总额	*Size*	样本创业板上市公司年度总资产值，并对其取自然对数
信息透明度	*DA*	以分年度修正的Jones模型求得操控性应计利润绝对值
上市年度	*Age*	样本年度与上市年度的差值
行业变量	*Idu*	样本公司行业控制变量
年度变量	*Year*	样本公司年度控制变量

7.2.2 模型设计

根据前文提出的研究假说及所设计的变量，构建相应的实证检验模型。为了检验政治环境变化与股价崩盘风险之间的关系，即研究假说 1 与研究假说 2，构建：

$$Crash_{t+1,i} = \begin{pmatrix} \alpha_1 PU_{t,i} + \alpha_2 AW_{t,i} + \alpha_3 SEW_{t,i} + \alpha_4 ROA_{t,i} + \alpha_5 Debt_{t,i} + \alpha_6 Size_{t,i} + \\ \alpha_7 DA_{t,i} + \alpha_8 Age_{t,i} + Idu + Year + C + \varepsilon_{t,i} \end{pmatrix} \tag{7.1}$$

式中，股价崩盘风险变量 *Crash* 分别以负收益偏态系数（*NCSKEW*）与收益波动比率（*DUVOL*）衡量，t 代表样本年度，i 代表样本公司，变量 α 为待估参数，C 为常数项，ε 为残差项。考虑到股价崩盘风险的反应通常具有滞后性，因此本章采用滞后一期的变量衡量创业板上市公司的股价崩盘风险。

7.2.3 样本选择与数据说明

本章以创业板上市公司为研究对象，在剔除 IPO 样本、特殊处理样本、年交易周数不足 30 周的样本、缺失数据且无法补充的样本后，最终得到 2010—2014 年间的 1135 个样本。

本章衡量政治环境的地方市委书记的更替数据为手工查找，即在确定样本企业所在地归属的地级市的基础上，通过新华网、人民网等网站查找确定某一年度内该市是否更换了市委书记。若该年度内更换了市委书记，则通过搜索前任市委书记和新任市委书记简历的方式，确定更换的具体月份、前任市委书记被更换的原因及新任市委书记任职前的工作。本章其他变量的数据来源于锐思金融数据库与色诺芬经济金融数据库。

7.3 实证结果分析

7.3.1 描述性统计分析

表 7－2 中列出了本章主要变量全样本描述性统计结果。变量 *NCSKEW* 与变量 *DUVOL* 的均值分别为 －0.281 与 －0.238，与现有文献利用中国主板上市

公司样本进行研究得到的数值相似，但不同企业之间的股价崩盘风险差异较大。变量 *PU* 的均值为 0.219，表明当年度有 21.9% 的样本企业所在地出现了市委书记更替的情况，这一数字与雷光勇等（2015）、贺小刚和朱丽娜（2016）、陈德球等（2016）的研究所得结果类似。

表 7-2　　主要变量全样本描述性统计结果

变量	均值	中位数	标准差	5%	25%	75%	95%
NCSKEW	-0.281	-0.265	0.688	-1.430	-0.660	0.095	0.756
DUVOL	-0.238	-0.246	0.513	-1.024	-0.558	0.080	0.627
PU	0.219	0.000	0.414	0.000	0.000	0.000	1.000
AW	-0.001	-0.001	0.001	-0.003	-0.002	-0.001	0.000
SEW	0.050	0.048	0.015	0.028	0.038	0.059	0.077
ROA	0.054	0.052	0.044	0.004	0.028	0.078	0.119
Debt	0.235	0.201	0.152	0.049	0.114	0.318	0.531
Size	20.937	20.866	0.605	20.078	20.515	21.305	22.057
DA	0.056	0.041	0.061	0.003	0.018	0.073	0.155
Age	2.265	2.000	1.110	1.000	1.000	3.000	4.000

表 7-3 列出了按政治环境分组后的描述性统计结果。在 *PU*=1 组中，无论变量 *NCSKEW* 还是变量 *DUVOL*，均值及中位数都小于 *PU*=0 组，且 *t* 检验与 Wilcoxon *Z* 检验也都能通过常规置信水平下的显著性检验，这表明所在地市委书记发生了变更的企业中，其后一期股价崩盘风险明显更低。描述性统计结果初步验证了本章的研究假说 2。

表 7-3　　按政治环境分组后的描述性统计结果

变量	*PU*=0 组			*PU*=1 组			*t* 检验	Wilcoxon *Z* 检验
	样本量（个）	均值	中位数	样本量（个）	均值	中位数		
NCSKEW	886	-0.276	-0.256	249	-0.302	-0.296	2.747***	2.792***
DUVOL	886	-0.237	-0.253	249	-0.244	-0.224	2.023**	1.572*

注：***、** 和 * 分别表示在 1%、5% 和 10% 置信水平下通过显著性检验。

7.3.2　相关性分析

表 7-4 列出了主要变量的相关性检验结果。变量 *NCSKEW* 与变量 *DUVOL*

间的相关系数值约为0.872，且能通过1%置信水平下的显著性检验，这表明衡量股价崩盘风险的两个变量间具有较强的一致性。变量 *PU* 与变量 *NCSKEW*、*DUVOL* 之间的相关系数均为负值，且均能通过常规置信水平下的显著性检验，这表明在发生市委书记变更的企业样本组中，股价崩盘风险较低，这同样与本章研究假说 2 的预期相符。另外，变量间的相关系数值并不高，表明变量间并不存在多重共线性问题。

表 7－4　　　　相关性检验结果

变量	*NCSKEW*	*DUVOL*	*PU*	*AW*	*SEW*	*ROA*	*Debt*	*Size*	*DA*	*Age*
NCSKEW	1.000									
DUVOL	0.872***	1.000								
PU	-0.029***	-0.019*	1.000							
AW	-0.005	-0.009	-0.005	1.000						
SEW	-0.019*	-0.021**	-0.049***	-0.008	1.000					
ROA	0.072***	0.066***	0.000	-0.004	-0.114***	1.000				
Debt	-0.031***	-0.033***	0.009	-0.013	0.029***	-0.323***	1.000			
Size	-0.083***	-0.095***	0.011	-0.008	-0.239***	0.059***	0.370***	1.000		
DA	0.003	0.009	-0.013	-0.001	0.012	0.016*	0.011	0.022**	1.000	
Age	-0.067***	-0.075***	0.009	0.015*	-0.013*	-0.076***	0.095***	0.045***	0.040***	1.000

注：***、** 和 * 分别表示在 1%、5% 和 10% 置信水平下通过显著性检验。

7.3.3 回归检验结果

表 7－5 给出了政治环境与股价崩盘风险之间的回归检验结果。从中可以看出，在回归结果（1）与回归结果（2）仅控制样本年度与样本行业时，政治环境变量 *PU* 与被解释变量 *NCSKEW* 间存在负相关关系，且能够通过 1% 置信水平下的显著性检验，与被解释变量 *DUVOL* 间也存在负相关关系，且能够通过 10% 置信水平下的显著性检验。回归结果（3）与回归结果（4），加入了对其他影响股价崩盘风险因素的控制后，变量 *PU* 与被解释变量 *NCSKEW*、*DUVOL* 间依然表现为负相关关系，且同样能够通过常规置信水平下的显著性检验，且当被解释变量为 *DUVOL* 时，变量 *PU* 的显著性水平更高。可见，在控制其他因素后，当企业所在地市委书记发生变更时，企业的股价崩盘风险

反而会变低。这一结果进一步支持了本章的研究假说2。

在控制变量的检验结果中，变量 *SEW*、*Size*、*Age* 与被解释变量间存在显著的负相关关系，变量 *ROA*、*Debt* 与被解释变量间存在显著的正相关关系，而变量 *AW*、*DA* 与被解释变量间的关系未能通过常规置信水平下的显著性检验。

表 7－5　　　　回归检验结果

变量	(1)	(2)	(3)	(4)
	NCSKEW	*DUVOL*	*NCSKEW*	*DUVOL*
PU	－0.048*** (0.017)	－0.021* (0.012)	－0.049*** (0.017)	－0.022** (0.012)
AW			－0.043	－0.053
SEW			－2.191***	－1.704***
ROA			0.969***	0.595***
Debt			0.140***	0.100***
Size			－0.050***	－0.041***
DA			0.004	0.005
Age			－0.005***	－0.004***
Year	控制	控制	控制	控制
Idu	控制	控制	控制	控制
C	－0.301***	－0.211***	0.830***	0.730***
Adj R^2	0.001	0.001	0.030	0.033
F－statistics	7.544***	3.149*	6.517***	8.940***

注：***、** 和 * 分别表示在1%、5%和10%置信水平下通过显著性检验。

7.3.4　内生性检验

虽然本章控制了回归模型的一些影响因素，但政治环境变化与股价崩盘风险之间仍可能存在内生性问题。可能存在的情况是，地方经济发展的变化导致了政治环境变化并同时影响了股价崩盘风险，从而可能形成政治环境变化与股价崩盘风险间存在虚假的相关性。因此，为了解决内生性问题，参考雷光勇等（2015）的研究，将地区 GDP（国内生产总值）水平、邮电业务总量为工具变量，使用两阶段回归方法进行内生性检验。

表 7-6 给出了内生性检验结果。变量 *PU* 与被解释变量间依然存在显著的负相关关系，即考虑内生性因素的影响后，若企业所在地市委书记发生了变更，则其股价崩盘风险会变低。

表 7-6　　　　内生性检验结果

变量	(1)	(2)
	NCSKEW	*DUVOL*
PU	-0.051*** (0.017)	-0.024** (0.012)
AW	-0.044	-0.054
SEW	-2.469***	-2.086***
ROA	0.985***	0.616***
Debt	0.163***	0.131***
Size	-0.063***	-0.059***
DA	0.004	0.005
Age	-0.005***	-0.004***
Year	控制	控制
Idu	控制	控制
C	1.114***	1.119***
Adj R^2	0.030	0.031
F - statistics	6.517***	8.940***
J - statistics	1.091	3.623

注：***、** 和 * 分别表示在 1%、5% 和 10% 置信水平下通过显著性检验。

7.3.5　稳健性检验

为进一步确认前文所得结论的稳健性，本章进行相应的稳健性检验。首先，考虑到外部市场化环境对股价崩盘风险的影响可能并非即期实现的，因此以股价崩盘风险变量 *Crash* 的当期变量为被解释变量进行回归检验；其次，考虑到样本中包含直辖市的企业样本，这些样本所在地可能比其他样本所在地行政级别高，它们面临的政治环境变化的影响有所差异，因此剔除所在地属北京、上海、天津、重庆的创业板上市公司样本后进行检验；最后，近年来的很多研究发现，在萨班斯法案颁布之后，随着外部审计程度的提高，很多企业会利用真实盈余管理替代盈余管理，从而对企业信息进行操弄以获得盈余管理收益，因此本章参考 Roychowdhury（2006）及李彬等（2009）的方法，利用综合衡量销售操控、费用操控以及生产操控的真实盈余管理（*RM*）计量模型所得的绝对值替代前文回归模型中的变量 *DA* 后进行检验。从稳健性检验结果来看，虽然部分变量结果的显著性有所变化，但整体结果并没有出现明显的差异，并没有改变原有研究的结论，因此可以认为本章的实证结论是可靠的。

7.4 进一步分析

前文提供的经验证据表明，政治环境变化能够降低本地企业股价崩盘风险。然而，地方政府官员的更替时间，以及新任官员的来源都会对政治环境产生影响，进而影响到其所在地企业（徐业坤等，2013）。除此之外，官员为何会离任自然也会引起企业关注。近年来随着反腐败力度的加大，很多官员在任期间因为腐败被调查撤职。在腐败环境中经营的企业，既可能获得腐败的非对称收益，也可能对制度的完善产生负作用（Aidt et al.，2007；赵颖，2015）。因此，政治环境变化对创业板上市公司股价崩盘风险产生的影响，会在官员更替后多长时间内产生作用，以及这种影响是源于新任官员还是离任官员，正是本章进一步研究讨论的内容。

7.4.1 政治环境与股价崩盘风险：更替时间的影响

由于地方官员的更替并没有固定的时间规律，一年中的任何一个时间点都有可能出现。本章进一步讨论在不同时间出现的地方官员更替行为，会对所在地企业股价崩盘风险产生什么影响。参考张军和高远（2007）、Julio 和 Yook（2012）、徐业坤等（2013）的研究，本章设计两个新的变量，即若企业所在地在当年度 1—6 月出现了市委书记更替，则 $PU_1=1$，否则 $PU_1=0$；而若企业所在地在当年度 7—12 月出现了市委书记更替，则 $PU_2=1$，否则 $PU_2=0$。

表 7－7 给出了地方官员更替时间影响的回归检验结果。从第（1）至（4）栏的回归结果来看，变量 PU_1、PU_2 均与被解释变量间存在显著的负相关关系，这表明无论是在上半年出现的地方官员更替还是在下半年出现的地方

官员更替，都会对辖区内企业下一年度股价崩盘风险产生抑制作用，这说明在地方官员更换一段时间后，资本市场能够更好地消化政治环境变化所产生的信息、风险、机会等，企业也能够利用这段时间对新任官员进行了解，进而构建更为良好的政企关系，股价崩盘风险也就会因此降低，这也说明政治环境变化对股价崩盘风险的作用，需要一定时间才能在资本市场显现出来。因此，本章研究分析地方政府官员更替时间对于本年度企业股价崩盘风险的影响。从第（5）至（8）栏的回归结果来看，变量 PU_1 与被解释变量间存在显著的正相关关系，这表明若在上半年出现了地方政府官员更替，不但不能抑制当年度股价崩盘风险，反而带来了更高的风险，说明地方政府官员刚刚更替时，资本市场对这一现象持有怀疑态度；变量 PU_2 与被解释变量间的关系没有通过显著性检验，这表明若下半年出现了地方政府官员更替，由于出现这一现象的时间太短，无法在当年度对资本市场产生明显的影响。可见，政治环境变化对股价崩盘风险的抑制作用，需要在新任官员做出政策、行为后，在消除对资本市场的不确定性影响后才能显现出来，这一时间在一年左右。

表 7－7　地方官员更替时间影响的回归检验结果

变量	(1)	(2)	(3)	(4)	(5)	(6)	(7)	(8)
	$NCSKEW_{t+1}$	$DUVOL_{t+1}$	$NCSKEW_{t+1}$	$DUVOL_{t+1}$	$NCSKEW_t$	$DUVOL_t$	$NCSKEW_t$	$DUVOL_t$
PU_1	-0.039 * (0.022)	-0.029 ** (0.015)			0.078 *** (0.021)	0.051 *** (0.015)		
PU_2			-0.049 ** (0.023)	-0.032 ** (0.016)			0.001 (0.023)	0.007 (0.016)
AW	-0.042	-0.052	-0.042	-0.052	-0.032	-0.086	-0.033	-0.087
SEW	-2.168 ***	-1.695 ***	-2.141 ***	-1.681 ***	-1.481 ***	-0.713 **	-1.559 ***	-0.762 ***
ROA	0.969 ***	0.595 ***	0.970 ***	0.595 ***	0.379 ***	0.110	0.381 ***	0.112
Debt	0.139 ***	0.100 ***	0.139 ***	0.100 ***	0.006	0.001	0.008	0.002
Size	-0.050 ***	-0.041 ***	-0.050 ***	-0.041 ***	-0.032 ***	-0.025 ***	-0.033 ***	-0.025 ***
DA	0.004	0.005	0.004	0.005	0.012 **	0.009 **	0.012 *	0.009 **
Age	-0.005 ***	-0.004 ***	-0.005 ***	-0.004 ***	-0.008 ***	-0.006 ***	-0.008 ***	-0.006 ***
Year	控制	控制	控制	控制	控制	控制	控制	控制
Idu	控制	控制	控制	控制	控制	控制	控制	控制

续表

变量	(1)	(2)	(3)	(4)	(5)	(6)	(7)	(8)
	$NCSKEW_{t+1}$	$DUVOL_{t+1}$	$NCSKEW_{t+1}$	$DUVOL_{t+1}$	$NCSKEW_t$	$DUVOL_t$	$NCSKEW_t$	$DUVOL_t$
C	0.827 ***	0.729 ***	0.814 ***	0.722 ***	0.569 ***	0.441 ***	0.594 ***	0.458 ***
$Adj\ R^2$	0.029	0.032	0.030	0.032	0.016	0.013	0.014	0.012
$F-statistics$	6.030 ***	8.746 ***	6.138 ***	8.740 ***	6.803 ***	4.987 ***	4.542 ***	4.890 ***

注：*** 、** 和 * 分别表示在 1%、5% 和 10% 置信水平下通过显著性检验。

7.4.2 政治环境与股价崩盘风险：新任官员来源的影响

不同的新任官员来源会对政治环境产生不同的影响，进而对辖区内企业的股价崩盘风险产生不同的影响。若新任官员来自被提拔的本地官员，则政治环境变化给企业带来的影响会明显低于异地上任的新官员（徐业坤等，2013），因为企业本身可能会与这些本地提拔的官员之间具有某些政治默契。另外，一些官员虽然并非本地提拔的，但是由省级其他部门调动而来的，官员所产生的政治环境变化与省外异地官员产生的政治环境变化是不同的。因此，本章讨论的是不同的新任官员来源产生的政治环境变化，会对所在地企业股价崩盘风险产生什么影响。本章继续构建两个新的变量，即若新任市委书记为非本地提拔的，则 $PU_3=1$，否则 $PU_3=0$；若新任市委书记为省级其他部门调动而来的，则 $PU_4=1$，否则 $PU_4=0$。

表 7-8 给出了新任官员来源影响的回归检验结果。从第（1）至（2）栏的回归结果来看，变量 PU_3 与被解释变量间存在显著的负相关关系，这表明与未发生官员更替或官员提拔自本地的情况相比，异地新任官员会降低辖区内企业股价崩盘风险。这可能在于，一方面，本地官员与辖区内的企业间有一定的政治联系，因此这种变更对企业股价崩盘风险的影响并不明显；另一方面，由于异地新任官员实施差异化策略的动机更强，因此对企业决策及股价的影响就会更明显。从第（3）至（4）栏的回归结果来看，变量 PU_4 与被解释变量间同样存在显著的负向关系，而且与第（1）至（2）栏的回归结果相比，变量 PU_4 比变量 PU_3 系数值的绝对值更大，显著性更高，这说明由省级部门调动而来的新任官员的上任所释放的信息及上任后的行为，能够对辖区内企业股价崩盘风险产生更明显的抑制作用。同样地，第（5）至（8）栏是

利用发生政治环境变化的企业样本得到的回归检验结果，与第（1）至（4）栏的检验结果相似。

表7-8　新任官员来源影响的回归检验结果

变量	(1)	(2)	(3)	(4)	(5)	(6)	(7)	(8)
	NCSKEW	*DUVOL*	*NCSKEW*	*DUVOL*	*NCSKEW*	*DUVOL*	*NCSKEW*	*DUVOL*
PU_3	-0.050 ** (0.020)	-0.026 * (0.014)			-0.016 ** (0.003)	-0.015 ** (0.002)		
PU_4			-0.095 *** (0.027)	-0.053 *** (0.019)			-0.070 ** (0.033)	-0.046 ** (0.022)
AW	-0.042	-0.052	-0.042	-0.052	39.644	-5.713	41.163	-4.640
SEW	-2.151 ***	-1.687 ***	-2.205 ***	-1.718 ***	-2.428	-4.391 ***	-2.501	-4.442 ***
ROA	0.969 ***	0.595 ***	0.967 ***	0.593 ***	1.308 ***	0.683 ***	1.297 ***	0.676 ***
Debt	0.140 ***	0.100 ***	0.141 ***	0.100 ***	0.245 ***	0.181 ***	0.246 ***	0.182 ***
Size	-0.050 ***	-0.041 ***	-0.051 ***	-0.042 ***	-0.051 ***	-0.042 ***	-0.053 ***	-0.043 ***
DA	0.004	0.005	0.004	0.005	0.067	0.033	0.068	0.033
Age	-0.005 ***	-0.004 ***	-0.005 ***	-0.004 ***	-0.009 **	-0.007 ***	-0.009 **	-0.007 ***
Year	控制	控制	控制	控制	0.027	0.008	0.023	0.005
Idu	控制	控制	控制	控制	0.357	0.260	0.333	0.243
C	0.821 ***	0.726 ***	0.839 ***	0.736 ***	0.854 **	0.843 ***	0.933 ***	0.897 ***
Adj R^2	0.030	0.033	0.030	0.033	0.045	0.050	0.047	0.051
F-statistics	6.308 ***	8.916 ***	6.869 ***	9.343 ***	4.066 ***	5.132 ***	5.469 ***	4.484 ***

注：***、** 和 * 分别表示在1%、5%和10%置信水平下通过显著性检验。

7.4.3　政治环境与股价崩盘风险：官员离任的影响

除了新任官员会产生政治环境的变化，官员离任同样会对辖区内的经济发展、企业发展产生重要影响。如果官员离任属于正常离任，如升职、平调等，则通常对辖区内企业的影响是良性的，尤其是离任官员获得了升迁。但如果官员离任属于非正常离任，如被免职、被调查等，则意味着辖区内的经济政策会有所改变，辖区内企业面临的风险也会增加。本章再继续讨论官员离任产生的政治环境变化对所在地企业股价崩盘风险产生的影响。本章继续构建新的变量，即若市委书记的离任属于非正常离任（包括任期内被免职、被调查或意外死亡等），则 $PU_5=1$，否则 $PU_5=0$；若市委书记的离任属于在任期内因腐败违纪被免职或被调查，则 $PU_6=1$，否则 $PU_6=0$。

表7-9给出了官员离任影响的回归检验结果。从第（1）至（2）栏的回归结果来看，变量 PU_5 与被解释变量间都表现为正相关关系，但与被解释变量 *NCSKEW* 间的关系没有通过常规置信水平下的显著性检验，这表明当官员离任为非正常离任时，对政治环境变化产生了明显的恶性影响，增加了地区经济发展与辖区内企业发展中的不确定性因素与风险，进而增加了辖区内企业的股价崩盘风险，但由于非正常离任的样本数量相对较少（仅占样本总量的2.3%），所以可能会存在回归结果的不显著性。因此，本章进一步利用发生政治环境变化的样本进行检验。从第（3）至（4）栏的回归结果来看，变量 PU_5 与被解释变量间存在显著的正相关关系，而且无论是系数值还是显著性，也都明显大于利用总体样本进行检验的结果。可见，地方官员的非正常离任行为，不但增加了地区发展的不确定性，也加剧了辖区内企业及市场投资者的恐慌，进而增加了辖区内企业股价崩盘风险。而第（5）至（8）栏的回归结果也表现出相同的结果，第（5）栏的回归结果中，变量 PU_6 与被解释变量 *NCSKEW* 的检验结果没有通过常规置信水平下的显著性检验，在其他检验结果中变量 PU_6 的系数值均为正值且均能通过常规置信水平下的显著性检验。这表明，如果地方政府官员的更替是由反腐败引发的，则资本市场会视其为不好的事情，即一方面，这些离任官员存在腐败行为，对地方经济的发展及地方企业的发展产生了恶性影响，而且很有可能地方企业会为这些官员的腐败行为“买单”；另一方面，新任官员为了摆脱离任官员腐败行为产生的影响，往往会疏远与离任官员关系密切的企业，使得这些地方企业的发展存在许多障碍，因此市场投资者就会对这些地方企业失去信心，其股价崩盘风险因此增加。

表7-9　　　　官员离任影响的回归检验结果

变量	(1)	(2)	(3)	(4)	(5)	(6)	(7)	(8)
	NCSKEW	*DUVOL*	*NCSKEW*	*DUVOL*	*NCSKEW*	*DUVOL*	*NCSKEW*	*DUVOL*
PU_5	0.061 (0.048)	0.067** (0.033)	0.136*** (0.052)	0.113*** (0.035)				

续表

变量	(1)	(2)	(3)	(4)	(5)	(6)	(7)	(8)
	NCSKEW	*DUVOL*	*NCSKEW*	*DUVOL*	*NCSKEW*	*DUVOL*	*NCSKEW*	*DUVOL*
PU_6					0.036 (0.049)	0.053 * (0.034)	0.107 ** (0.054)	0.096 *** (0.036)
AW	-0.041	-0.052	40.946	-4.595	-0.041	-0.052	40.954	-4.519
SEW	-2.139 ***	-1.687 ***	-2.587	-4.524 ***	-2.135 ***	-1.684 ***	-2.535	-4.488 ***
ROA	0.974 ***	0.600 ***	1.351 ***	0.719 ***	0.972 ***	0.598 ***	1.338 ***	0.710 ***
Debt	0.138 ***	0.099 ***	0.244 ***	0.181 ***	0.138 ***	0.099 ***	0.243 ***	0.180 ***
Size	-0.050 ***	-0.042 ***	-0.054 ***	-0.045 ***	-0.050 ***	-0.042 ***	-0.054 ***	-0.044 ***
DA	0.004	0.005	0.055	0.022	0.004	0.005	0.057	0.024
Age	-0.005 ***	-0.004 ***	-0.010 ***	-0.007 ***	-0.005 ***	-0.004 ***	-0.010 ***	-0.007 ***
Year	控制	控制	控制	控制	控制	控制	控制	控制
Idu	控制	控制	控制	控制	控制	控制	控制	控制
C	0.821 ***	0.730 ***	0.936 ***	0.912 ***	0.819 ***	0.729 ***	0.925 ***	0.907 ***
Adj R^2	0.029	0.033	0.048	0.055	0.029	0.033	0.047	0.053
F - statistics	5.880 ***	8.986 ***	5.688 ***	5.079 ***	7.780 ***	7.829 ***	6.425 ***	6.773 ***

注：***、** 和 * 分别表示在 1%、5% 和 10% 置信水平下通过显著性检验。

7.5 小结

地方政府官员变更引发的政治环境变化不仅会影响一个地区的宏观经济发展，也会影响该地区的微观企业决策和市场投资者的价值取向，进而影响到该地区企业的股票在资本市场的表现。尤其是近年来中国政治体制改革取得了较大进步，地方官员轮换已经成为常态，这就为本章的研究提供了良好的研究基础。

因此，本章以 2010—2014 年间的 1135 个中国创业板上市公司为样本，实证检验了政治环境变化对股价崩盘风险的影响。研究发现，当面临政治环境变化时，企业的股价崩盘风险会更低。进一步考虑了地方官员的更替时间、新任官员的来源与官员离任原因后发现，政治环境的变化对股价崩盘风险的抑制作用，需要新任官员上任后一年左右的时间才能发挥出来；异地上任的官员，尤其是由省级部门调动来的新任官员，会带来辖区内企业股价崩盘风险的明显下降；而官员的非正常离任行为，则会增加辖区内企业的股价崩盘风险。

股价崩盘风险问题近年来引发了越来越多学者的关注，这与近年来中国资本市场中屡屡出现的暴跌具有紧密的关系。首先，从实践经验来看，虽然证监会出台了政策措施维护资本市场稳定，但无论是大股东及“董监高”的减持禁令，还是熔断机制，都没有完全达到预期效果，资本市场依然存在较高的风险与不确定性。因此，进一步拓宽对股价崩盘风险的研究视角，尤其是将研究视角拓宽到宏观政治层面，构建多层次的股价崩盘风险治理机制，以此保护证券市场投资者的合法收益，是非常重要且值得持续关注的问题，也能够为市场投资者控制风险、提高投资收益提供有益参考。

其次，从本章的经验证据来看，由地方政府主要官员的正常更替引发的政治环境变化，能够起到抑制辖区内企业股价崩盘风险的作用，尤其是新任官员人选来自省级其他部门时，这种抑制作用表现得更为明显。由此可见，在地方经济发展过程中原先已经形成的政企关系，可能会在一定程度上降低资本市场的运行效率，而伴随着旧的政治关系的打破及新的政治关系的建立，资本市场的运行效率也会随之提高。

当新任官员来源于省级其他部门时，一方面，在省级部门的工作经历使其对新任职地方具有一定的了解，而且能够站在更高的位置考虑新任职地方的综合发展；另一方面，与提拔自本地的官员相比，来自省级其他部门的新任官员与本地原有官员、本地企业之间可能并不存在“千丝万缕”的联系，开展工作的障碍相对较少。因此，进一步加强对新任官员的研究是很有必要的。

在地方经济的发展过程中，离任官员的“烙印”并非在短时间内就可以消失的。本章研究了地方官员离任的影响，发现非正常离任行为会对资本市场产生不良影响。大多数官员的离任属于正常离任，正常离任又分为多种类型，如官员升职，升职后的官员是否会“照顾”曾经工作过的地方，需要进一步研究。

8 政治环境、社会责任与股价崩盘风险

当企业面临地区政治环境变化的不确定性时，应采取积极措施构建新的政企关系。慈善捐赠这种履行社会责任的形式，不但能够为政府提供支持和帮助，还能够明显地加强企业与政府新任官员之间的联系，提升新任官员对企业的好感度，从而成为非常明显的“献金”方式（戴亦一等，2014；贾明等，2015）。另外，还有企业会通过增加税收这种与政府收益直接相关的履行社会责任的形式，满足新任官员提升经济政绩的需求，并获得新任官员的更多关注，以此降低自身受到负面政府行为的风险（Mills et al.，2013）。企业社会责任的履行往往会成为管理层为了建立政治关系而表现出的“献金”方式。当然，无论出于何种目的，企业社会责任的履行，都是为了在一段时间内为企业营造良好的形象，在赢得新任官员关注的同时赢得资本市场的关注。企业社会责任的履行可能是管理层的“价值利器”，也可能是管理层的“自利工具”，还可能是企业的“声誉保险”，从而成为影响管理层是否会及时准确披露企业信息、股东利益是否得到足够保障、企业能否树立良好声誉形象的关键因素，因此企业社会责任的履行可能会影响企业股价崩盘风险（Kim et al.，2014；权小锋等，2015；宋献中等，2017）。

基于上述现实背景，本章以2010—2014年中国创业板上市公司为样本，在地方政府主要官员更换导致的政治环境变化对股价崩盘风险影响的基础上，考虑企业社会责任履行的影响。本章主要研究企业社会责任的履行是否会在一定程度上抑制企业股价崩盘风险，以及如何影响政治环境变化与股价崩盘风险之间的关系。

本章研究的主要边际贡献在于：进一步丰富了企业社会责任影响股价崩盘风险经济后果的文献。本章将企业履行社会责任视为政治环境变化对股价崩盘风险发生作用的调节变量，强调了企业履行社会责任对企业获得资本市场认可的重要意义，从而丰富了这一领域的文献。

8.1 制度背景与研究假说

近年来，越来越多的企业更加重视社会责任的履行，以及履行社会责任对企业股票在资本市场表现的影响。一方面，企业积极主动履行社会责任，有助于降低企业融资成本、提升员工忠诚度和保护中小股东等其他利益相关者的利益，这对吸引市场投资者、保证企业可持续发展及积累社会财富具有积极影响（Orlitzky，2008）。另一方面，良好的社会责任担当也能够使企业得到资本市场的认可（Godfrey，2005），普通市场投资者视履行社会责任的行为为利好信息，因此更加青睐社会责任履行状况好的企业，社会媒体同样会对这些企业更感兴趣，给予足够的关注与报道；而企业不履行社会责任的行为，会受到资本市场的“制裁”（Godfrey et al.，2009；肖红军等，2010）。由此可见，社会责任的履行不但能够起到维护利益相关者切身利益的作用，还能够产生治理效应，使得企业管理层不会轻易做出违规等损害企业利益或利益相关者利益的事情，而是自觉履行好社会责任，积极树立正面形象（徐珊等，2015）。

基于以上分析可以得出，良好的社会责任履行会影响到管理层及企业的决策，进而影响到企业股价崩盘风险。

首先，从信息披露视角来看，社会责任履行提升了企业的信息披露质量。良好的社会责任履行体现了企业对自身更高的要求以及对利益相关者更负责任的态度，因此企业会更及时、更准确地披露信息，并且会披露信息量更大的非财务信息（宋献中等，2017），从而使得企业的信息透明度更高。同时，伴随着信息披露质量的提升，社会责任的履行缩小了企业与市场投资者之间信息不对称的程度，在缩小管理层操弄信息空间的同时，也缩短了信息被隐藏的时间。

其次，从企业治理视角来看，企业社会责任的履行起到了治理与监督作用。社会责任的履行无形之中为企业积累了形象资本，要求企业必须在社会公众面前树立良好形象，以使企业获得道德资本，当企业出现一些负面信息时，履行社会责任所积累的无形资本就能够起到保险和缓解作用，降低负面信息的影响（Godfrey et al.，2009）。而且，社会责任本身就会对企业产生监督作用，管理层通过社会责任的履行满足了更多利益相关者利益需求的同时，也提升了管理层在经理人市场的道德水平，从而使得履行社会责任起到了使利益相关者对企业管理监督的作用，降低了企业的代理成本。

最后，从股东利益视角来看，社会责任的履行满足了股东的价值需要。社会责任的履行维护了股东的真实利益、可持续利益，于是社会责任的履行就成为维护管理层与股东利益关系基础的无形资产，股东为了回报管理层的付出，就会长期持有企业股票，促使企业股价具有稳定的增长趋势，企业股价的崩盘风险也会随之降低（权小锋等，2015）。

在地方官员发生变化时，企业会通过履行社会责任的形式降低政治环境变化产生的风险，达到与政府建立新的政治关系之目的。戴亦一等（2014）、贾明等（2015）均发现，慈善捐赠就是企业在新任官员上任时的“政治献金”手段，不但能够向新任官员彰显自身的雄厚实力，还能够在新任官员心目中留下良好印象。所以，社会责任的履行会在政治环境变化对股价崩盘风险的影响中产生调节效应。

如果政治环境变化对企业股价崩盘风险产生了推动作用，首先，从信息披露视角来看，社会责任的履行保证了在政治环境变化中企业信息披露的及时性与质量的提高。由于社会责任的履行本身能够抑制管理层的一些如寻租、腐败等行为，减少企业通过私下的官商勾结而建立不正常政企关系的发生，无形中减少了企业的负面信息。同时，由于良好的社会责任履行也会完善企业信息披露机制，对管理层隐藏信息及企业延迟披露信息的行为产生了遏制作用，因此在政治环境变化时，就不会出现管理层故意隐瞒信息或是有选择性地披露信息的行为，这就提升了企业信息披露的透明度，缩小了市场投资者与企业之间的信息不对称度，同时企业通过向资本市场提供了比监管要求更为广泛且具有更多信息内涵的公告，获得更多市场投资者的信任（Gelb et al.，2001）。

其次，从投资视角来看，社会责任的履行缓解了政治环境变化时的无效率投资境况。一方面，在履行社会责任的过程中，企业需要保证各方利益相关者的利益，因此在投资决策过程中会更为理性，不会盲目地在短时间内大幅度提升投资额度，尤其是对于由政府推动的非企业决策的外部投资项目；另一方面，社会责任的履行促使管理层更为关注地方政府官员变更后企业的长期利益，更倾向与政府形成长效互信机制，而不是只关注短期收益，这有助于降低企业与政府之间的代理成本，降低企业过度投资的概率，提升企业的投资效率（钟马等，2017）。

最后，从风险视角来看，社会责任的履行减少了政治环境变化带来的风险。随着企业社会责任的履行，即使地方政府主要官员出现了变更，地区经济政策发生了变化，企业同样会保持可持续发展的思路与目标，较好地保护利益相关者的利益，稳定地做出决策，不会盲目地改变发展策略，因此企业在经营市场中的风险就会变小。市场投资者对这些企业也会是投资而不是投机，在这种情况下，即使企业的外部环境发生了变化，市场投资者依然能够对企业保持信心，从而就会长期持有企业股票，也就降低了企业股票在资本市场的风险，其股价崩盘风险也会降低。

若政治环境变化对企业的股价崩盘风险产生的是抑制作用，首先，从信息披露视角来看，企业社会责任的履行提升了信息披露的自愿性与质量，从而一方面，市场投资者能够通过所掌握的信息对社会责任履行状况良好的企业面临政治环境变化时的处理更有信心，从而不会轻易减持；另一方面，社会责任履行状况良好的企业，更容易获得新任官员的关注与认可。

其次，从新任官员的主观意愿视角来看，政治环境变化时企业社会责任的履行拉近了企业与新任官员的关系。社会责任履行状况良好的企业通常会成为新任官员更青睐的对象。新任官员上任后选择辖区内的走访对象时一定是有目的的。社会责任履行状况良好的企业，由于能够满足众多相关者的利益，对辖区内的经济发展、就业、环境保护等能产生重要影响，而且具有带动作用，因此就非常有可能成为新任官员的首选，并能获得更多的政治资源，而这些都会成为利好信息释放到资本市场中。

最后，从媒体关注的视角来看，社会责任的履行促进了政治环境变化中媒体关注的治理效应。通常，媒体关注与社会责任履行之间具有相互促进的作用，媒体关注度高的企业，往往社会责任履行状况更好，而社会责任履行状况好的企业，也是媒体重点关注的企业（徐珊等，2015）。正如前文所言，当新任官员上任后重点关注社会责任履行状况较好的企业时，媒体自然也就会对这些企业给予更多关注。一方面，在社会责任与媒体关注的双重压力下，管理层的自利性动机被削弱，违规行为被识破的概率明显加大，新任官员为了树立良好的形象既需要保护企业声誉，也需要保护自身声誉（戴亦一等，2011）；另一方面，社会责任的履行也进一步强化了媒体关注对企业的治理效应，要求企业提高信息透明度，因此也就进一步降低了企业的股价崩盘风险。基于此，本章提出以下假说：

研究假说 1：若政治环境变化与股价崩盘风险间存在正相关关系，则社会责任的履行能够降低政治环境变化对企业股价崩盘风险的正向影响。

研究假说 2：若政治环境变化与股价崩盘风险间存在负相关关系，则社会责任的履行能够提升政治环境变化对企业股价崩盘风险的负向影响。

研究假说 1 与研究假说 2 属于竞争性的备择假说。图 8－1 列出了企业履行社会责任对政治环境变化影响股价崩盘风险的调节作用。

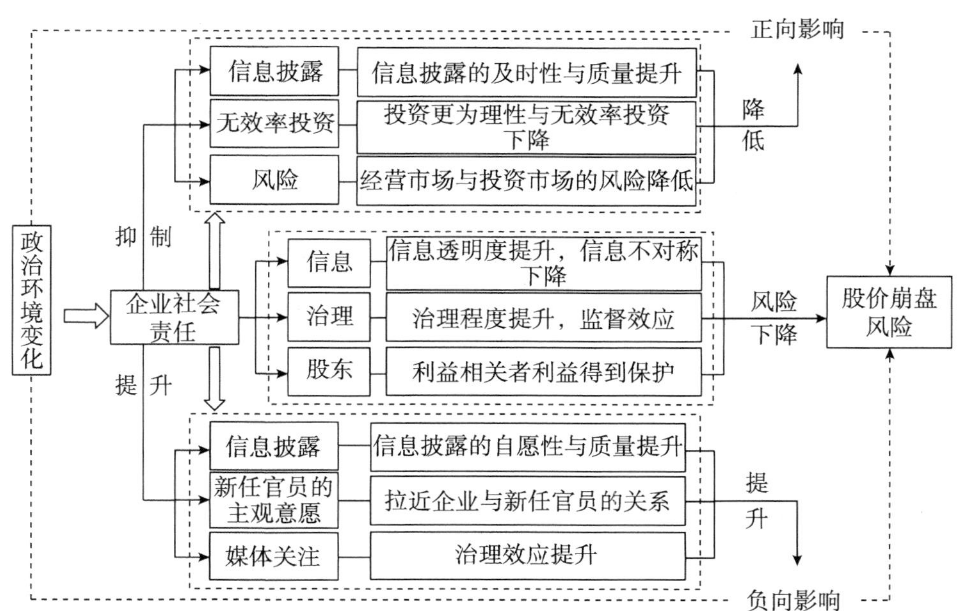

图 8－1　企业履行社会责任对政治环境变化影响股价崩盘风险的调节作用

8.2 实证研究设计

8.2.1 变量设计

（1）被解释变量。

参考已有文献设计的衡量股价崩盘风险的变量（*Crash*），本章分别以负收益偏态系数（*NCSKEW*）与收益波动比率（*DUVOL*）衡量创业板上市公司的股价崩盘风险，计算公式见式 3.3 和式 3.4。计算所得变量 *NCSKEW* 与 *DUVOL* 的数值越大，则代表股价崩盘风险越大。

（2）解释变量。

政治环境（*PU*）：与前文相同，本章以样本创业板上市公司所在地（市、自治州、盟、地区，下同）的市委书记（含州委书记、盟委书记、地委书记，下同）是否更替进行衡量，若样本年度内出现了所在地市委书记的更替，则 $PU=1$，否则，$PU=0$。

社会责任履行（*CSR*）：衡量企业社会责任履行情况的指标很多。早期，多以是否披露了公开发表的社会责任报告衡量企业社会责任履行情况，但这种形式并不能区别不同企业社会责任履行程度的差异。还有部分文献以第三方机构给出的评价分数衡量，但通常这些评价分数并不能涵盖所有中国企业。因此，本章依据利益相关者理论，参考肖作平和杨娇（2011）的研究，构建针对不同利益相关者利益的企业社会责任履行情况综合指标，即：

$$CSR = a_1 GR + a_2 ER + a_3 SR + a_4 ZR + a_5 YR + a_6 KR \tag{8.1}$$

式 8.1 中，GR = 政府责任贡献率 =（支付的各项税费 − 收到的税费返还）/经营活动产生的现金流入 ×100%；ER = 员工责任贡献率 = 支付给员工以及为员工支付的现金/营业收入 ×100%；SR = 股东责任贡献率 = 分配股利、利润或偿付利息支付的现金/营业收入 ×100%；ZR = 债权人责任贡献率 = 财务费用/营业收入 ×100%；YR = 供应商责任贡献率 = 购买商品、接受劳务支付的现金/经营活动产生的现金流出 ×100%；KR = 客户责任贡献率 = 营业成本/营业收入 ×100%。另外，式 8.1 中的权重值计算方法分别为：

$$a_1 = (MR/Size) \times [GR/(GR + ER + SR + ZR + YR + KR)]$$

$$a_2 = (MR/Size) \times [ER/(GR + ER + SR + ZR + YR + KR)]$$

$$a_3 = (EQ/Size) + (MR/Size) \times [SR/(GR + ER + SR + ZR + YR + KR)]$$

$$a_4 = (DT/Size) + (MR/Size) \times [ZR/(GR + ER + SR + ZR + YR + KR)]$$

$$a_5 = (MR/Size) \times [YR/(GR + ER + SR + ZR + YR + KR)]$$

$$a_6 = (MR/Size) \times [KR/(GR + ER + SR + ZR + YR + KR)]$$

在以上几个公式中，*MR* 为主体权益，即资产总额除了股权与债务后的剩余部分；*Size* 为企业的资产总额；*EQ* 为股权，即总股本与资产总计之和；*DT* 为债券，即短期借款、一年内到期的非流动负债、长期借款与应付债券之和。

（3）控制变量。

参考已有文献，本章将周特有收益率均值（*AW*）、周特有收益率标准差（*SEW*）、资产收益率（*ROA*）、资产负债率（*Debt*）、资产总额（*Size*）、信息透明度（*DA*）、上市年度（*Age*）、行业变量（*Idu*）、年度变量（*Year*）作为控制变量，具体变量的度量方法与表 7－1 所示一致。

8.2.2 模型设计

根据前文提出的研究假说以及所设计的变量构建相应的实证检验模型。为了检验履行社会责任的调节效应，即验证研究假说 1 与研究假说 2，构建：

$$Crash_{t+1,i} = \begin{pmatrix} \alpha_1 PU_{t,i} + \alpha_2 CSR_{t,i} + \alpha_3 (PU_{t,i} \times CSR_{t,i}) + \alpha_4 AW_{t,i} + \alpha_5 SEW_{t,i} + \alpha_6 ROA_{t,i} + \\ \alpha_7 Debt_{t,i} + \alpha_8 Size_{t,i} + \alpha_9 DA_{t,i} + \alpha_{10} Age_{t,i} + Idu + Year + C + \varepsilon_{t,i} \end{pmatrix} \tag{8.2}$$

式中，股价崩盘风险变量 *Crash* 分别以负收益偏态系数（*NCSKEW*）与收益波动比率（*DUVOL*）衡量，t 代表样本年度，i 代表样本公司，变量 α 为待估参数，C 为常数项，ε 为残差项。考虑到股价崩盘风险的反应通常具有滞后性，因此本章采用滞后一期的变量衡量创业板上市公司股价崩盘风险。

8.2.3 样本选择与数据说明

本章以创业板上市公司为样本，在剔除 IPO 样本、特殊处理样本、年交易周数不足 30 周的样本、缺失数据且无法补充的样本后，最终得到 2010—2014 年的 1135 个样本。

本章衡量政治环境的地方市委书记更替数据为手工查找，查找方式与上一章相同。本章其他变量的数据来源为锐思金融数据库与色诺芬经济金融数据库。

8.3 实证结果分析

8.3.1 描述性统计分析

表 8－1 中给出了本章主要变量的描述性统计结果。变量 *NCSKEW* 与变量 *DUVOL* 的均值分别为－0.281 与－0.238，与前文一致。变量 *PU* 的均值为 0.219，表明当年度有 21.9% 的样本企业所在地出现了市委书记更替的情况。变量 *CSR* 的均值为 0.322，表明样本企业为利益相关者的总贡献率为 32.2%。其他控制变量的分布与已有文献的研究结论没有较大差异，均在合理范围内。

表 8－1　　变量的描述性统计结果

变量	均值	中位数	标准差	5%	25%	75%	95%
NCSKEW	－0.281	－0.265	0.688	－1.430	－0.660	0.095	0.756
DUVOL	－0.238	－0.246	0.513	－1.024	－0.558	0.080	0.627
PU	0.219	0.000	0.414	0.000	0.000	0.000	1.000
CSR	0.322	0.309	0.252	－0.051	0.163	0.470	0.786
AW	－0.001	－0.001	0.001	－0.003	－0.002	－0.001	0.000
SEW	0.050	0.048	0.015	0.028	0.038	0.059	0.077
ROA	0.054	0.052	0.044	0.004	0.028	0.078	0.119
Debt	0.235	0.201	0.152	0.049	0.114	0.318	0.531
Size	20.937	20.866	0.605	20.078	20.515	21.305	22.057
DA	0.056	0.041	0.061	0.003	0.018	0.073	0.155
Age	2.265	2.000	1.110	1.000	1.000	3.000	4.000

8.3.2 相关性分析

表 8－2 给出了本章主要变量的相关性检验结果。变量 *CSR* 与变量 *NCSKEW*、*DUVOL* 间的相关系数均为负值，均能通过常规置信水平下的显著性检

验，表明社会责任履行能在一定程度上抑制股价崩盘风险。另外，变量间的相关系数值并不高，表明变量间不存在多重共线性问题。

表 8－2　　　　相关性检验结果

变量	*NCSKEW*	*DUVOL*	*PU*	*CSR*	*AW*	*SEW*	*ROA*	*Debt*	*Size*	*DA*	*Age*
NCSKEW	1.000										
DUVOL	0.872***	1.000									
PU	-0.029***	-0.019*	1.000								
CSR	-0.023**	-0.023**	0.006*	1.000							
AW	-0.005	-0.009	-0.005	-0.006	1.000						
SEW	-0.019*	-0.021**	-0.049***	-0.029***	-0.008	1.000					
ROA	0.072***	0.066***	0.000	0.143***	-0.004	-0.114***	1.000				
Debt	-0.031***	-0.033***	0.009	-0.103***	-0.013	0.029***	-0.323***	1.000			
Size	-0.083***	-0.095***	0.011	0.012	-0.008	-0.239***	0.059***	0.370***	1.000		
DA	0.003	0.009	-0.013	0.006	-0.001	0.012	0.016*	0.011	0.022**	1.000	
Age	-0.067***	-0.075***	0.009	0.085***	0.015*	-0.013*	-0.076***	0.095***	0.045***	0.040***	1.000

注：*** 、** 和 * 分别表示在 1%、5% 和 10% 置信水平下通过显著性检验。

8.3.3　回归检验结果

表 8－3 给出了企业社会责任履行对政治环境变化与股价崩盘风险关系的调节作用检验结果。从中可以看出，在回归结果（1）与回归结果（2）中，变量 *PU* 与被解释变量 *NCSKEW*、*DUVOL* 间依然表现为负相关关系，且均能够通过常规置信水平下的显著性检验。这一结果与前文相同，表明当企业所在地市委书记发生更替、企业面临政治环境变化时，企业的股价崩盘风险反而更低。在回归结果（3）与回归结果（4）中，变量 *CSR* 与被解释变量 *NCSKEW*、*DUVOL* 间也表现为显著的负相关关系，表明随着社会责任履行的增加，企业的股价崩盘风险会随之降低。在回归结果（5）与回归结果（6）中，即加入企业社会责任履行情况的交互项后，变量 *PU* 与被解释变量 *NCSKEW*、*DUVOL* 间依然存在显著的负相关关系，与回归结果（1）与回归结果（2）中变量 *PU* 的系数值相比，考虑企业履行社会责任的调节效应后，变量 *PU* 的绝对值变大了，这说明伴随着企业社会责任的履行，当出现所在地市委书记更替情况时，政治环境的变化更加能够降低企业的股价崩盘风险。这一结果支

持了本章的研究假说2。

在控制变量的检验结果中，变量 *SEW*、*Size*、*Age* 与被解释变量间存在显著的负相关关系，变量 *ROA*、*Debt* 与被解释变量间存在显著的正相关关系，而变量 *AW*、*DA* 与被解释变量间的关系没有通过常规置信水平下的显著性检验。

表8-3　　回归检验结果

变量	(1)	(2)	(3)	(4)	(5)	(6)
	NCSKEW	*DUVOL*	*NCSKEW*	*DUVOL*	*NCSKEW*	*DUVOL*
PU	-0.049 *** (0.017)	-0.022 ** (0.012)			-0.067 *** (0.021)	-0.033 ** (0.014)
CSR			-0.026 * (0.015)	-0.017 * (0.010)	-0.039 ** (0.018)	-0.025 ** (0.012)
PU × *CSR*					0.047 * (0.022)	0.027 * (0.012)
AW	-0.043	-0.053	-0.043	-0.053	-0.045	-0.054
SEW	-2.191 ***	-1.704 ***	-2.133 ***	-1.679 ***	-2.199 ***	-1.709 ***
ROA	0.969 ***	0.595 ***	0.995 ***	0.611 ***	0.993 ***	0.610 ***
Debt	0.140 ***	0.100 ***	0.132 ***	0.095 ***	0.132 ***	0.095 ***
Size	-0.050 ***	-0.041 ***	-0.050 ***	-0.041 ***	-0.050 ***	-0.041 ***
DA	0.004	0.005	0.004	0.005	0.004	0.005
Age	-0.005 ***	-0.004 ***	-0.005 ***	-0.004 ***	-0.005 ***	-0.004 ***
Year	控制	控制	控制	控制	控制	控制
Idu	控制	控制	控制	控制	控制	控制
C	0.830 ***	0.730 ***	0.924 ***	0.729 ***	0.847 ***	0.740 ***
Adj R^2	0.030	0.033	0.029	0.033	0.030	0.033
F-statistics	6.517 ***	8.940 ***	6.019 ***	8.862 ***	5.841 ***	6.825 ***

注：***、**和*分别表示在1%、5%和10%置信水平下通过显著性检验。

8.3.4　内生性检验

虽然本章控制了回归模型中的一些影响因素，但政治环境变化与股价崩盘风险间仍可能存在内生性问题。可能的情况是地方经济发展的变化导致了政治环境的变化，同时影响了股价崩盘风险，因此可能会形成政治环境变化与股价崩盘风险间的虚假关系，以及履行社会责任形成的虚假调节效应。因此，为了解决这一内生性问题，本章参考雷光勇等（2015）的研究，将地区GDP水平、邮电业务总量作为工具变量，并使用两阶段回归方法进行检验。

表8－4给出了内生性检验结果。变量*PU*与被解释变量间依然存在显著的负相关关系，当企业所在地发生市委书记更替情况时，其股价崩盘风险更低。加入变量*CSR*及交互项后，变量*PU*的系数值的绝对值明显变大了，可见社会责任的履行明显加大了政治环境变化对股价崩盘风险的抑制作用。

表8－4　内生性检验结果

变量	(1)	(2)	(3)	(4)
	NCSKEW	*DUVOL*	*NCSKEW*	*DUVOL*
PU	-0.051*** (0.017)	-0.024** (0.012)	-0.069*** (0.021)	-0.035*** (0.010)
CSR			-0.041** (0.018)	-0.027** (0.012)
PU×*CSR*			0.048* (0.032)	0.030* (0.022)
AW	-0.044	-0.054	-0.046	-0.056
SEW	-2.469***	-2.086***	-2.445***	-2.068***
ROA	0.985***	0.616***	1.007***	0.631***
Debt	0.163***	0.131***	0.152***	0.124***
Size	-0.063***	-0.059***	-0.061***	-0.058***
DA	0.004	0.005	0.004	0.005
Age	-0.005***	-0.004***	-0.005***	-0.004***
Year	控制	控制	控制	控制
Idu	控制	控制	控制	控制
C	1.114***	1.119***	1.098***	1.107***
Adj R^2	0.030	0.031	0.031	0.032
F－*statistics*	6.517***	8.940***	6.841***	6.825***
J－*statistics*	1.091	3.623	1.086	3.637

注：***、**和*分别表示在1%、5%和10%置信水平下通过显著性检验。

8.3.5 稳健性检验

为进一步确认所得结论的稳健性，本章进行相应的稳健性检验。首先，考虑到外部市场化环境变化对股价崩盘风险的影响可能并不是即期实现的，因此以股价崩盘风险变量 *Crash* 的当期变量为被解释变量进行回归检验；其次，考虑到样本中包含直辖市的企业样本，这些样本所在地可能会比其他样本所在地的行政级别高，它们面临的政治环境变化的影响有差异，因此剔除所在地属北京、上海、天津、重庆的创业板上市公司样本后进行检验；最后，因为研究发现在萨班斯法案颁布之后，随着外部审计的增加，很多企业会利用真实盈余管理替代盈余管理，从而对企业信息进行操弄以获得盈余管理收益，因此本章参考 Roychowdhury（2006）及李彬等（2009）的方法，利用综合衡量销售操控、费用操控以及生产操控的真实盈余管理（*RM*）计量模型所得的绝对值替代前文回归模型中的变量 *DA* 后进行检验。从稳健性检验结果来看，虽然部分变量结果的显著性有所变化，但整体结果没有出现明显的差异，因此没有改变原有的研究结论，可以认为本章的实证结论是可靠的。

8.4 小结

作为制度环境的重要内容，政治环境在中国经济发展过程中产生了重要影响，作为政策直接执行者的地方官员同样在中国经济发展过程中扮演了重要角色。近年来，越来越多的文献开始关注地方官员更替引发的政治环境变化对宏观经济与微观企业产生的影响。由于政治环境的变化既会影响到一个地区经济发展的稳定性与持续性，也会影响到微观企业的投资、研发、分红等，因此也就会对证券市场产生影响。

本章以2010—2014 年间的 1135 个中国创业板上市公司为样本，实证检验了政治环境变化对股价崩盘风险的影响，并进一步考察了企业履行社会责任对两者的调节效应。研究发现，面临政治环境变化时，企业的股价崩盘风险反而更低，而加入对社会责任履行情况的考虑后发现，伴随着企业履行社会责任，政治环境变化能进一步降低企业股价崩盘风险，在控制了内生性问题后这一调节效应同样存在。

作为外生制度环境的重要变量，政治因素在较大程度上影响了地方经济与微观企业的发展，已有文献研究发现，政治环境的变化会对地方经济增长产生积极影响，这种影响正是由作为政治权力代表的地方政府官员产生的。尤其是在中国的政治经济环境中，地方政府官员由于自身强烈的政治晋升诉求，因此会主动通过经济投入、基础设施投资等方式，积极引导地方企业扩大投入与加快发展，从而以显性的经济成绩完成任期内的政治成绩。而从企业的角度来看，在地方政府官员变更后的一段时间内，通过在资本市场的良好表现与新任地方政府官员建立良好的关系，既能降低企业在经营市场、政治环境及资本市场中的风险，也能为企业赢得调整经营策略、适应外部环境的时间与机遇。可以说，地方政府官员的适度更替，对地方经济有一定的刺激作用，通过局部性地改变外部政治生态环境，带来地方经济发展的新机遇与新环境。但是，若地方政府官员频繁更换，不利于地方政治的稳定，也不利于企业获得稳定的心理预期，从而会导致地方企业“束手束脚”，无法保证投资的稳定性与持续性。因此，维护地方政治环境与经济环境的稳定是非常重要的。

9 政治环境、银行业竞争与股价崩盘风险

政治环境变化引发的地区经济政策变化、地区经济环境变化等，不但影响一个地区经济的持续发展，也对微观企业的投资行为、信贷行为等产生了冲击。地方政府主要官员发生变化引发的政治环境变化，往往会对微观企业的行为产生更为明显的影响。Julio 和 Yook（2012）就指出，当政治环境变化时，企业往往会增加现金持有，减少投资；陈艳艳和罗党论（2012）指出，地方官员变更会导致辖区内企业的投资效率降低，而且官员更替越频繁，企业的投资波动率就会越大。由此可见，微观企业受政治环境变化的影响更为明显。伴随着政治环境的变化，无论企业是调整投资策略，还是变换信贷方式，都意味着其与银行间的关系发生了变化。当地方政府主要官员发生更替时，一方面，企业往往会调整投资策略，导致企业的融资行为尤其是通过商业银行的融资行为会变化；另一方面，商业银行也会主动寻找与信任官员间的“政治关系”，从而会在一定程度上基于政治考虑而配置信贷资金（周立，2003；钱先航，2012；陆慧慧，2017）。

作为企业最重要的债权人，商业银行本身也会对企业股价的表现产生影响。王艳艳和于李胜（2013）研究指出，商业银行贷款比例与股价同步性呈正比。这表明，商业银行的行为能够弱化债务人的风险，使企业的信息披露水平随贷款水平的变化而变化，也就是说，商业银行作为债权人发挥了监管效应，从而影响了企业的股价波动水平。同时，商业银行自身也会受到行业竞争环境的影响。银行业竞争降低了债务主体的资本成本，银行会更加关注企业由于存在代理成本而可能引发的违约风险，企业会因外部存在的银行业

竞争，受到更为严格的来自银行债权人的监管（刘星等，2015）。当政治环境变化时，一方面，企业的经营环境产生了不确定性，使得企业的财务风险增加，商业银行作为债权人就会加强对企业的监管以保护自身利益（Salter et al.，1995；雷光勇等，2015），这就在信息披露、会计稳健性等方面对企业提出了更高的要求；另一方面，当企业对经营环境产生未知判断时，企业会主动寻求与商业银行之间关系的稳定性，于是当政治环境变化时，企业会预知信贷趋紧，进而就会主动通过更好的经营市场、资本市场表现赢得商业银行的关注与认可，以期在未来获得商业银行的更多支持。与此同时，一方面，如前文所述，在当前中国政治生态中，由于任期限制、调动及反腐败等原因，地方官员更替已成为常见现象；另一方面，中国金融体系还处于初级发展阶段，商业银行依然是企业资金的主要提供者，国有商业银行依然是中国银行业的主体，其行为对中国金融体系、金融机构等的发展具有重要影响（陆磊，2006；林毅夫等，2009）。这些都为本章的研究提供了理想的制度背景与“准自然实验”样本。

基于上述背景，本章以2010—2014年间的中国创业板上市公司为样本，在前文考察地方政府主要官员更替而导致的政治环境变化对股价崩盘风险产生影响的基础上，进一步讨论银行业竞争如何影响二者之间的关系。本章主要研究银行业竞争如何影响股价崩盘风险，以及银行业竞争如何影响政治环境变化与股价崩盘风险间的关系。

与已有文献不同的是，本章的边际贡献丰富了政治环境变化对微观企业行为影响的研究，拓展了股价崩盘风险机制的研究视野，更为重要的是，将银行业竞争引入对股价崩盘风险的影响因素中，考察外部制度环境的银行业竞争如何影响企业微观行为，尤其是当政治环境发生变化时，银行业竞争如何“迎合”政治环境的变化进而影响企业决策及企业在证券市场的表现，并提供了来自中国证券市场的新证据与新结论。

9.1 制度背景与研究假说

银行业竞争会对企业在股票市场的表现产生影响。首先，银行业竞争能够促进地区金融的稳定，可以给企业提供相对稳定的金融市场环境。银行业竞争程度的提高能够促使银行为企业提供一系列更好、更完备的金融服务，使企业通过金融市场获得的金融支持力度更大，拥有更多的融资渠道，而且企业融资的过程也会更加透明。同时，随着银行业竞争程度的提高及金融市场的稳定，企业的融资成本也相对较低，这种融资成本的降低不仅包括获得资金的利息降低，也包括企业可能需要付出的寻租成本的降低，从而提升了企业在一段时间内获得资金的稳定性，而这会被资本市场认可。

其次，银行业竞争程度的提升对企业起到了筛选作用。通常，在银行业竞争程度较高的地区，往往会出现优质银行与优质企业相匹配的状况。由于商业银行需要控制自身风险，所以其具有筛选优质企业的动机，而充分的竞争会提升商业银行的信息甄别能力，因此在银行业竞争更充分的地区，商业银行会更愿意为生产效率高的优质企业提供贷款（余超等，2016）。于是，市场投资者就更容易依靠商业银行的行为对企业进行判断、甄别与遴选，那些与银行之间具有良好信贷关系的企业，往往就会获得市场投资者持续且稳定的关注。

最后，从宏观层面来看，银行业竞争也对辖区内企业的成长具有一定的促进作用。通常，商业银行的融资约束行为会制约企业成长，而银行业竞争则有利于缓解融资约束，促使企业获得信贷支持，刺激企业良性成长（方芳等，2016）。而这些具有良好成长性的企业，同样也是市场投资者的投资首选。

检验银行业竞争对政治环境变化与股价崩盘风险关系的调节作用。首先，从信息披露的方式与内容来看，政治环境变化增加了企业释放信息的数量，同时增强了企业释放信息的自愿性，而银行业竞争的外在性又进一步促进了企业信息披露质量的提升。在银行业竞争程度较高的地区，由于商业银行更加愿意将资金贷给优质企业，因此企业就会主动通过信息披露的方式获得商业银行的认可。企业一方面会向市场披露更多信息，另一方面会规范自己的信息披露制度，提升信息披露质量，信息披露质量的提升，维护了市场投资者的利益。

其次，从新任官员意愿的视角来看，由于新任官员希望辖区内企业良性发展，因此就需要辖区内的商业银行为企业发展提供足够的资金支持，于是在银行业竞争程度较高的地区，新任官员会积极促成银行与企业之间的合作。企业在这一过程中不但得到了新任官员的认可，也进一步明确了自己的发展思路与发展策略，从而降低了自身在政治环境变化中的风险。

最后，从媒体关注的视角来看，在政治环境发生变化时，媒体关注不仅会加强对新任官员与企业的监督，也会加强对商业银行的监督。尤其是在银行业竞争程度较高的地区，媒体的关注行为约束了商业银行的行为，使商业银行与企业间的行为变得更透明，从而减少了企业的寻租成本，降低了市场投资者与企业间的信息不对称度，保护了市场投资者的利益。

图 9－1 给出了银行业竞争对政治环境变化与股价崩盘风险关系的调节机制。从中可以看出，由于银行业竞争本身会抑制股价崩盘风险，而且会在信息披露、新任官员意愿及媒体关注方面对政治环境变化的影响产生作用，因此会进一步加强政治环境变化对股价崩盘风险的抑制作用。基于此，本章提出如下研究假说：银行业竞争在政治环境变化对股价崩盘风险的影响中产生了调节作用，即外部银行业竞争程度越高，辖区内的政治环境变化对股价崩盘风险的负向影响越大。

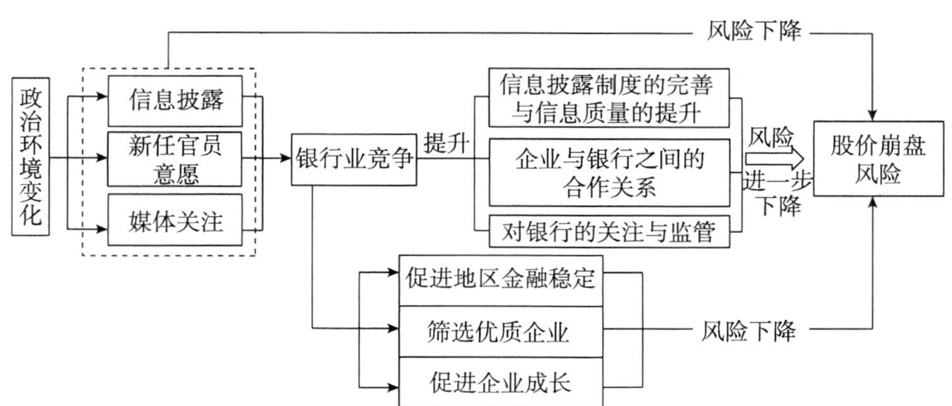

图 9－1　银行业竞争对政治环境变化与股价崩盘风险关系的调节机制

9.2　实证研究设计

9.2.1　变量设计

（1）被解释变量。

参考已有文献设计的衡量股价崩盘风险的变量（*Crash*），本章分别以负收益偏态系数（*NCSKEW*）与收益波动比率（*DUVOL*）衡量创业板上市公司的股价崩盘风险，计算公式见式3.3和式3.4。计算所得变量*NCSKEW*与变量*DUVOL*的数值越大，则代表股价崩盘风险越大。

（2）解释变量。

政治环境（*PU*）：本章以样本创业板上市公司所在地（市、自治州、盟、地区，下同）市委书记（含州委书记、盟委书记、地委书记，下同）是否更替进行衡量，即若样本年度内出现了所在地市委书记的更替，则 $PU=1$，否则，$PU=0$。

银行业竞争（*COMP*）：参考刘星等（2015）的研究，在《中国市场化指数》（2011）提供的各地区金融业竞争指数的基础上进行计算。首先，根据各年度的金融业竞争指数进行排序，并由低到高赋1～31的秩次值；其次，取各地区四年的秩次值之和除以秩次值总和；最终，得到变量*COMP*的值。变量*COMP*的值越大，则意味着银行业竞争越激烈。

（3）控制变量。

参考已有文献，本章将周特有收益率均值（*AW*）、周特有收益率标准差（*SEW*）、资产收益率（*ROA*）、资产负债率（*Debt*）、资产总额（*Size*）、信息透明度（*DA*）、上市年度（*Age*）、行业变量（*Idu*）、年度变量（*Year*）作为控制变量，具体的变量的度量方法与表7－1中的一致。

9.2.2 模型设计

根据前文提出的研究假说以及所设计的变量构建相应的实证检验模型。为了检验银行业竞争的调节效应，构建：

$$Crash_{t+1,i}=\begin{pmatrix}\alpha_1 PU_{t,i}+\alpha_2 COMP_{t,i}+\alpha_3(PU_{t,i}\times COMP_{t,i})+\alpha_4 AW_{t,i}+\alpha_5 SEW_{t,i}+\\ \alpha_6 ROA_{t,i}+\alpha_7 Debt_{t,i}+\alpha_8 Size_{t,i}+\alpha_9 DA_{t,i}+\alpha_{10} Age_{t,i}+Idu+Year+\\ C+\varepsilon_{t,i}\end{pmatrix} \tag{9.1}$$

式中，股价崩盘风险变量*Crash*分别以负收益偏态系数（*NCSKEW*）与收益波动比率（*DUVOL*）衡量，t代表样本年度，i代表样本公司，变量α为待估参数，C为常数项，ε为残差项。考虑到股价崩盘风险的反应通常具有滞后性，因此本章采用滞后一期的变量衡量创业板上市公司的股价崩盘风险。

9.2.3 样本选择与数据说明

本章以创业板上市公司为样本，在剔除 IPO 样本、特殊处理样本、年交易周数不足 30 周的样本、缺失数据且无法补充的样本后，最终得到 2010—2014 年间的 1135 个样本。衡量政治环境变化的地方市委书记的更替数据为手工查找，查找方式与前文的相同，银行业竞争的数据来源为樊纲等（2011）编制的《中国市场化指数——各地区市场化相对进程 2011 年报告》，本章其他变量的数据来源为锐思金融数据库与色诺芬经济金融数据库。

9.3 实证结果分析

9.3.1 描述性统计分析

表 9－1 给出了本章主要变量的描述性统计结果。变量 *NCSKEW* 与变量 *DUVOL* 的均值分别为－0.281 与－0.238，与前文一致。变量 *PU* 的均值为 0.219，表明当年度有 21.9% 的样本企业所在地出现了市委书记更替的情况。变量 *COMP* 的均值为 0.185，但不同样本之间的 *COMP* 值差异较大，表明不同创业板上市公司面临的外部地区金融发展水平差异较明显。其他控制变量的分布与已有文献的研究结论没有较大差异，均在合理范围内。

表 9－1　　变量的描述性统计结果

变量	均值	中位数	标准差	5%	25%	75%	95%
NCSKEW	－0.281	－0.265	0.688	－1.430	－0.660	0.095	0.756
DUVOL	－0.238	－0.246	0.513	－1.024	－0.558	0.080	0.627
PU	0.219	0.000	0.414	0.000	0.000	0.000	1.000
COMP	0.185	0.196	0.050	0.077	0.181	0.212	0.248
AW	－0.001	－0.001	0.001	－0.003	－0.002	－0.001	0.000
SEW	0.050	0.048	0.015	0.028	0.038	0.059	0.077
ROA	0.054	0.052	0.044	0.004	0.028	0.078	0.119
Debt	0.235	0.201	0.152	0.049	0.114	0.318	0.531

续表

变量	均值	中位数	标准差	5%	25%	75%	95%
Size	20.937	20.866	0.605	20.078	20.515	21.305	22.057
DA	0.056	0.041	0.061	0.003	0.018	0.073	0.155
Age	2.265	2.000	1.110	1.000	1.000	3.000	4.000

9.3.2 相关性分析

表9-2给出了本章主要变量的相关性检验结果。变量*COMP*与被解释变量间的相关系数均为负，且均能通过常规置信水平下的显著性检验，这表明在银行业竞争越强的地区，创业板上市公司的股价崩盘风险越低。另外，变量间的相关系数值并不高，表明变量间不存在多重共线性问题。

表9-2　　　　相关性检验结果

变量	*NCSKEW*	*DUVOL*	*PU*	*COMP*	*AW*	*SEW*	*ROA*	*Debt*	*Size*	*DA*	*Age*
NCSKEW	1.000										
DUVOL	0.872***	1.000									
PU	-0.029***	-0.019*	1.000								
COMP	-0.014*	-0.063*	-0.044*	1.000							
AW	-0.005	-0.009	-0.005	-0.014	1.000						
SEW	-0.019*	-0.021**	-0.049***	0.026	-0.008	1.000					
ROA	0.072***	0.066***	0.000	0.116***	-0.004	-0.114***	1.000				
Debt	-0.031***	-0.033***	0.009	-0.024	-0.013	0.029***	-0.323***	1.000			
Size	-0.083***	-0.095***	0.011	0.092***	-0.008	-0.239***	0.059***	0.370***	1.000		
DA	0.003	0.009	-0.013	0.036	-0.001	0.012	0.016*	0.011	0.022**	1.000	
Age	-0.067***	-0.075***	0.009	-0.026	0.015*	-0.013*	-0.076***	0.095***	0.045***	0.040***	1.000

注：***、**和*分别表示在1%、5%和10%置信水平下通过显著性检验。

9.3.3 回归检验结果

表9-3给出了本章的回归检验结果。在回归结果（1）与回归结果（2）中，变量*PU*与被解释变量*NCSKEW*及*DUVOL*间依然表现为负相关关系，且均能通过常规置信水平下的显著性检验。这一结果与前文相同，表明当企业所在地市委书记发生更替、企业面临政治环境变化时，企业的股价崩盘风险会变低。在回归结果（3）与回归结果（4）中，变量*COMP*与被解释变量间

存在负相关关系，且均能通过常规置信水平下的显著性检验，这表明在创业板市场中，创业板上市公司所在地区的银行业竞争程度越高，上市公司的股价崩盘风险越低。可见，银行业竞争作为外部制度环境内容的一部分，产生了治理效应。回归结果（5）与回归结果（6）的检验结果表明，在政治环境变化与股价崩盘风险关系中加入对制度环境的考虑后，变量 *PU* 与被解释变量间依然存在显著的负相关关系，且与回归结果（1）与回归结果（2）相比，变量 *PU* 系数值的绝对值更大，这表明在考虑银行业竞争因素后，政治环境变化对股价崩盘风险的影响更大了。这一结果支持了本章的研究假说。

在控制变量的检验结果中，变量 *SEW*、*Size*、*Age* 与被解释变量间存在显著的负相关关系，变量 *ROA*、*Debt* 与被解释变量间存在显著的正相关关系，而变量 *AW*、*DA* 与被解释变量间的关系没有通过常规置信水平下的显著性检验。

表 9－3　　回归检验结果

变量	(1)	(2)	(3)	(4)	(5)	(6)
	NCSKEW	*DUVOL*	*NCSKEW*	*DUVOL*	*NCSKEW*	*DUVOL*
PU	－0.049 *** (0.017)	－0.022 ** (0.012)			－0.264 *** (0.018)	－0.085 ** (0.014)
COMP			－0.526 ** (0.041)	－0.114 * (0.031)	－0.521 ** (0.046)	－0.208 * (0.035)
PU × *COMP*					0.065 * (0.094)	0.396 * (0.071)
AW	－0.043	－0.053	30.406	34.263	29.956	33.801
SEW	－2.191 ***	－1.704 ***	－3.755 *	－4.184 ***	－3.700 *	－4.169 ***
ROA	0.969 ***	0.595 ***	0.966 **	0.223 **	0.979 **	0.239 **
Debt	0.140 ***	0.100 ***	－0.344 **	－0.116 **	－0.347 **	－0.119 **
Size	－0.050 ***	－0.041 ***	－0.192 ***	－0.106 ***	－0.192 ***	－0.106 ***
DA	0.004	0.005	－0.376	－0.374	－0.372	－0.369
Age	－0.005 ***	－0.004 ***	－0.008 ***	－0.028 **	－0.009 ***	－0.029 ***
Year	控制	控制	控制	控制	控制	控制
Idu	控制	控制	控制	控制	控制	控制
C	0.830 ***	0.730 ***	－4.270 ***	－2.512 ***	－4.260 ***	－2.497 ***
Adj R^2	0.030	0.033	0.024	0.012	0.023	0.011
F－statistics	6.517 ***	8.940 ***	4.181 ***	6.552 ***	3.439 ***	4.120 ***

注：*** 、** 和 * 分别表示在 1%、5% 和 10% 置信水平下通过显著性检验，括号内为系数值的标准误差值。

9.3.4 内生性检验

虽然本章控制了回归模型中的一些影响因素，但政治环境变化与股价崩盘风险间仍可能存在内生性的问题。可能的情况是地方经济发展的变化导致了政治环境的变化进而影响了股价崩盘风险，从而就可能形成政治环境变化与股价崩盘风险间的虚假关系，以及银行业竞争形成的虚假调节效应。因此，为了解决这一内生性问题，本章参考雷光勇等（2015）的研究，将地区 GDP 水平、邮电业务总量作为工具变量，使用两阶段回归方法进行检验。

表 9－4 给出了本章变量的内生性检验结果。在考虑银行业竞争的影响后，变量 *PU* 与被解释变量间依然存在显著的负相关关系，而且变量 *PU* 系数值的绝对值比没有加入变量 *COMP* 时更大，这表明随着银行业竞争程度的提高，政治环境变化对股价崩盘风险的影响更明显了。

表 9－4　　内生性检验结果

变量	(1)	(2)	(3)	(4)
	NCSKEW	*DUVOL*	*NCSKEW*	*DUVOL*
PU	－0.051*** (0.017)	－0.024** (0.012)	－0.204*** (0.015)	－0.069** (0.012)
COMP			－0.403** (0.023)	－0.238* (0.036)
PU×COMP			0.058* (0.064)	0.246* (0.050)
AW	－0.044	－0.054	21.232	35.776
SEW	－2.469***	－2.085***	－5.700*	－4.034***
ROA	0.985***	0.616***	0.979**	0.459**
Debt	0.163***	0.131***	－0.312**	－0.239**
Size	－0.063***	－0.059***	0.089***	0.958***
DA	0.004	0.005	－0.043	－0.221
Age	－0.005***	－0.004***	－0.009***	－0.012***
Year	控制	控制	控制	控制
Idu	控制	控制	控制	控制
C	1.114***	1.119***	－2.450***	－2.421***

续表

变量	(1)	(2)	(3)	(4)
	NCSKEW	*DUVOL*	*NCSKEW*	*DUVOL*
Adj R^2	0.030	0.031	0.025	0.029
F - *statistics*	6.517 ***	8.940 ***	5.220 ***	6.398 ***
J - *statistics*	1.091	3.623	0.998	2.290

注：*** 、** 和 * 分别表示在 1% 、5% 和 10% 置信水平下通过显著性检验，括号内为系数值的标准误差值。

9.3.5　稳健性检验

为进一步确认所得结论的稳健性，本章进行相应的稳健性检验。本章的稳健性检验方法与步骤和第 8 章的相同，在此不再赘述。从稳健性的检验结果来看，虽然部分变量结果的显著性有所变化，但整体结果没有出现明显的差异，没有改变原有的研究结论，因此可以认为本章的实证结论是可靠的。

9.4　小结

作为制度环境的重要因素，政治环境变化会在较大程度上影响微观企业的行为。金融环境的变化同样会因为影响企业融资、信贷等决策而对企业行为产生影响。

本章以 2010—2014 年间的 1135 个中国创业板上市公司为样本，在前文研究政治环境变化对股价崩盘风险影响的基础上，加入了对银行业竞争调节效应的考虑。研究发现，银行业竞争对股价崩盘风险产生了外部治理效应，即加入对银行业竞争的考虑后，发现银行业竞争程度越高，则政治环境变化对创业板上市公司股价崩盘风险的抑制作用越大。

本章的研究结论进一步证实了政治环境变化逻辑在解释中国政治影响微观企业行为及证券市场表现问题方面的适用性。研究结论表明，在对证券市场表现进行研究时，应充分考虑政治因素或者说外部制度因素所产生的作用。本章的经验证据启示在于，良好的金融环境对于企业信贷活动来说至关重要，会对企业发展及资本市场表现产生影响。为了让企业在经营市场与证券市场中有良好的表现，就应为企业发展提供良好的外部制度环境。

第四部分　国际化环境视角下的股价崩盘风险

国际化环境是企业参与国际化经营过程中面临的外部制度环境。国际化经营是企业在经济全球化时代，将经营渠道扩展到多个市场的经营方式，是企业多元化经营过程中的一种跨国界的市场选择行为。从多元化经营的本质来看，多元化经营可能会为企业带来溢价（Khanna et al.，1997；Villalonga，2004），可能会降低企业的各类风险（Mansi et al.，2002），可能会降低企业代理成本（Anderson et al.，2000），但更大程度上可能增加成本，产生折价效应（Lang et al.，1994；Berger et al.，1995）。企业进行国际多元化经营时，可能会比单纯进行国内经营面临更为复杂的问题：一方面，会因为涉足一个新的市场而增加成本，比如需要增加额外的投资；另一方面，则会因为刚刚进入国外市场很难产生协同效应，从而需要利用更多的投资降低风险，提高成功的可能性。但对于企业而言，国际化经营更为重要的是意味着企业除了需要应对本国经营环境，还必须面对国外经营环境，也就是说，企业面临双重制度环境，制度环境是影响企业不可忽视的关键因素（汪涛等，2017）。

本部分将基于企业参与国际化经营时面临的双重制度环境背景，讨论国际化环境对股价崩盘风险的影响。同时，基于Jin和Myers（2004）提出的股价崩盘风险是由管理层操弄信息而引发的这一观点，考虑到本书的研究对象是创业板上市公司，而很多创业板上市公司的 CEO 是公司的创始人，将对这一问题的考虑纳入研究框架。另外，基于对创业板上市公司 CEO 特征的考虑，加之本部分研究的是企业的国际化经营问题，从而加入对创业板上市公司 CEO 是否具有海外经历的考虑。

10 国际化环境与股价崩盘风险

王化成等（2014）、施先旺等（2014）研究发现，外部法律环境能够对市场投资者起到保护作用，从而对股价崩盘风险产生抑制作用。前文研究也表明，从理论上来说，制度环境由于能够对上市公司行为产生约束，能够降低信息不对称度，从而能够形成治理效应，因此会在资本市场中降低上市公司的股价崩盘风险。然而，已有文献所讨论的制度环境都是上市公司所在地的制度环境，是假定上市公司在营运中面临着同样的法律环境、政治环境、经营环境等。对于产品生产与销售都在国内的上市公司来说，这种假定是成立的①。然而，随着中国外向型经济战略的推进，越来越多的中国企业积极开拓国际市场，进行国际化经营。企业在国际化经营过程中，面临国内、国际双重制度环境。进行国际化经营的企业，会面临不同的外部治理约束，包括本国经营市场的约束、本国资本市场的约束、国际化经营对象国经营市场的约束，还可能包括国际化经营对象国资本市场的约束。国际化经营能够提高企业的国际知名度和影响力，也有利于满足企业的融资需求，降低融资成本（Errunza et al.，2000；孔宁宁等，2009），这些进行国际化经营的企业自然也就应该接受更为严格的市场监管与制度约束。

本章基于国际化经营产生的双重制度约束视角，研究进行国际化经营的

① 虽然由于中国幅员辽阔，不同地区尤其是东中西部的经济发展状况差异非常大，但在当前中国的政治经济环境中，各地的经济发展思路必然与党中央保持一致，因此虽然各地提供给当地企业的制度环境不同，但这种差异是在全国制度环境相同条件下的差异。

创业板上市公司面临的国际化环境对股价崩盘风险产生了什么影响。

与已有文献相比，本章研究的边际贡献在于首次基于双重制度环境的视角讨论了国际化环境对股价崩盘风险的影响，丰富了股价崩盘风险的研究文献。

10.1 制度背景与研究假说

当企业发展到一定程度后，就会积极开拓市场，以期获得更多的利润增长点与利润来源。于是，多元化经营就成为成熟企业发展的重要选择。选择多元化模式时，企业往往首选行业多元化。具体来说，企业可以选择与当前主营业务相关的行业进行多元化，即相关多元化，也可以进入新的行业进行多元化经营，即非相关多元化。除了行业多元化，地域多元化同样是有效的多元化途径。通过拓展经营区域，企业能够获得更广阔的经营空间，拓宽收入来源。与行业多元化相比，地域多元化经营模式的显性成本相对较低，因为行业多元化需要企业进入新的行业，这就意味着企业需要投入更多的成本进行研发，需要对新行业的产品进行研发与测度，需要一定的时间对新的行业或新的产品进行适应与熟悉，也需要对新产品的市场进行开拓，不仅如此，企业还需承担新产品存在的未知风险，尤其是企业选择非相关多元化模式时。虽然地域多元化没有开拓新行业、新产品的研发等费用，但进入新的市场区域时可能面临如地方保护主义等问题，所以与行业多元化相比，地域多元化可能需要企业付出寻租及其他成本。随着经济全球化趋势的加剧，企业在进行国内行业多元化及地域多元化经营的同时，也开始看重国际市场，进行国际化的地域多元化经营，即国际化经营。伴随着中国开放型经济发展战略的实施，我国加大了对外开放力度，大大降低了中国企业进行国际化经营时所需的地域进入成本，甚至可能低于进行国内地域多元化经营的成本。加之国际化经营可以通过规模经济、特殊的地理位置优势及协同效应等增加企业价值（魏锋等，2011），因此在中国经济发展的外向型环境中，国际化经营是企业通过多元化经营获得更多利润增长点的有益途径。

进行国际化经营的企业会面临双重制度约束，一方面来自本国的制度约束，另一方面来自对象国的制度约束，在这种双重制度的约束下，就会形成双重的治理监管，从而就会对企业在资本市场的表现产生影响。首先，在双重制度约束下，企业的信息披露会更为严格。与非国际化经营的企业相比，国际化经营的企业不但需要满足本国的信息披露制度，还需要满足国际化市场对象国的信息披露制度。虽然国际化市场对象国的信息披露制度与要求并不一定比本国更严格，但通常国际化经营企业在国际市场经营时会更谨慎，会严格遵循信息披露的有关要求。同时，与国内市场经营相比，国际化经营的企业需要扩展国际市场，就需要通过更完善的信息披露机制，让更多的市场投资者了解企业，及时、完善、严格的信息披露，不但能够满足市场投资者的需要，而且起到了广告效应，降低了企业通过其他途径提升知名度的成本。所以，国际化经营的企业就有通过完整、及时的信息披露迎合市场投资者尤其是国际市场投资者的动机，其隐瞒信息或延迟信息披露的成本比非国际化经营的企业更高，因此国际化经营企业的管理层通常不会操弄信息。

其次，国际化经营会对企业产生积极效应，在满足大股东利益需求的同时，也会注重保护普通市场投资者的利益。一方面，国际化经营增强了企业的经营弹性，带来了企业绩效的提升。实施国际化经营的企业可以在更大的市场上寻找潜在机会，可以根据不同市场的供求状况，通过差别定价的方式降低产品的平均边际成本，提高企业的边际利润。而且，由于不同国家的市场在税收成本、人力资本及原材料成本等方面存在着差异，企业可以结合市场的供求状况将产品在更大的市场空间中移动，实现产品在不同市场上的优化配置，发挥类似于“优胜者选拔”的效应，从而提升企业的绩效（薛有志等，2007）。另一方面，国际化经营会通过跨国投资组合的方式给股东带来收益。由于不同国家间的政治经济体系、税务结构、会计准则等方面存在差异，国际资本流动面临障碍，所以投资于国外资本市场的成本较高，从而导致个体投资者不便实现国际多元化。不过，个体投资者可以通过购买国际化经营企业的股票间接使投资组合国际多元化，满足投资者利益需求，提高企业价值（Agmon et al.，1977）。

最后，相较于非国际化经营企业，国际化经营企业的融资诉求更高，这就要求国际化经营企业有更好的资本市场表现来获得市场投资者的支持。从内部资本市场提供的资金量来看，国际化经营企业内部的多元化现金流为建立高效的内部资本市场提供了足够的资金量，这使得国际化经营企业能够获得更多可利用的资源，而且这种内部融资交易的成本低于外部资本市场的融资成本。从内部资本市场细分套利来看，国际化经营企业可以通过建立内部资本市场进行细分套利，以此降低国际化经营的融资成本。国际化经营企业具有内部化融资能力，可以在资本市场灵活地套利，即能够通过细分资本市场调节企业的债股比例，从而达到规避风险、增加税收抵免和降低破产风险的目的（韩忠雪等，2003）。从内部资本市场的不完全相关现金流来看，国际化经营企业降低了自身的财务风险，提供了稳定的现金流保证。国际化经营企业的收入流多样化，从而降低了国际债务融资成本（Mansi et al.，2002）。可见，国际化经营企业特有的稳定现金流状况，能够提高企业股票持有者的信心，在增强企业承担更高债务比例财务能力的同时，也提升了企业股票在证券市场的稳定性。

基于上述内容，本章提出待检验的研究假说：国际化环境与股价崩盘风险间存在显著的负相关关系，即相较于非国际化经营的创业板上市公司，国际化经营的创业板上市公司的股价崩盘风险更低。

10.2 实证研究设计

10.2.1 变量设计

（1）被解释变量。

参考已有文献设计的衡量股价崩盘风险的变量（*Crash*），本章分别以负收益偏态系数（*NCSKEW*）与收益波动比率（*DUVOL*）衡量创业板上市公司的股价崩盘风险，计算公式见式3.3和式3.4。计算所得变量*NCSKEW*与*DUVOL*的数值越大，则代表股价崩盘风险越大。

（2）解释变量。

国际化环境（*IO*）：本章以样本创业板上市公司进行国际化经营的行为衡量其国际化环境，针对企业国际化经营的测度方法很多，有的参照普通多元化测度方法，以赫芬达尔指数①、熵指数等衡量，考虑到大部分中国上市公司在通过财务报告披露商品销售区域时，披露得往往较为模糊，而且不同上市

① 赫芬达尔指数是测量产业集中度的综合指数。

公司对于销售区域的分类也不同。因此，本章利用虚拟变量衡量创业板上市公司的国际化经营行为，即若创业板上市公司定期财务报告披露的营业收入中包括境外营业收入，则 $IO=1$，否则 $IO=0$。

（3）控制变量。

参考已有文献，本章将周特有收益率均值（*AW*）、周特有收益率标准差（*SEW*）、资产收益率（*ROA*）、资产负债率（*Debt*）、资产总额（*Size*）、信息透明度（*DA*）、上市年度（*Age*）、行业变量（*Idu*）、年度变量（*Year*）作为控制变量，具体的变量度量方法与表 7－1 相同。

10.2.2 模型设计

根据前文提出的研究假说及所设计的变量构建相应的实证检验模型。为了检验国际化环境与股价崩盘风险之间的关系构建：

$$Crash_{t+1,i} = \begin{pmatrix} \alpha_1 IO_{t,i} + \alpha_2 AW_{t,i} + \alpha_3 SEW_{t,i} + \alpha_4 ROA_{t,i} + \alpha_5 Debt_{t,i} + \alpha_6 Size_{t,i} + \\ \alpha_7 DA_{t,i} + \alpha_8 Age_{t,i} + Idu + Year + C + \varepsilon_{t,i} \end{pmatrix} \tag{10.1}$$

式中，股价崩盘风险变量 *Crash* 分别以负收益偏态系数（*NCSKEW*）与收益波动比率（*DUVOL*）衡量，t 代表样本年度，i 代表样本公司，变量 α 为待估参数，C 为常数项，ε 为残差项。考虑到股价崩盘风险的反应通常具有滞后性，因此本章采用滞后一期的变量衡量创业板上市公司的股价崩盘风险。

10.2.3 样本选择与数据说明

本章以创业板上市公司为样本，在剔除 IPO 样本、特殊处理样本、年交易周数不足 30 周的样本、营业收入披露不规范的样本、缺失数据且无法补充的样本后，最终得到 2010—2014 年间的 1023 个创业板上市公司样本。本章的数据来源为锐思金融数据库与色诺芬经济金融数据库。

10.3 实证结果分析

10.3.1 描述性统计分析

表 10－1 给出了本章主要变量的全样本描述性统计结果。变量 *NCSKEW*

与 *DUVOL* 的均值分别为 -0.278 与 -0.239，这与前文测度的创业板上市公司股票崩盘风险无实质性差异，但不同创业板上市公司之间的股价崩盘风险差异较大。解释变量 *IO* 的均值为 0.689，表明创业板市场中，有近七成的创业板上市公司选择了国际化经营模式。控制变量的分布与已有文献的研究结论没有较大差异，均在合理范围内。

表 10-1　　主要变量的全样本描述性统计结果

变量	均值	中位数	标准差	5%	25%	75%	95%
NCSKEW	-0.278	-0.259	0.594	-1.290	-0.598	0.078	0.615
DUVOL	-0.239	-0.236	0.479	-0.960	-0.539	0.070	0.525
IO	0.689	1.000	0.463	0.000	0.000	1.000	1.000
AW	-0.001	-0.001	0.001	-0.003	-0.002	-0.001	0.000
SEW	0.050	0.048	0.016	0.028	0.039	0.059	0.077
ROA	0.054	0.052	0.045	0.004	0.028	0.078	0.120
Debt	0.235	0.203	0.151	0.050	0.100	0.318	0.528
Size	20.951	20.884	0.602	20.098	21.169	21.314	22.060
DA	0.055	0.040	0.055	0.003	0.018	0.072	0.158
Age	2.308	2.000	1.102	1.000	1.000	3.000	4.000

表 10-2 给出了按是否进行国际化经营分组后的描述性统计结果。在 *IO* =1 组中，无论变量 *NCSKEW* 还是变量 *DUVOL*，均值及中位数都明显小于 *IO* =0 组的，且 *t* 检验与 Wilcoxon *Z* 检验都能通过常规置信水平下的显著性检验，这表明，选择了国际化经营模式的创业板上市公司的股价崩盘风险明显降低了。描述性统计结果初步验证了本章的研究假说。

表 10-2　　按是否进行国际化经营分组后的描述性统计结果

变量	*IO* =0 组			*IO* =1 组			*t* 检验	Wilcoxon *Z* 检验
	样本量（个）	均值	中位数	样本量（个）	均值	中位数		
NCSKEW	318	-0.135	-0.173	705	-0.343	-0.296	5.244***	4.001***
DUVOL	318	-0.161	-0.178	705	-0.274	-0.265	3.519***	3.064***

注：***、** 和 * 分别表示在 1%、5% 和 10% 置信水平下通过显著性检验。

10.3.2 相关性分析

表 10－3 给出了本章主要变量的相关性检验结果。变量 *NCSKEW* 与变量 *DUVOL* 间的相关系数值为 0.761，这表明两个衡量创业板上市公司股价崩盘风险的变量间具有较强的一致性。变量 *IO* 与被解释变量 *NCSKEW* 及 *DUVOL* 间的相关系数值为负，且均可以通过常规置信水平下的显著性检验，这表明与非国际化经营的创业板上市公司相比，国际化经营的创业板上市公司的股价崩盘风险更低，初步验证了本章的研究假说。另外，变量间的相关系数值并不高，表明变量间不存在多重共线性问题。

表 10－3　　　　相关性检验结果

变量	*NCSKEW*	*DUVOL*	*IO*	*AW*	*SEW*	*ROA*	*Debt*	*Size*	*DA*	*Age*
NCSKEW	1.000									
DUVOL	0.761***	1.000								
IO	－0.162***	－0.109***	1.000							
AW	－0.013	－0.021	0.053*	1.000						
SEW	0.064**	0.079**	－0.114***	－0.771***	1.000					
ROA	0.086***	0.035	－0.034	0.025	0.006	1.000				
Debt	－0.046	－0.016	0.027	－0.053*	0.080**	－0.291***	1.000			
Size	0.099***	0.060*	0.030	0.094***	－0.085***	0.027	0.427***	1.000		
DA	－0.018	－0.010	－0.025	－0.046	0.085***	－0.049	0.277***	0.132***	1.000	
Age	0.018	－0.035	－0.031	－0.049*	0.063**	－0.079**	0.243***	0.298***	0.012	1.000

注：***、** 和 * 分别表示在 1%、5% 和 10% 置信水平下通过显著性检验。

10.3.3 回归检验结果

表 10－4 给出了国际化经营与创业板上市公司股价崩盘风险的回归检验结果。在回归结果（1）与回归结果（2）仅控制样本年度与样本行业时，变量 *IO* 的系数值分别为－0.208 与－0.113，即变量 *IO* 与被解释变量 *NCSKEW* 及 *DUVOL* 间均存在负相关关系，且均能够通过 1% 置信水平下的显著性检验。加入对其他影响股价崩盘风险因素的控制后，解释变量 *IO* 的系数值分别为－0.197 与－0.105，且均能够通过常规置信水平下的显著性检验，这表明与非国际化

经营的创业板上市公司相比，国际化经营的创业板上市公司的股价崩盘风险更低，这一结果验证了本章的研究假说。

在控制变量的检验结果中，变量 *AW*、*SEW*、*Size* 与被解释变量间表现为显著的正相关关系，变量 *Debt*、*DA* 与被解释变量间表现为显著的负相关关系，而变量 *ROA*、*Age* 与被解释变量间的关系没有全部通过常规置信水平下的显著性检验。

表 10－4　　　　　　　　　回归检验结果

变量	(1)	(2)	(3)	(4)
	NCSKEW	*DUVOL*	*NCSKEW*	*DUVOL*
IO	－0.208 *** (0.040)	－0.113 *** (0.032)	－0.197 *** (0.040)	－0.105 *** (0.032)
AW			34.507 *	34.878 *
SEW			4.545 **	4.628 ***
ROA			0.615	0.070
Debt			－0.354 **	－0.137 *
Size			0.148 ***	0.087 ***
DA			－0.220 *	－0.206 *
Age			－0.006	－0.028 *
Year	控制	控制	控制	控制
Idu	控制	控制	控制	控制
C	－0.135 ***	－0.161 ***	－3.325 ***	－2.073 ***
Adj R^2	0.025	0.011	0.047	0.023
F－statistics	27.496 ***	12.378 ***	6.566 ***	3.638 ***

注：***、** 和 * 分别表示在 1%、5% 和 10% 置信水平下通过显著性检验。

10.3.4　内生性检验

虽然本章以加入控制变量的方式控制了回归模型中的部分影响因素，但国际化经营与股价崩盘风险之间仍可能存在内生性问题。出现这种情况的原因可能是 CEO 为了个人职业发展选择国际化经营模式，这就可能形成国际化经营与股价崩盘风险间的虚假关系。因此，为了解决这一内生性问题，本章加入地区市场化进程、公司是否设置战略委员会的虚拟变量作为工具变量，以此进行内生性检验。

表 10-5 给出了内生性检验结果。变量 *IO* 依然与被解释变量间存在显著的负相关关系，即与非国际化经营的创业板上市公司相比，国际化经营的创业板上市公司的股价崩盘风险更低。

表 10-5　　　　内生性检验结果

变量	(1)	(2)
	NCSKEW	*DUVOL*
IO	-0.179 *** (0.040)	-0.094 *** (0.033)
AW	34.404	34.987 *
SEW	4.350 **	4.564 ***
ROA	0.740 *	0.168
Debt	-0.317 **	-0.113
Size	0.142 ***	0.082 ***
DA	-0.157 *	-0.158
Age	-0.004	-0.026 *
Year	控制	控制
Idu	控制	控制
C	-3.216	-1.991 ***
Adj R^2	0.043	0.019
F-statistics	5.874 ***	3.087 ***
J-statistics	0.017	0.164

注：***、** 和 * 分别表示在 1%、5% 和 10% 置信水平下通过显著性检验。

10.3.5　稳健性检验

为进一步确认前文所得结论的稳健性，本章进行相应的稳健性检验。首先，考虑到外部市场化环境对股价崩盘风险的影响可能并不是即期实现的，因此以股价崩盘风险变量 *Crash* 的当期变量为被解释变量进行回归检验；其次，以国际化经营的营业收入占营业总收入的比重衡量创业板上市公司的国际化经营程度，以此替换原先的国际化经营变量，再进行回归检验；最后，考虑到样本中包含直辖市的企业样本，这些样本所在地可能会比其他样本所在地的行政级别高使得它们面临的政治环境变化的影响有所差异，因此剔除所在地属北京、上海、天津、重庆的创业板上市公司样本后进行检验。从稳健性检验结果来看，虽然部分变量结果的显著性有所变化，但整体结果没有出现明显的差异，因此没有改变原有的研究结论，可以认为本章的实证结论是可靠的。

10.4 小结

国际化经营是近年来中国企业拓展经营市场、获得新的利润增长点的途径，尤其是伴随着国家“一带一路”等外向型经济战略的推进，中国企业进军国际市场已经成为一种“新常态”。在这种情况下，国际化经营企业必然会面临本国与对象国的双重制度约束。因此，本章以2010—2014年间的1023个创业板上市公司为样本，实证检验了国际化经营对股价崩盘风险的影响。研究发现，国际化经营与创业板上市公司的股价崩盘风险间存在显著的负相关关系，即与非国际化经营的创业板上市公司相比，国际化经营的创业板上市公司的股价崩盘风险更低。

国际化经营是当前中国企业发展的趋势。本章的经验证据表明，国际化经营方式，不仅能够为企业提供新的经济增长点，还会对企业在资本市场的表现产生良好的促进作用，这一结论不仅丰富了对股价崩盘风险的研究，也为市场投资者选择投资对象提供了良好借鉴。

11 国际化环境、创始人 CEO 与股价崩盘风险

在中国创业板上市公司中，创始人往往会兼任 CEO。当创始人兼任 CEO 时，虽然可能会因为控股股东与管理层目标函数的趋同导致出现“合谋”与监督成本较低的现象，但创始人 CEO 往往持有公司的大量股份，所以会主动将自身利益与其他股东，尤其是中小股东利益绑定在一起。这就为以中国创业板上市公司创始人 CEO 视角进行研究提供了独特的情境（许楠等，2016）。

因此，本章基于国际化经营产生的双重制度约束视角，加入对创业板上市公司创始人的考虑，研究创始人 CEO 是会为了维护自身利益而保证公司股价稳定，从而间接保护市场投资者利益，还是会因为监督成本较低而攫取个人私利，从而造成股价波动；创始人 CEO 是否会影响国际化经营与股价崩盘风险之间的关系。

与已有文献相比，本章的研究边际贡献在于：将创始人 CEO 特征引入研究框架，考虑创始人 CEO 既属于股东又属于管理层的双重身份，从而丰富了针对创业板上市公司管理层特征影响股价崩盘风险的相关研究。

11.1 制度背景与研究假说

11.1.1 创始人 CEO 与股价崩盘风险的研究假说

当企业创始人担任 CEO 时，他与其他创始人、其他股东、其他管理层成员之间的关系就变得更为微妙了。一方面，创始人 CEO 因持有公司股份（甚至是

较高的股份），会主动维护股东利益；另一方面，创始人 CEO 又因属于管理层成员，会降低股东对管理层的监管力度。因此，由创始人担任 CEO 的企业，可能会因为两权合一而出现股东与管理层间代理成本较低的情况，从而使股东利益得到来自管理层的足够保证，但也会因对管理层缺乏足够的监管（Demsetz et al.，1985），而使管理层可以“任意作为”，攫取个人私利。可见，创始人 CEO 具有股东与管理层的双重身份，导致其行为具有一定的特殊性。

创始人 CEO 身份的双重性，会使其决策产生差异，进而影响企业在股票市场的表现。首先，当创始人 CEO 视自身身份为股东时，会站在股东的立场上主动保护股东利益。一方面，创始人 CEO 会为了保护股东利益，对管理层其他成员的行为监管得更严格，此时企业依然属于两权分离的情况，代理成本较高，但相应的监管措施能够使股东利益得到保证。另一方面，创始人 CEO 属于管理层的一员，对管理层的行为更加清楚，不会主动做出不利于股东利益的行为。所以，创始人 CEO 会主动利用高质量的会计信息监督其他管理层成员，还会推动企业内的一系列非正式合约逐渐向正式合约过渡，以此降低合约执行过程中的成本，缓解两权分离产生的声誉损失（Alchian et al.，1972；Fan et al.，2002）。同时，当企业的股票价格在证券市场中发生剧烈波动时，创始人 CEO 自身的利益会受到严重损害，会主动维护企业股票价格的稳定，因而股价崩盘风险就会相对较低。

其次，若创始人 CEO 视自身身份为管理层成员时，会站在管理层的立场上保护管理层的利益。一方面，此时的企业内部不再是所有权与管理权两权分离，而是两权合一，创始人 CEO 会主动利用自己同时拥有的股东身份，降低其他股东对管理层成员的监管力度，以此提供一个可以谋求管理层私利的合理空间。例如，创始人 CEO 会主动操弄信息以获得适合自己获益的空间，许楠等（2016）指出，在由创始人担任 CEO 的企业中，会计信息质量往往较低。另一方面，当证券市场发生较大程度的波动使得创始人 CEO 所持股份利益受损时，创始人 CEO 可以利用 CEO 身份，通过管理层攫取私利弥补自身所持股份的利益损失，甚至创始人 CEO 还会在股价波动之前就通过减持获得足够收益。Li 和 Srinivasan（2011）指出，创始人 CEO 的薪酬业绩敏感度较低，这是因为其可以通过其他途径获得收益补偿，使得其他股东的利益受损，使得企业的股价波动幅度变大，股价崩盘风险也变大。

基于此，本章提出两个待检验的竞争性研究假说：

研究假说1a：创始人CEO与股价崩盘风险间存在显著的负相关关系，即相较于非创始人担任CEO的创业板上市公司，创始人担任CEO的创业板上市公司的股价崩盘风险更低。

研究假说1b：创始人CEO与股价崩盘风险间存在显著的正相关关系，即相较于非创始人担任CEO的创业板上市公司，创始人担任CEO的创业板上市公司的股价崩盘风险更高。

11.1.2 国际化环境、创始人CEO与股价崩盘风险的研究假说

既然创始人CEO会对股价崩盘风险产生双向影响，那么在创始人担任CEO和非创始人担任CEO的不同企业中，国际化环境对股价崩盘风险的影响程度也会存在差异。首先，若创始人CEO对股价崩盘风险的影响是负向的，那么企业国际化经营创造的国际化环境会进一步抑制股价崩盘风险。创始人CEO对股价崩盘风险产生负向影响的条件是CEO将自己视为股东的一员，以股东利益为一切行为的前提。一方面，创始人担任CEO时，对于企业是否进行国际化经营会做出更为谨慎的选择。一旦选择了国际化经营，就会努力通过国际化经营为企业争取更多利润，从而保障股东收益。也就是说，国际化经营策略的目标与创始人CEO的目标达成了一致，创始人CEO会通过国际化经营达到股东利益最大化的目标，也愿意接受来自不同制度环境的更为严格的外部治理与外部监管。另一方面，由于创始人CEO更重视股东利益，就会在研发、资本支出等方面投入更多，更加重视公司的长远利益而非个人的短期利益，会通过自己的努力工作使公司更加有利可图（Palia et al.，2008），创始人CEO的努力会通过证券市场表现出来，使企业具有更高的回报率，并得到市场投资者的认可。

其次，若创始人CEO对股价崩盘风险的影响是正向的，那么企业国际化经营产生的国际化环境对股价崩盘风险的影响会被削弱。创始人CEO对股价崩盘风险产生正向影响的条件是将自己视为管理层的一员，以管理层利益为一切行为的前提。一方面，创始人CEO会利用CEO身份攫取个人私利，损害国际化经营效益，损害市场投资者利益。另一方面，创始人CEO的特殊身份往往会使以市场效率为导向的绩效考核机制失灵，当创始人CEO的国际化经营决策无法达到理想效果时，会使其他股东以及市场投资者无法正确判断这

种失误源于外部因素还是创始人 CEO 的错误。创始人担任 CEO 时，往往会过度自信，当国际化经营效果不佳时，创始人 CEO 往往不会认为错在自己，其他股东一开始也更倾向于认为错误是由其他因素造成的，并不会认为创始人的能力与态度有问题（贺小刚等，2012）。但若国际化经营持续发生问题，其他股东及市场投资者就必然会将问题的矛头指向创始人 CEO，而当其他股东与市场投资者不再信任创始人 CEO 时，这种不信任就会在资本市场中集中爆发。在创业板上市公司中，企业创始人通常是多个人，但担任 CEO 的只有一个人，因此创始人 CEO 通过职位获得个人私利的行为很容易被其他创始人发现，而这进一步增加了企业的经营风险。

基于此，本章同样提出两个待检验的竞争性研究假说：

研究假说 2a：若创始人 CEO 对股价崩盘风险产生负向影响，则国际化环境对创业板上市公司股价崩盘风险的负向影响会增强。

研究假说 2b：若创始人 CEO 对股价崩盘风险产生正向影响，则国际化环境对创业板上市公司股价崩盘风险的负向影响会减弱。

图 11－1 表现出了创始人 CEO 在国际化环境与股价崩盘风险关系中产生的调节效应。

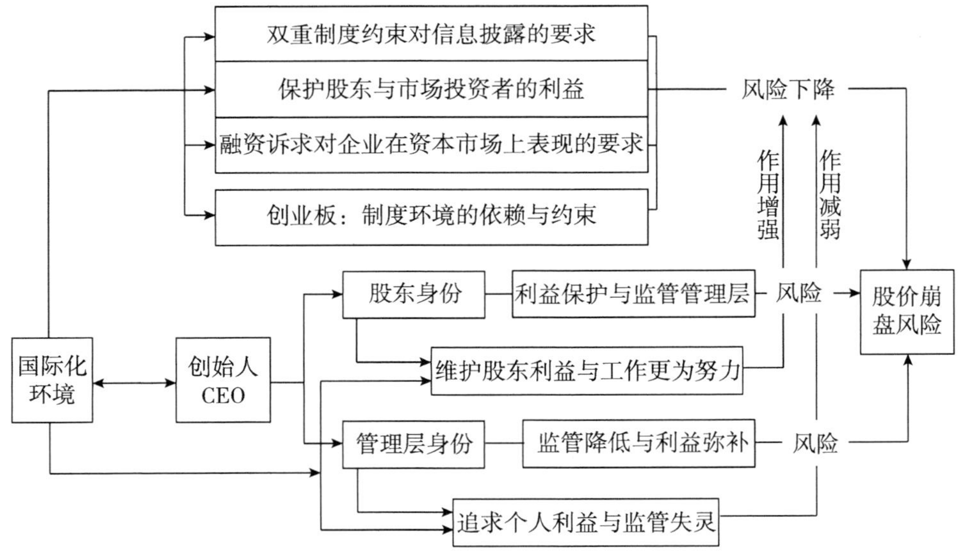

图 11－1　创始人 CEO 在国际化环境与股价崩盘风险关系中产生的调节效应

11.2 实证研究设计

11.2.1 变量设计

（1）被解释变量。

参考已有文献设计的衡量股价崩盘风险的变量（*Crash*），本章分别以负收益偏态系数（*NCSKEW*）与收益波动比率（*DUVOL*）衡量创业板上市公司的股价崩盘风险，计算公式见式3.3和式3.4。计算所得变量*NCSKEW*与*DUVOL*的数值越大，则代表股价崩盘风险越大。

（2）解释变量。

国际化环境（*IO*）：与前文相同，本章以创业板上市公司定期财务报告披露的营业收入中是否包括境外营业收入衡量国际化环境。

创始人CEO（*FCEO*）：以创业板上市公司创始人是否担任CEO的虚拟变量衡量，若创业板上市公司CEO为公司创始人，则$FCEO = 1$，否则$FCEO = 0$。

（3）控制变量。

参考已有文献，本章将周特有收益率均值（*AW*）、周特有收益率标准差（*SEW*）、资产收益率（*ROA*）、资产负债率（*Debt*）、资产总额（*Size*）、信息透明度（*DA*）、上市年度（*Age*）、行业变量（*Idu*）、年度变量（*Year*）作为控制变量，具体的变量度量方法如表7－1所示。

11.2.2 模型设计

根据前文提出的研究假说及所设计的变量，构建相应的实证检验模型。为了检验创始人CEO对股价崩盘风险的关系，构建：

$$Crash_{t+1,i} = \begin{pmatrix} \alpha_1 FCEO_{t,i} + \alpha_2 AW_{t,i} + \alpha_3 SEW_{t,i} + \alpha_4 ROA_{t,i} + \alpha_5 Debt_{t,i} + \\ \alpha_6 Size_{t,i} + \alpha_7 DA_{t,i} + \alpha_8 Age_{t,i} + Idu + Year + C + \varepsilon_{t,i} \end{pmatrix} \tag{11.1}$$

为了检验创始人CEO影响的调节效应，构建：

$$Crash_{t+1,i} = \begin{pmatrix} \alpha_1 FCEO_{t,i} + \alpha_2 IO_{t,i} + \alpha_3 (FCEO_{t,i} \times IO_{t,i}) + \alpha_4 AW_{t,i} + \alpha_5 SEW_{t,i} + \alpha_6 ROA_{t,i} + \\ \alpha_7 Debt_{t,i} + \alpha_8 Size_{t,i} + \alpha_9 DA_{t,i} + \alpha_{10} Age_{t,i} + Idu + Year + C + \varepsilon_{t,i} \end{pmatrix} \tag{11.2}$$

式中，股价崩盘风险变量 *Crash* 分别以负收益偏态系数（*NCSKEW*）与收益波动比率（*DUVOL*）衡量，t 代表样本年度，i 代表样本公司，α 为待估参数，C 为常数项，ε 为残差项。考虑到股价崩盘风险的反应通常具有滞后性，因此本章采用滞后一期的变量衡量创业板上市公司的股价崩盘风险。

11.2.3 样本选择与数据说明

本章以创业板上市公司为样本，在剔除 IPO 样本、特殊处理样本、年交易周数不足 30 周的样本、营业收入披露不规范的样本、缺失数据且无法补充的样本后，最终得到 2010—2014 年的 1023 个创业板上市公司样本。其中的创始人 CEO 数据利用搜索引擎进行手工查找，其他变量的数据来源为锐思金融数据库与色诺芬经济金融数据库。

11.3 实证结果分析

11.3.1 描述性统计分析

表 11 -1 给出了本章主要变量的描述性统计结果。变量 *NCSKEW* 与变量 *DUVOL* 的均值分别为 -0. 278 与 -0. 239，这与前文测度的创业板上市公司的股价崩盘风险并无实质性差异，但不同创业板上市公司之间的股价崩盘风险差异较大。解释变量 *IO* 的均值为 0. 689，表明创业板市场中，有不到七成的创业板上市公司选择了国际化经营的模式。解释变量 *FCEO* 的均值为 0. 410，表明在创业板市场中，有四成多的创业板上市公司以创始人为 CEO。控制变量的分布与已有文献的研究结论没有较大差异，均在合理范围内。

表 11 -1　　变量的描述性统计结果

变量	均值	中位数	标准差	5%	25%	75%	95%
NCSKEW	-0. 278	-0. 259	0. 594	-1. 290	-0. 598	0. 078	0. 615

续表

变量	均值	中位数	标准差	5%	25%	75%	95%
DUVOL	-0.239	-0.236	0.479	-0.960	-0.539	0.070	0.525
IO	0.689	1.000	0.463	0.000	0.000	1.000	1.000
FCEO	0.410	0.000	0.492	0.000	0.000	1.000	1.000
AW	-0.001	-0.001	0.001	-0.003	-0.002	-0.001	0.000
SEW	0.050	0.048	0.016	0.028	0.039	0.059	0.077
ROA	0.054	0.052	0.045	0.004	0.028	0.078	0.120
Debt	0.235	0.203	0.151	0.050	0.100	0.318	0.528
Size	20.951	20.884	0.602	20.098	21.169	21.314	22.060
DA	0.055	0.040	0.055	0.003	0.018	0.072	0.158
Age	2.308	2.000	1.102	1.000	1.000	3.000	4.000

11.3.2 相关性分析

表 11-2 给出了本章主要变量的相关性检验结果。变量 *FCEO* 与被解释变量 *NCSKEW* 及 *DUVOL* 间的相关系数值为负，均能通过常规置信水平下的显著性检验，这表明与非创始人担任 CEO 的创业板上市公司相比，创始人担任 CEO 的创业板上市公司的股价崩盘风险更低，初步验证了本章的研究假说 1a。另外，变量间的相关系数值并不高，表明变量间不存在多重共线性问题。

表 11-2　　　　相关性检验结果

变量	*NCSKEW*	*DUVOL*	*IO*	*FCEO*	*AW*	*SEW*	*ROA*	*Debt*	*Size*	*DA*	*Age*
NCSKEW	1.000										
DUVOL	0.761***	1.000									
IO	-0.162***	-0.109***	1.000								
FCEO	-0.040*	-0.001*	0.046	1.000							
AW	-0.013	-0.021	0.053*	-0.036	1.000						
SEW	0.064**	0.079**	-0.114***	0.059*	-0.771***	1.000					
ROA	0.086***	0.035	-0.034	0.032	0.025	0.006	1.000				
Debt	-0.046	-0.016	0.027	-0.049	-0.053*	0.080**	-0.291***	1.000			
Size	0.099***	0.060*	0.030	0.062**	0.094***	-0.085***	0.027	0.427***	1.000		
DA	-0.018	-0.010	-0.025	0.039	-0.046	0.085***	-0.049	0.277***	0.132***	1.000	
Age	0.018	-0.035	-0.031	-0.054*	-0.049*	0.063**	-0.079**	0.243***	0.298***	0.012	1.000

注：***、** 和 * 分别表示在 1%、5% 和 10% 置信水平下通过显著性检验。

11.3.3 回归检验结果

表 11－3 给出了国际化环境、创始人 CEO 与创业板上市公司股价崩盘风险的回归检验结果。在回归结果（1）与回归结果（2）中，解释变量 *IO* 的系数值分别为 －0.197 与 －0.105，且均能够通过常规置信水平下的显著性检验，这表明与非国际化经营的创业板上市公司相比，国际化经营的创业板上市公司的股价崩盘风险更低，这一结果与前文一致。在回归结果（3）与回归结果（4）中，解释变量 *FCEO* 的系数值分别为 －0.244 与 －0.198，也均能够通过常规置信水平下的显著性检验，这表明与非创始人担任 CEO 的创业板上市公司相比，创始人担任 CEO 的创业板上市公司的股价崩盘风险更低，这一结果验证了本章的研究假说 1a。考虑了创始人 CEO 的调节效应后，在回归结果（5）与回归结果（6）中，变量 *IO* 的系数值依然为负，且均能够通过常规置信水平下的显著性检验，分别与回归结果（1）和回归结果（2）相比，变量 *IO* 的系数值的绝对值变大了，这表明在考虑创业板上市公司创始人 CEO 的影响后，国际化环境对股价崩盘风险的抑制作用更大了，即在创始人担任 CEO 的创业板上市公司中，国际化经营行为产生了更明显的治理效应，使创业板上市公司的股价崩盘风险更低了，或者说创始人担任 CEO 且国际化经营的创业板上市公司的股价崩盘风险更低，这一结果验证了本章的研究假说 2a。

在控制变量的检验结果中，变量 *AW*、*SEW*、*Size* 与被解释变量间存在显著的正相关关系，变量 *Debt*、*DA* 与被解释变量间存在显著的负相关关系，而变量 *ROA*、*Age* 与被解释变量间的关系没有全部通过常规置信水平下的显著性检验。

表 11－3　　回归检验结果

变量	（1）	（2）	（3）	（4）	（5）	（6）
	NCSKEW	*DUVOL*	*NCSKEW*	*DUVOL*	*NCSKEW*	*DUVOL*
IO	－0.197***	－0.105***			－0.237***	－0.119***
	（0.040）	（0.032）			（0.052）	（0.043）
FCEO			－0.244**	－0.198**	－0.477**	－0.445**
			（0.038）	（0.031）	（0.066）	（0.054）
IO × *FCEO*					0.095*	0.031**
					（0.078）	（0.006）

续表

变量	(1)	(2)	(3)	(4)	(5)	(6)
	NCSKEW	*DUVOL*	*NCSKEW*	*DUVOL*	*NCSKEW*	*DUVOL*
AW	34. 507 *	34. 878 *	41. 176 *	38. 620 *	35. 687 *	35. 394 *
SEW	4. 545 **	4. 628 ***	5. 503 ***	5. 230 ***	4. 592 **	4. 720 ***
ROA	0. 615	0. 070	0. 668	0. 096	0. 594	0. 061
Debt	-0. 354 **	-0. 137 *	-0. 368 **	-0. 155 *	-0. 348 **	-0. 145 *
Size	0. 148 ***	0. 087 ***	0. 142 ***	0. 087 ***	0. 146 ***	0. 089 ***
DA	-0. 220 *	-0. 206 *	-0. 184 *	-0. 174 *	-0. 255 *	-0. 206 *
Age	-0. 006	-0. 028 *	-0. 002	-0. 027 *	-0. 006	-0. 029
Year	控制	控制	控制	控制	控制	控制
Idu	控制	控制	控制	控制	控制	控制
C	-3. 325 ***	-2. 073 ***	-3. 391 ***	-2. 169 ***	-3. 272 ***	-2. 110 ***
Adj R^2	0. 047	0. 023	0. 024	0. 013	0. 046	0. 022
F - statistics	6. 566 ***	3. 638 ***	3. 777 ***	2. 497 ***	5. 518 ***	3. 048 ***

注：***、** 和 * 分别表示在 1%、5% 和 10% 置信水平下通过显著性检验，括号内为系数值的标准误差值。

11.3.4 内生性检验

虽然本章以加入控制变量的方式控制了回归模型中的部分影响因素，但国际化经营与股价崩盘风险间仍可能存在内生性问题。可能的情况是 CEO 为了个人的职业发展选择国际化经营，这可能形成国际化经营与股价崩盘风险间的虚假关系，以及创始人 CEO 的虚假调节效应。为了解决这一内生性问题，本章加入地区市场化进程、公司是否设置战略委员会的虚拟变量作为工具变量进行内生性检验。

表 11 -4 给出了本章变量的内生性检验结果。变量 *IO* 与被解释变量间依然存在显著的负相关关系，即与非国际化经营的创业板上市公司相比，国际化经营的创业板上市公司的股价崩盘风险更低，而且考虑创始人 CEO 的影响后，国际化经营对创业板上市公司股价崩盘风险的抑制作用明显更大了。

表 11－4　内生性检验结果

变量	(1)	(2)	(3)	(4)
	NCSKEW	*DUVOL*	*NCSKEW*	*DUVOL*
IO	－0.179*** (0.040)	－0.094*** (0.033)	－0.211*** (0.053)	－0.097*** (0.044)
FCEO			－0.494** (0.067)	－0.366** (0.055)
IO×*FCEO*			0.743** (0.080)	0.052* (0.007)
AW	34.404	34.987*	35.369	35.214*
SEW	4.350**	4.564***	4.413**	4.663***
ROA	0.740*	0.168	0.725*	0.165
Debt	－0.317**	－0.113	－0.316**	－0.123
Size	0.142***	0.082***	0.142***	0.086***
DA	－0.157*	－0.158	－0.181*	－0.149*
Age	－0.004	－0.026*	－0.004	－0.027*
Year	控制	控制	控制	控制
Idu	控制	控制	控制	控制
C	－3.216	－1.991***	－3.200***	－2.053***
Adj R^2	0.043	0.019	0.042	0.018
F－statistics	5.874***	3.087***	4.878***	2.626***
J－statistics	0.017	0.164	0.027	0.184

注：***、**和*分别表示在1%、5%和10%置信水平下通过显著性检验，括号内为系数值的标准误差值。

11.3.5　稳健性检验

为进一步确认前文所得结论的稳健性，本章进行相应的稳健性检验。具体的检验方法与步骤同第10章。从稳健性检验的结果来看，虽然部分变量结果的显著性有所变化，但整体结果没有出现明显的差异，没有改变原有的研究结论，可以认为本章的实证结论是可靠的。

11.4　小结

国际化环境是企业在经营过程中进一步拓宽业务空间，在不同国家或地区进行产品销售时所处的环境。近年来，中国企业“走出去”利用海外市场进行经营、投资的行为越来越多，这一方面得益于国内经营市场稳定的利润支持，另一方面源于国家对外开放政策的红利。与非国际化经营企业相比，一方面，国际化经营企业具有更广的利润来源和更多的盈利机会，能够更大程度地满足市场投资者的需要；另一方面，国际化经营企业面对来自本国与对象国的双重制度约束和外部治理。

本章以2010—2014年的1023个创业板上市公司为样本，实证检验了国际化环境对股价崩盘风险的影响，以及创始人CEO产生的调节效应。研究发现，国际化经营与创业板上市公司股价崩盘风险间存在显著的负相关关系，即与非国际化经营的创业板上市公司相比，国际化经营的创业板上市公司的股价崩盘风险更低；创始人CEO与创业板上市公司的股价崩盘风险间也存在显著的负相关关系，即与非创始人担任CEO的创业板上市公司相比，创始人担任CEO的创业板上市公司的股价崩盘风险更低；考虑创始人CEO的调节效应后发现，国际化环境对创业板上市公司股价崩盘风险的负向影响更大了，即创始人担任CEO且处于国际化环境中的创业板上市公司的股价崩盘风险更低。

从已有文献的研究结论来看，管理层行为依然是影响股价崩盘风险的重要原因，因此基于管理层视角对股价崩盘风险进行研究是必要的。本章的经验证据表明，CEO的创始人身份特征能对股价崩盘风险产生影响。然而，已有文献没有研究，CEO的其他特征会对股价崩盘风险产生什么影响。尤其是在类似创业板上市公司的民营企业中，CEO具有更大的发言权，董事会对CEO的人选具有一定的自主权，这些是已有文献还没有关注的，是值得进一步研究的问题。

12 国际化环境、CEO 海外经历与股价崩盘风险

改革开放四十多年来造就了一大批私人企业的成功，很多创业板上市公司就是在这一时期应运而生的。由于创业板上市公司具有高科技属性，所以很多创业板上市公司的 CEO 具有海外留学、海外进修或海外工作经历（简称海外经历），这种经历使得这些 CEO 对本行业专业知识的了解比较深，对行业前沿动态也能及时跟进与掌握①。同时，很多创业板上市公司具有家族性质，这些家族性企业造就了一大批创业板的“富二代”，这些年轻的企业管理者，大多有海外求学经历。可见，在创业板上市公司中，CEO 具备海外经历是“常态”。

CEO 海外经历能给企业带来什么？Song 等（2003）明确指出，海归高管带来了先进的技术，助力新兴经济体的进步。张信东和吴静（2016）也指出，海归高管显著地促进了企业技术创新投入和产出，有效地提升了企业技术创新效率。许家云（2017）指出，有海外经历的 CEO，不仅显著地增加了企业创新决策数量，也显著地提高了企业创新强度，而且这种正向影响具有持续性。代昀昊和孔东民（2017）指出，高管具有海归经历的企业，投资效率更高。文雯和宋建波（2017）也指出，高管海外经历会明显地提升企业社会责任履行程度。可见，CEO 海外经历能够明显地促进企业良性发展。

---

① 2017 年 9 月 7 日《每日经济新闻》报道，截至 2017 年 8 月 30 日，674 家创业板上市公司中有 77 位董事长具有海外留学或工作经历，其中大多在 1980—1990 年赴欧美攻读理工专业。

本章在前文提供的国际化经营对创业板上市公司股价崩盘风险产生抑制作用的经验证据基础上，进一步研究：与没有海外经历的 CEO 相比，具有海外经历的 CEO 会通过什么机制影响股价崩盘风险；CEO 的海外经历会在国际化经营与股价崩盘风险关系中产生什么作用。

与已有文献相比，本章的边际贡献在于：本章首次讨论了 CEO 海外经历对股价崩盘风险的影响；本章将 CEO 的海外经历特征引入研究框架，考虑 CEO 海外经历对国际化经营与股价崩盘风险的调节效应。

12.1 制度背景与研究假说

12.1.1 CEO 海外经历与股价崩盘风险的研究假说

海外经历作为人力资本的一种具体表现形式，通常被认为是具有良好教育背景或专业知识技能的重要标志（代昀昊等，2017）。王辉耀和刘国福（2012）指出，有 36.1% 的海归人员具有研究生学历，其中 35.5% 取得了博士学位。这就表明，海外经历是企业 CEO 进一步获得知识提升与技能提升的重要方式。海外经历，一方面能帮助 CEO 与世界接轨，尤其是提升 CEO 对专业领域前沿问题的熟悉度，另一方面也能丰富 CEO 阅历，提升 CEO 管理企业的能力。因此，Dai 和 Liu（2009）研究表明，CEO 拥有海外经历的上市公司，业绩会表现得更好，这是因为不同 CEO 在专业知识与管理导向方面存在差异。Giannetti 等（2015）也表明，有海外经历的高管会改善公司治理结构，从而提升公司业绩。由此可见，CEO 海外经历对微观企业经营产生积极影响。

CEO 海外经历会对股价崩盘风险产生影响。首先，海外经历促使 CEO 更加谨慎地对待信息披露。CEO 海外经历使其具有国际性视野，这种国际性视野会促使 CEO 在处理公司事务时更谨慎。一方面，通常而言，国外成熟资本市场的监管较严，这就使得有海外经历的 CEO 能够养成良好的自我监管习惯，即有海外经历的 CEO 不会轻易操弄公司信息，因为这些 CEO 对操弄信息的后果有较清醒的认识。另一方面，相较于并未成熟的中国资本市场，国外资本市场具有先行优势，而且发展程度较高，因此具有海外经历的 CEO 可以吸取海外资本市场与海外上市公司的经验，更好地认识到什么情况会对企业产生不良影响，不会盲目地操弄信息，破坏公司股价的稳定性。

其次，海外经历促使 CEO 更专业、更理性。一方面，海外经历使得 CEO 更容易获得行业前沿动态，有利于建立更宽广的业务网络，这就可以促使企业实施更有效的发展决策（Filatotchev et al.，2009）；另一方面，海外经历丰富了 CEO 的阅历，提升了 CEO 的理性程度，使 CEO 减少盲目自信、过度投资，从而改善了公司的整体治理水平（Giannetti et al.，2015）。因此，在 CEO 具有海外经历的上市公司中，由于 CEO 具有良好的发展思路，公司具有完善的治理体系，因此能够提升整体业绩水平，从而也就可以使市场投资者获得相对稳定的收益。

最后，海外经历会增强 CEO 履行社会责任的信念。一方面，海外经历使得 CEO 更加认同企业社会责任履行理念与思维。相较于国内企业，国外企业对于履行社会责任重视得更早，企业履行社会责任也更为成熟与规范，这会使有海外经历的 CEO 更好地认识到履行社会责任的重要性。另一方面，海外经历也使 CEO 更加了解履行社会责任的实践经验。由于监管框架、商业环境和消费者群体对于企业履行社会责任的激励不足，所以中国企业缺乏履行社会责任的丰富实践经验（Yin et al.，2012），有海外经历的 CEO 更加熟悉海外企业履行社会责任的模式，并可以将这些运用到国内企业的实践中。Kim 等（2014）、宋献中等（2017）的研究发现，履行社会责任可以明显地降低股价崩盘风险。

基于此，本章提出待检验的研究假说 1：CEO 海外经历与股价崩盘风险间存在显著的负相关关系，即相较于 CEO 没有海外经历的创业板上市公司，CEO 有海外经历的创业板上市公司的股价崩盘风险更低。

12.1.2 国际化环境、CEO 海外经历与股价崩盘风险的研究假说

与创始人 CEO 对股价崩盘风险产生的双向影响不同，CEO 海外经历对股价崩盘风险的影响是单一的。因此，CEO 海外经历在国际化环境与股价崩盘风险间产生的影响也同样是单一的。

首先，在双重制度约束下，有海外经历的 CEO 对信息披露的认知程度更高，披露信息时也更为严格。有海外经历的 CEO，十分清楚操弄信息的严重后果，加之国际化经营的企业更为重视信息披露，需要通过信息披露产生广告效应来占领更多的市场份额。所以，具有海外经历的 CEO 不会盲目操弄信息，而是会及时、全面、准确地披露信息，以此满足经营市场需求者与资本市场投资者的需要。

其次，由于国际化经营的企业能够更好地保护股东与普通市场投资者的利益，而具有海外经历的 CEO 会认识到投资者保护的重要性。相较于国外成熟的资本市场，国内资本市场对投资者的保护较弱，有海外经历的 CEO 就会通过对海外资本市场的学习，将了解到的如何保护股东及投资者利益的知识运用到自己的企业中，从而就能够更好地保护投资者利益。

最后，国际化经营的企业本身具有更高的融资诉求，具有海外经历的 CEO 就可能会利用自己广阔的人脉关系，获得更多融资渠道，以满足国际化经营对资金的需要。甚至有海外经历的 CEO 还可以利用自己的海外资源进行融资，给企业引入外资股东，这种外资股份的引入可以明显地降低企业的股价崩盘风险（吴德军，2015）。

对制度环境的依赖与来自制度环境的约束会使创业板上市公司在国际化经营时更为谨慎。许多创业板上市公司的 CEO 有海外经历，这就使他们能够更好地对外部制度环境进行判断与选择，从而更好地发挥制度环境产生的外部治理作用，使企业获得稳定的证券市场表现。

基于此，本章提出待检验的研究假说 2：CEO 海外经历在国际化经营与股价崩盘风险间产生调节效应，即若 CEO 具有海外经历，则国际化经营对创业板上市公司股价崩盘风险的负面影响会变大。

图 12－1 显示了 CEO 海外经历对国际化经营与股价崩盘风险关系的调节效应。

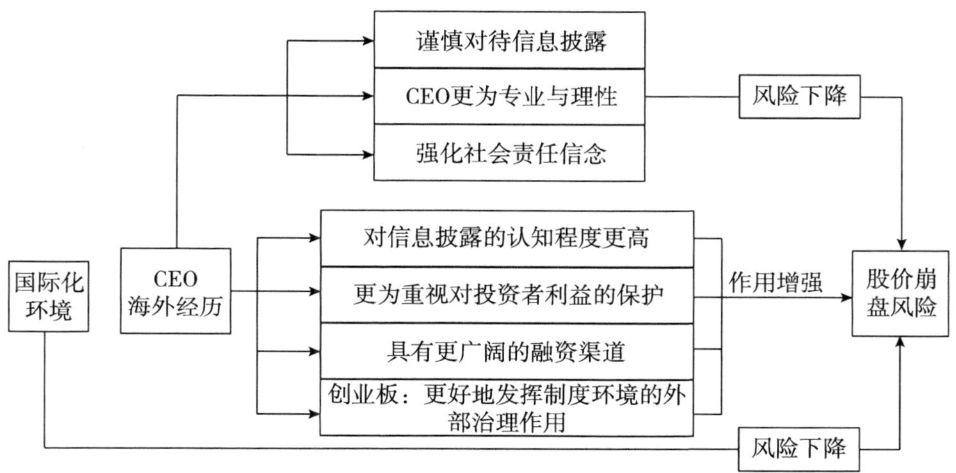

图 12－1　CEO 海外经历对国际化经营与股价崩盘风险关系的调节效应

12.2 实证研究设计

12.2.1 变量设计

（1）被解释变量。

参考已有文献设计的衡量股价崩盘风险的变量（*Crash*），本章分别以负收益偏态系数（*NCSKEW*）与收益波动比率（*DUVOL*）衡量创业板上市公司的股价崩盘风险，计算公式见式3.3和式3.4。计算所得变量*NCSKEW*与*DUVOL*的数值越大，则代表股价崩盘风险越大。

（2）解释变量。

国际化环境（*IO*）：与前文相同，本章以创业板上市公司定期财务报告披露的营业收入中是否包括境外营业收入衡量国际化环境。

CEO海外经历（*OCEO*）：以创业板上市公司CEO是否具有海外经历的虚拟变量衡量，其中，海外经历包括海外学习经历、海外进修经历及海外工作经历，即若创业板上市公司CEO有海外经历，则$OCEO=1$，否则$OCEO=0$。

（3）控制变量。

参考已有文献，本章将周特有收益率均值（*AW*）、周特有收益率标准差（*SEW*）、资产收益率（*ROA*）、资产负债率（*Debt*）、资产总额（*Size*）、信息透明度（*DA*）、上市年度（*Age*）、行业变量（*Idu*）、年度变量（*Year*）作为控制变量，具体的变量度量方法如表7－1所示。

12.2.2 模型设计

根据前文提出的研究假说及所设计的变量，构建相应的实证检验模型。为了检验CEO海外经历与股价崩盘风险的关系，构建：

$$Crash_{t+1,i}=\begin{pmatrix}\alpha_1 OCEO_{t,i}+\alpha_2 AW_{t,i}+\alpha_3 SEW_{t,i}+\alpha_4 ROA_{t,i}+\alpha_5 Debt_{t,i}+\\ \alpha_6 Size_{t,i}+\alpha_7 DA_{t,i}+\alpha_8 Age_{t,i}+Idu+Year+C+\varepsilon_{t,i}\end{pmatrix} \tag{12.1}$$

为了检验CEO海外经历影响的调节效应，构建：

$$Crash_{t+1,i} = \begin{pmatrix} \alpha_1 OCEO_{t,i} + \alpha_2 IO_{t,i} + \alpha_3 (OCEO_{t,i} \times IO_{t,i}) + \alpha_4 AW_{t,i} + \alpha_5 SEW_{t,i} + \alpha_6 ROA_{t,i} \\ + \alpha_7 Debt_{t,i} + \alpha_8 Size_{t,i} + \alpha_9 DA_{t,i} + \alpha_{10} Age_{t,i} + Idu + Year + C + \varepsilon_{t,i} \end{pmatrix} \tag{12.2}$$

式中，股价崩盘风险变量 *Crash* 分别以负收益偏态系数（*NCSKEW*）与收益波动比率（*DUVOL*）衡量，t 代表样本年度，i 代表样本公司，α 为待估参数，C 为常数项，ε 为残差项。考虑到股价崩盘风险的反应通常具有滞后性，因此本章采用滞后一期的变量衡量创业板上市公司的股价崩盘风险。

12.2.3 样本选择与数据说明

本章以创业板上市公司为样本，在剔除 IPO 样本、特殊处理样本、年交易周数不足 30 周的样本、营业收入披露不规范的样本、缺失数据且无法补充的样本后，最终得到 2010—2014 年的 1023 个创业板上市公司样本。其中，CEO 海外经历的数据利用搜索引擎查找，其他变量的数据来源为锐思金融数据库与色诺芬经济金融数据库。

12.3 实证结果分析

12.3.1 描述性统计分析

表 12 - 1 给出了本章主要变量的描述性统计结果。变量 *NCSKEW* 与变量 *DUVOL* 的均值分别为 -0. 278 与 -0. 239，这与前文测度的创业板上市公司的股票崩盘风险无实质性差异，但不同创业板上市公司之间的股价崩盘风险差异较大。解释变量 *IO* 的均值为 0. 689，表明创业板市场中，有不到七成的创业板上市公司选择了国际化经营模式；解释变量 *OCEO* 的均值为 0. 134，这表明样本中有 13. 4% 的创业板上市公司的 CEO 具有海外经历，创业板上市公司 CEO 有海外经历的比例相对较高。控制变量的分布与已有文献的研究结论没有较大差异，均在合理范围内。

表 12 -1　　变量的描述性统计结果

变量	均值	中位数	标准差	5%	25%	75%	95%
NCSKEW	-0. 278	-0. 259	0. 594	-1. 290	-0. 598	0. 078	0. 615
DUVOL	-0. 239	-0. 236	0. 479	-0. 960	-0. 539	0. 070	0. 525
IO	0. 689	1. 000	0. 463	0. 000	0. 000	1. 000	1. 000
OCEO	0. 134	0. 000	0. 341	0. 000	0. 000	0. 000	1. 000
AW	-0. 001	-0. 001	0. 001	-0. 003	-0. 002	-0. 001	0. 000
SEW	0. 050	0. 048	0. 016	0. 028	0. 039	0. 059	0. 077
ROA	0. 054	0. 052	0. 045	0. 004	0. 028	0. 078	0. 120
Debt	0. 235	0. 203	0. 151	0. 050	0. 100	0. 318	0. 528
Size	20. 951	20. 884	0. 602	20. 098	21. 169	21. 314	22. 060
DA	0. 055	0. 040	0. 055	0. 003	0. 018	0. 072	0. 158
Age	2. 308	2. 000	1. 102	1. 000	1. 000	3. 000	4. 000

12. 3. 2　相关性分析

表 12 -2 给出了本章主要变量的相关性检验结果。变量 *OCEO* 与被解释变量间存在负相关关系，且均能够通过常规置信水平下的显著性检验，这表明 CEO 海外经历与股价崩盘风险间存在负相关关系，初步验证了本章的研究假说 1。另外，变量间的相关系数值并不高，表明变量间不存在多重共线性问题。

表 12 -2　　相关性检验结果

变量	*NCSKEW*	*DUVOL*	*IO*	*OCEO*	*AW*	*SEW*	*ROA*	*Debt*	*Size*	*DA*	*Age*
NCSKEW	1. 000										
DUVOL	0. 761***	1. 000									
IO	-0. 162***	-0. 109***	1. 000								
OCEO	-0. 006*	-0. 011*	0. 084***	1. 000							
AW	-0. 013	-0. 021	0. 053*	-0. 028	1. 000						
SEW	0. 064**	0. 079**	-0. 114***	0. 023	-0. 771***	1. 000					
ROA	0. 086***	0. 035	-0. 034	0. 011	0. 025	0. 006	1. 000				
Debt	-0. 046	-0. 016	0. 027	-0. 101***	-0. 053*	0. 080**	-0. 291***	1. 000			
Size	0. 099***	0. 060*	0. 030	-0. 062**	0. 094***	-0. 085***	0. 027	0. 427***	1. 000		
DA	-0. 018	-0. 010	-0. 025	-0. 015	-0. 046	0. 085***	-0. 049	0. 277***	0. 132***	1. 000	
Age	0. 018	-0. 035	-0. 031	-0. 060*	-0. 049*	0. 063**	-0. 079**	0. 243***	0. 298***	0. 012	1. 000

注：***、** 和 * 分别表示在 1%、5% 和 10% 置信水平下通过显著性检验。

12.3.3 回归检验结果

表12-3给出了国际化经营、CEO海外经历与创业板上市公司股价崩盘风险的回归检验结果。在回归结果（1）与回归结果（2）中，解释变量*IO*的系数值分别为-0.197与-0.105，且均能够通过常规置信水平下的显著性检验，这表明与非国际化经营的创业板上市公司相比，国际化经营的创业板上市公司的股价崩盘风险更低，这一结果与前文的一致。在回归结果（3）与回归结果（4）中，变量*OCEO*的系数值分别为-0.165与-0.100，且均能通过常规置信水平下的显著性检验，这表明与CEO没有海外经历的创业板上市公司相比，CEO有海外经历的创业板上市公司的股价崩盘风险更低，这一结果验证了本章的研究假说1。在回归结果（5）与回归结果（6）中，变量*OCEO*的系数值依然为负，且系数值的绝对值明显比回归结果（3）与回归结果（4）的系数值的绝对值更高了，这表明在考虑CEO的海外经历后，国际化经营对股价崩盘风险的负面影响更大了，这一结果验证了本章的研究假说2。

在控制变量的检验结果中，变量*AW*、*SEW*、*Size*与被解释变量间存在显著的正相关关系，变量*Debt*、*DA*与被解释变量间存在显著的负相关关系，而变量*ROA*、*Age*与被解释变量间的关系没有全部通过常规置信水平下的显著性检验。

表12-3　　回归检验结果

变量	(1)	(2)	(3)	(4)	(5)	(6)
	NCSKEW	*DUVOL*	*NCSKEW*	*DUVOL*	*NCSKEW*	*DUVOL*
IO	-0.197*** (0.040)	-0.105*** (0.032)			-0.266*** (0.042)	-0.186*** (0.034)
OCEO			-0.165* (0.054)	-0.100* (0.044)	-0.241** (0.114)	-0.171* (0.093)
IO×*OCEO*					0.299** (0.129)	0.190* (0.105)
AW	34.507*	34.878*	41.228*	38.559*	34.742*	35.093*
SEW	4.545**	4.628***	5.578***	5.169***	4.452**	4.555***
ROA	0.615	0.070	0.664	0.099	0.562	0.039
Debt	-0.354**	-0.137*	-0.380**	-0.146*	-0.355**	-0.133*

续表

变量	(1)	(2)	(3)	(4)	(5)	(6)
	NCSKEW	*DUVOL*	*NCSKEW*	*DUVOL*	*NCSKEW*	*DUVOL*
Size	0.148***	0.087***	0.144***	0.085***	0.149***	0.088***
DA	-0.220*	-0.206*	-0.173*	-0.183*	-0.177*	-0.181*
Age	-0.006	-0.028*	-0.003	-0.026*	-0.005	-0.027*
Year	控制	控制	控制	控制	控制	控制
Idu	控制	控制	控制	控制	控制	控制
C	-3.325***	-2.073***	-3.431***	-2.135***	-3.377***	-2.111***
Adj R^2	0.047	0.023	0.024	0.013	0.050	0.024
F-statistics	6.566***	3.638***	3.740***	2.455***	5.884***	3.303***

注：***、**和*分别表示在1%、5%和10%置信水平下通过显著性检验，括号内为系数值的标准误差值。

12.3.4 内生性检验

与前文一致，虽然本章以加入控制变量的方式控制了回归模型中的部分影响因素，但国际化经营与股价崩盘风险之间仍可能存在内生性问题。可能的情况是CEO为了个人的职业发展而选择国际化经营模式，这就可能形成国际化经营与股价崩盘风险间的虚假关系，以及CEO海外经历产生的虚假调节效应。因此，为了解决这一内生性问题，本章加入地区市场化进程、公司是否设置战略委员会的虚拟变量作为工具变量进行内生性检验。

表12-4给出了本章变量的内生性检验结果。变量*IO*与被解释变量间依然存在显著的负相关关系，即与非国际化经营的创业板上市公司相比，国际化经营的创业板上市公司的股价崩盘风险更低，考虑CEO海外经历的影响后，国际化经营对创业板上市公司股价崩盘风险的抑制作用明显更大了。

表12-4　　内生性检验结果

变量	(1)	(2)	(3)	(4)
	NCSKEW	*DUVOL*	*NCSKEW*	*DUVOL*
IO	-0.179*** (0.040)	-0.094*** (0.033)	-0.253*** (0.042)	-0.178** (0.035)
FCEO			-0.196* (0.116)	-0.143* (0.096)

续表

变量	(1)	(2)	(3)	(4)
	NCSKEW	*DUVOL*	*NCSKEW*	*DUVOL*
IO × FCEO			0. 249 * (0. 131)	0. 162 * (0. 109)
AW	34. 404	34. 987 *	34. 618 *	35. 176 *
SEW	4. 350 **	4. 564 ***	4. 283 **	4. 506 ***
ROA	0. 740 *	0. 168	0. 695 *	0. 142
Debt	−0. 317 **	−0. 113	−0. 319 **	−0. 111
Size	0. 142 ***	0. 082 ***	0. 144 ***	0. 083 ***
DA	−0. 157 *	−0. 158	−0. 127 *	−0. 140 *
Age	−0. 004	−0. 026 *	−0. 003	−0. 025 *
Year	控制	控制	控制	控制
Idu	控制	控制	控制	控制
C	−3. 216	−1. 991 ***	−3. 269 ***	−2. 028 ***
Adj R^2	0. 043	0. 019	0. 044	0. 019
F − statistics	5. 874 ***	3. 087 ***	5. 144 ***	2. 738 ***
J − statistics	0. 017	0. 164	0. 018	0. 149

注：***、** 和 * 分别表示在 1%、5% 和 10% 置信水平下通过显著性检验，括号内为系数值的标准误差值。

12. 3. 5　稳健性检验

为进一步确认前文所得结论的稳健性，本章进行相应的稳健性检验。具体的检验方法与步骤同第 10 章。从稳健性检验结果来看，虽然部分变量结果的显著性有所变化，但整体结果没有出现明显的差异，没有改变原有的研究结论，因此可以认为本章的实证结论是可靠的。

12. 4　小结

近年来，很多创业板上市公司依托国家宏观经济政策，主动扩展海外市场，加之很多创业板上市公司的管理层具有国际化背景，这促进了创业板上市公司的国际化趋势。本章以 2010—2014 年间的 1023 个创业板上市公司为样本，实证检验了国际化经营、CEO 海外经历与股价崩盘风险间的关系。研究发现，国际化经营与创业板上市公司的股价崩盘风险间存在显著的负相关关系；CEO 海外经历也与创业板上市公司的股价崩盘风险间存在显著的负相关关系，即与 CEO 没有海外经历的创业板上市公司相比，CEO 有海外经历的创业板上市公司的股价崩盘风险更低；考虑 CEO 海外经历的影响后，国际化经营对股价崩盘风险的负面影响更大了。

对创业板上市公司而言，CEO 海外经历明显地影响到了股价崩盘风险，本章的经验证据表明，CEO 是否为公司创始人及 CEO 是否具有海外经历都能够对股价崩盘风险产生明显的影响，这就验证了 Jin 和 Myers（2004）等认同的管理层特征会影响股价崩盘风险的观点。于是，基于 CEO 特征对创业板上市公司股价崩盘风险进行研究就是非常有意义的事情，而选择合适的人选担任 CEO，对创业板上市公司的长期发展也是非常重要的事情。

创业板上市公司普遍有国际化经营趋势。国际化经营方式，不仅能够为创业板上市公司带来更多收益，保证市场投资者的利益，而且能够产生双重制度的治理效应。这种治理效应不仅会促使创业板上市公司形成良好的公司治理体系，也会使创业板上市公司赢得市场投资者的信任。因此，发展到一定程度后，国际化经营模式对创业板上市公司而言是继续发展的有效路径。

第五部分　研究结论与对策建议

股价崩盘风险对上市公司、市场投资者及股票市场发展都产生了极大的危害，尤其是创业板上市公司，由于本身具有较高的风险，加之市场中积累了较多的风险投资者，从而产生的后果也更为严重。从制度环境视角来看，无论是本身的市场化环境，还是政府层面的政治环境，或是国际层面的国际化环境，都能够在一定程度上抑制股价崩盘风险。这就意味着，应为企业构建良好的制度环境体系，以发挥制度环境的外部治理作用，形成对股价崩盘风险的双重约束。

发挥制度环境的治理作用，需要政府深化产权制度改革，通过各类政策与制度的完善转变企业观念，以深入的市场化改革替代政府干预，为企业提供公开、公平、公正的市场竞争环境，加强舆论对企业的监督，而不是政府的直接干预；需要推进金融体系改革，以金融体系改革带动资本市场改革，促使资本市场健康发展，有效推动上市公司治理体系的完善，以此更好地保护市场投资者的利益。

13 研究结论、对策建议及研究展望

13.1 研究结论

股价崩盘风险具有隐蔽性强、传染性快、涉及范围广等特征，会给资本市场以及实体经济带来巨大冲击，使得上市公司、市场投资者、国家经济等受到极大的影响，因此成为近年来宏观经济与微观金融研究的热门话题。尤其是发展历史较短的中国创业板市场，其高风险、高收益特性会使创业板上市公司的股价崩盘风险更高。因此，本书基于制度环境视角，分别探讨市场化环境、政治环境、国际化环境对创业板上市公司股价崩盘风险的影响。研究发现：

一是市场化环境本身并没有成为影响创业板上市公司股价崩盘风险的因素；在考虑控制人权力因素后，控制人权力能够对股价崩盘风险产生放大作用，但市场化环境同样不能对创业板上市公司控制人权力对股价崩盘风险的影响起到调节作用，而且，引入市场化环境后，控制人权力对股价崩盘风险的影响反而更大了，说明创业板上市公司控制人会利用外部市场化环境，更大程度地强化自身对公司的控制；CEO 权力与股价崩盘风险间存在显著的正相关关系，表明 CEO 权力越强，创业板上市公司的股价崩盘风险会越高，但加入对市场化环境调节效应的考虑后，CEO 权力对创业板上市公司股价崩盘风险的影响降低了，而且显著性也降低了，这表明外部治理能够对创业板上市公司 CEO 权力产生制约作用。

二是政治环境会对创业板上市公司股价崩盘风险产生影响，面临政治环境变化时，创业板上市公司的股价崩盘风险会变低，进一步考虑地方官员的更替时间、新任官员来源与官员离任原因后发现，政治环境变化对创业板上市公司股价崩盘风险的抑制作用，需要在官员上任后一年左右的时间才能发挥出来，异地上任的官员，尤其是由省级部门调来的新任官员，会使辖区内创业板上市公司的股价崩盘风险明显下降，而官员的非正常离任则会使辖区内创业板上市公司的股价崩盘风险变大；在考虑企业的社会责任履行情况后发现，伴随着较好地履行社会责任，政治环境变化会进一步降低创业板上市公司的股价崩盘风险；而在考虑银行业竞争的影响后发现，银行业竞争对股价崩盘风险产生了外部治理作用，即随着银行业竞争的加剧，所在地区创业板上市公司的股价崩盘风险会变低，同时政治环境变化对创业板上市公司股价崩盘风险的抑制作用更强了。

三是国际化环境与创业板上市公司股价崩盘风险间存在显著的负相关关系，即与处于非国际化环境的创业板上市公司相比，处于国际化环境的创业板上市公司的股价崩盘风险更低。创始人 CEO 与创业板上市公司的股价崩盘风险间也存在显著的负相关关系，即与非创始人担任 CEO 的创业板上市公司相比，创始人担任 CEO 的创业板上市公司的股价崩盘风险更低；考虑创始人 CEO 的调节效应后发现，国际化环境对创业板上市公司股价崩盘风险的负向影响更大了，即由创始人担任 CEO 且处于国际化环境的创业板上市公司的股价崩盘风险更低；CEO 海外经历也与创业板上市公司的股价崩盘风险间存在显著的负相关关系，即与 CEO 没有海外经历的创业板上市公司相比，CEO 有海外经历的创业板上市公司的股价崩盘风险更低；考虑 CEO 海外经历后，国际化环境对股价崩盘风险的负面影响更大了。

13.2 对策建议

一是监管部门应加强对资本市场的监管。虽然良好的公司治理体系是推进上市公司发展和抑制管理层操弄信息及抑制股价崩盘风险的重要因素，但外部因素对公司治理，尤其是对上市公司股价崩盘风险的影响是不容忽视的。外部监管不但能够对上市公司管理层产生直接的约束，也能够对管理层产生震慑，从而减少管理层选择性披露或隐匿信息的行为，进而降低股价崩盘风险。为此，一方面，监管部门应该出台防控创业板上市公司股价崩盘风险的相关制度。证监会等监管部门应充分发挥指导、检查、督促、协调的作用，针对创业板上市公司的特征，制定约束创业板上市公司行为的制度，尤其是对于可能存在较大风险的创业板上市公司，可以通过派出机构、派出人员等方式进行一线监管。另一方面，监管部门应加强对创业板上市公司管理层的监管。与主板上市公司相比，创业板上市公司管理层中创始人较多，管理层成员之间多为亲属关系或朋友关系，这就使得创业板上市公司管理层成员之间“合谋”的概率更大，更可能出现违规状况。因此，监管部门应加强对创业板上市公司管理层的监管，如对创业板上市公司的独立董事制度、监事会制度等做出更严格的要求，从而达到降低因管理层违规行为而造成股价崩盘风险的目的。

二是应加强对创业板上市公司信息披露机制的完善。如前文所述，上市公司管理层有选择地披露信息或是隐匿信息的行为是引发股价崩盘风险的主要因素，这也就意味着构建良好的信息披露机制、降低信息不对称度是抑制股价崩盘风险的重要手段。因此，对于股价波动幅度更大的创业板上市公司来说，构建良好的信息披露机制尤为重要。一方面，证监会及深交所应提高对创业板上市公司信息披露的要求。证监会应在主板上市公司现行信息披露要求的基础上，提高对创业板上市公司信息披露的要求，要求创业板上市公司以补充信息、临时公告等形式加大信息的披露量，深交所应该制定创业板上市公司信息披露的标准格式，保证信息披露的完整性。另一方面，上市公司自身也需要重视信息披露问题，包括股东治理模式、董事会治理模式下的信息披露，从源头提升创业板上市公司信息披露的质量。创业板上市公司需要提升自身对信息披露的重视程度，尤其是在当前注册制改革的背景下，很多创业板上市公司需要接受市场投资者的检验，加之创业板上市公司之间的质量有较大差异，因此信息披露情况就更应该成为检验创业板上市公司质量的重要尺度之一，市场投资者可以据此做出自已的投资决策。一旦创业板上市公司出现有选择地披露或是隐匿信息的行为，就会影响到市场投资者对其看法，进而影响到其长期发展。

三是上市公司自身应建立股价崩盘预警机制。上市公司建立合适的股价崩盘预警机制，既是对股价频繁波动的关注，也是对上市公司长期发展的保护，不但有利于股票市场的稳定发展，也能够加强对市场投资者的保护。创业板上市公司可以选取某个指标作为预警指标，若该指标超过了设定的安全值域，就需要对股价波动进行特别关注。同时，上市公司可以分别建立短期预警系统和长期预警系统。在短期预警系统中，应选择相对敏感的指标进行观测，并确定轻度风险、中度风险、危机的阈值，如将20%作为轻度风险的阈值，40%作为中度风险的阈值，60%作为危机的阈值。一旦指标进入某一个阈值区间，管理层就需要迅速做出相应的反应。构建长期预警系统时，除了要关注自身股价，还要关注同行业其他上市公司的股价波动，避免股价崩盘风险的传染性爆发。此外，创业板上市公司还应设置专门的机构设计、检测股价预警系统。创业板上市公司股价崩盘预警系统的构建，对降低创业板市场的恐慌具有重要意义，也能够为市场投资者进行理性投资提供合理的参考，并有效地减少或避免同行业或同地区公司之间可能存在的股价崩盘风险的传染。

四是应加强对普通市场投资者的引导与教育。普通市场投资者也是引发及制约股价崩盘风险的重要因素，尤其是对于创业板上市公司来说，由于其普通市场投资者的投机行为较多，若不能对这些普通市场投资者进行良好的引导与教育，则这些普通投资者盲目且频繁的减持行为会引发股价崩盘风险的提升。这就意味着，做好普通市场投资者教育工作是提升资本市场，尤其是创业板市场抵御金融风险能力的重要抓手。一方面，以证监会为代表的监管部门以及深交所，应定期开展相应的投资者教育活动，积极与投资者交流沟通，充分了解不同普通市场投资者的特征与需求，采取不同模式的引导与教育方法，以便更好地引导普通市场投资者的投资。从监管部门或证交所的角度来说，需要的是引导普通市场投资者形成正确的投资观与价值观，这就需要通过多途径的方式构建投资者教育体系。另一方面，上市公司也应该建立自身的投资者教育体系，这既是上市公司吸引合格投资者的重要方式，也是上市公司履行社会责任的良好表现。上市公司通过开设市场投资者教育课堂、组织投资者教育活动等方式，让普通市场投资者明规则、识风险，提升投资能力。而且，上市公司具有一定的灵活性，可以创新更多的市场投资者教育方式，这也是让普通市场投资者更多地了解公司运营、管理情况的途径，还可以借此释放更多信息，降低与普通市场投资者之间的信息不对称度，培育长期市场投资者。

五是应加强对上市公司股价崩盘的后续弥补措施。股价崩盘风险会造成非常严重的后果，不仅会直接影响大股东的收益，也会影响普通市场投资者的收益及信心，还可能在同行业、同地区的上市公司间形成传染性，甚至影响实体经济的发展。因此，一方面，上市公司应在发生股价崩盘后，及时通过信息披露或是与投资者互动的形式，说明出现股价崩盘的原因，让更多的普通市场投资者知晓真实情况，重塑投资者对上市公司的信心。及时披露信息，提醒市场投资者及时关注股票市场的风险，既能够树立上市公司良好的社会形象，也能够挽回部分市场投资者的信心。另一方面，相关监管部门也应该在上市公司出现股价崩盘现象后，加强对该上市公司的调查与监管，明确出现股价崩盘现象是上市公司自身问题导致的还是其他问题导致的，若是操弄信息导致的，则应进行相应的处罚，提高上市公司违法违规的成本，这既是对其他上市公司的威慑，也是挽回市场投资者信心的有效路径。

六是应加强其他外部监管对股价崩盘风险的抑制作用。其他外部监管因素，如外部审计、媒体关注等，同样是影响股价崩盘风险的重要因素。一方面，外部审计是抑制股价崩盘风险较为直接的因素。外部审计能对上市公司直接产生影响，良好的审计质量能够促使上市公司建立更为完善的信息披露机制与体系，从而有利于保证上市公司披露信息的及时性、完整性与真实性。另外，外部审计也可以通过给出审计意见的方式，让普通市场投资者更好地知晓上市公司的真实状况，从而抑制股价崩盘风险。需要注意的是，极少有创业板上市公司聘用国际“四大”会计师事务所为其审计。究其原因，可能是因为国际“四大”会计师事务所的收费较高，对上市公司的信息披露要求较严。另一方面，媒体的关注同样能够降低创业板上市公司的股价崩盘风险。媒体作为相对独立的第三方，利用自己的观察对上市公司进行报道，是普通市场投资者获取信息的重要途径。相较于普通市场投资者，外部媒体所能够获得的信息相对更多，而且公正的媒体所披露、评论的信息以及做出的判断也更加准确。因此，媒体的宣传报道无形中增加了对上市公司的关注与监管。不过，虽然外部媒体是独立的第三方，但也存在媒体与上市公司之间合谋的情况，这就有可能做出专门诱导市场投资者的报道。因此，监管部门同样需要对第三方媒体的报道进行合理的监管，保证第三方媒体披露信息的真实性与公正性。

13.3 研究展望

一是应加强对创业板上市公司股价崩盘风险问题的关注。股价崩盘风险问题已经成为当前国内外宏观经济与微观金融的重要话题，这不仅是因为股价崩盘风险对资本市场的发展、市场投资者的收益与信心以及实体经济的发展都会产生重要影响，也是因为当前学术界还没能完全剖析影响股价崩盘风险的因素。现有文献对于中国上市公司股价崩盘风险问题的研究，更多地集中在主板上市公司，较少有文献关注创业板上市公司股价崩盘风险的影响因素与经济后果。虽然在中国金融发展、资本市场发展的大环境下，创业板市场的发展会与主板市场成为“一盘棋”，但创业板市场自身所蕴含的高收益与高风险，以及较多投机型市场投资者的存在，使创业板上市公司必然存在更高的股价崩盘风险。因此，进一步研究创业板上市公司股价崩盘风险的影响因素及经济后果是很有必要的。

二是应加强对制度环境如何影响股价崩盘风险的关注。本书研究了市场化环境、政治环境、国际化环境方面对创业板上市公司股价崩盘风险的影响。除了这些因素，其他的制度因素，如数字经济环境等是否能抑制股价崩盘风险同样是值得进一步研究的问题。

三是应加强对注册制的实施对创业板上市公司股价崩盘风险的影响的关注。首选，注册制的实施虽然使得创业板市场的 IPO 速度加快了，但也造成了创业板上市公司价值的分化，使得创业板市场中积累了更多的股价崩盘风险。其次，由于创业板上市公司实施注册制的时间相对较短，对实施注册制后的创业板上市公司股价崩盘风险问题的关注度不够，也没有针对实施注册制前后创业板上市公司股价崩盘风险差异的研究。因此，应进一步加强这方面的研究。

四是应加强对创业板上市公司与其他板块上市公司股价崩盘风险比较的研究。除了加强对创业板上市公司股价崩盘风险问题自身的研究，还应该加强对创业板上市公司与其他板块上市公司股价崩盘风险程度、影响因素、经济后果等的比较研究，如与主板上市公司、中小板上市公司、科创板上市公司等的比较，这既有利于更全面地了解中国上市公司股价崩盘问题，也能够针对不同板块的上市公司，提出有针对性的抑制股价崩盘风险的对策。

参考文献

ABREU D, BRUNNERMEIER M K, 2003. Bubbles and Crashes [J]. Econometrica, 71 (1) .

AGMON T, LESSARD D R, 1977. Investor Recognition of Corporate Diversification [J]. The Journal of Finance, 32 (4) .

AIDT T, DUTTA J, SENA V, 2007. Governance Regimes, Corruption and Growth: Theory and Evidence [J]. Journal of Comparative Economics, 36 (2) .

AKERLOF G A, 1970. The Market for "Lemons": Quality Uncertainty and the Market Mechanism [J]. The Quarterly Journal of Economics, 84 (3): 488-500.

ALCHIAN A A, DEMSETZ H, 1972. Production, Information Costs, and Economic Organization [J]. American Economic Review, 62 (5) .

ALLEN F, GALE D, 2000. Financial Contagion [J]. Journal of Political Economy, 108 (1) .

ALLEN F J, QIAN J, QIAN M, 2004. Law, Finance and Economic Growth in China [J]. Journal of Financial Economics, 77 (1) .

ALMEIDA H V, WOLFENZON D A, 2006. A Theory of Pyramidal Ownership and Family Business Group [J]. The Journal of Finance, 61 (6) .

ANDERSON R C, BATES T W, BIZJAK J M, et al, 2000. Corporate Governance and Firm Diversification [J]. Financial Management, 29 (1) .

ANDERSON R C, MANSI S A, REEB D M, 2003. Founding Family Ownership and the Agency Cost of Debt [J]. Journal of Financial Economics, 68 (2) .

AN H, CHEN Y, LUO D, et al, 2016. Political Uncertainty and Corporate

Investment: Evidence from China [J]. Journal of Corporate Finance, 36.

AN H, ZHANG T, 2013. Stock Price Synchronicity, Crash Risk, and Institutional Investors [J]. Journal of Corporate Finance, 21.

ARROW K J, 1963. Uncertainty and the Welfare Economics of Medical Care [J]. The American Economic Review, 53 (5).

BALL R, 2009. Market and Political/Regulatory Perspectives on the Recent Accounting Scandals [J]. Journal of Accounting Research, 47 (2).

BARLEVY G, VERONESI P, 2003. Rational Panics and Stock Market Crashes [J]. Journal of Economic Theory, 110 (2).

BEKAERT G, WU G J, 2000. Asymmetric Volatility and Risk in Equity Markets [J]. The Review of Financial Studies, 13 (1).

BENARTZI S, THALER R H, 1995. Myopic Loss Aversion and the Equity Premium Puzzle [J]. The Quarterly Journal of Economics, 110 (1).

BENMELECH E, KANDEL E, VERONESI P, 2010. Stock-based Compensation and CEO (Dis) Incentives [J]. The Quarterly Journal of Economics, 125 (4).

BERGER P G, OFEK E, 1995. Diversification's Effect on Firm Value [J]. Journal of Financial Economics, 37 (1).

BERTRAND M, MEHTA P, MULLAINATHAN S, 2002. Ferreting out Tunneling: An Application to Indian Business Groups [J]. The Quarterly Journal of Economics, 117 (1).

BLOOM N, STEPHEN B, JOHN V R, 2007. Uncertainty and Investment Dynamics [J]. Review of Economic Studies, 74 (2).

BOUBAKER S, MANSALI H, RJIBA H, 2014. Large Controlling Shareholders and Stock Price Synchronicity [J]. Journal of Banking and Finance, 40.

BUSHMAN R M, PIOTROSKI J D, 2005. Financial Reporting Incentives for Conservative Accounting: The Influence of Legal and Political Institutions [J]. Journal of Accounting and Economics, 42 (1) .

BUSHMAN R M, PIOTROSKI J D, SMITH, A J, 2004. What Determines Corporate Transparency [J]. Journal of Accounting Research, 42 (2).

CALLEN J L, FANG X, 2013. Institutional Investor Stability and Crash Risk: Monitoring Versus Short-termism [J]. Journal of Banking & Finance, 37 (8).

CALLEN J L, FANG X, 2015. Religion and Stock Price Crash Risk [J]. Journal of Financial and Quantitative Analysis, 50 (12).

CAO C, XIA C, CHAN K C, 2016. Social Trust and Stock Price Crash Risk: Evidence from China [J]. International Review of Economics & Finance, 46.

CHANDLER C S, 2014. Investor Relations from the Perspective of CEOs [J]. International Journal of Strategic Communication, 8 (3).

CHEN J, CHAN K C, DONG W, et al., 2016. Internal Control and Stock Price Crash Risk: Evidence from China [J]. European Accounting Review, 26 (1).

CLAESSENS S, DJANKOV S, FAN J P H, et al., 2002. Disentangling the Incentive and Entrenchment Effects of Large Shareholdings [J]. The Journal of Finance, 57 (6).

DAI O, LIU X, 2009. Returnee Entrepreneurs and Firm Performance in Chinese High-Technology Industries [J]. International Business Review, 18 (4).

DEMSETZ H, LEHN K, 1985. The Structure of Corporate Ownership: Causes and Consequences [J]. Journal of Political Economy, 93 (6).

DESHMUKH S, GOEL A M, HOWE K M, 2013. CEO Overconfidence and Dividend Policy [J]. Journal of Financial Intermediation, 22 (3).

DIMSON E, 1979. Risk Measurement when Shares Are Subject to Infrequent Trading [J]. Journal of Financial Economics, 7 (2).

DYCK A, VOLCHKOVA N, ZINGALES L, 2008. The Corporate Governance Role of the Media: Evidence from Russia [J]. The Journal of Finance, 63 (3): 1093-1135.

DYCK A, ZINGALES L, 2004. Private Benefits of Control: An International Comparison [J]. The Journal of Finance, 59 (2).

FACCIO M, LANG L H P, 2002. The Ultimate Ownership of Western European Corporations [J]. Journal of Financial Economics, 65 (3).

FAMA E F, 1980. Agency Problems and the Theory of the Firm [J]. Journal of Political Economy, 88 (2).

FAMA E F, JENSEN M C, 1983. Separation of Ownership and Control [J]. Journal of Law and Economics, 26 (2).

FAN J P H, WONG T J, 2002. Corporate Ownership Structure and the Informativeness of Accounting Earnings in East Asia [J]. Journal of Accounting and Economics, 33 (3).

FILATOTCHEV I, LIU X, BUCK T, et al., 2009. The Export Orientation and Export Performance of High-Technology SMEs in Emerging Markets: The Effects of Knowledge Transfer by Returnee Entrepreneurs [J]. Journal of International Business Studies, 40 (6).

FISCHHOFF B, SLOVIC P, LICHTENSTEIN S, 1977. Knowing with Certainty: the Appropriateness of Extreme Confidence [J]. Journal of Experimental Psychology: Human Perception and Performance, 3 (4).

GELB D S, STRAWSER J A, 2001. Corporate Social Responsibility and Financial Disclosure: An Alternative Explanation for Increased Disclosure [J]. Journal of Business Ethics, 33 (1).

GIANNETTI M, LIAO G, YU X, 2015. The Brain Gain of Corporate Boards: Evidence from China [J]. The Journal of Finance, 70 (4).

GLAESER E L, SHLEIFER A, 2002. Legal Origins [J]. Quarterly Journal of Economics, 117 (4).

GODFREY P C, 2005. The Relationship between Corporate Philanthropy and Shareholder Wealth: A Risk Management Perspective [J]. Academy of Management Review, 30 (4).

GRINSTEIN Y, HRIBAR P, 2003. CEO Compensation and Incentives: Evidence from M&A Bonuses [J]. Journal of Financial Economics, 73 (1).

GROSSMAN S J, 1981. An Introduction to the Theory of Rational Expectations under Asymmetric Information [J]. The Review of Economic Studies, 48 (4).

GRUNE L, SEMMLER W, 2008. Asset Pricing with Loss Aversion [J]. Journal of Economic Dynamics and Control, 32 (10).

HALL B J, MURPHY K J, 2002. Stock Options for Undiversified Executives

[J]. Journal of Accounting and Economics, 33 (1) .

HAYEK F A, 1945. The Use of Knowledge in Society [J]. American Economic Review, 35 (4) .

HEALY P M, PALEPU K G, 2001. Information Asymmetry, Corporate Disclosure, and the Capital Markets: A Review of the Empirical Disclosure Literature [J]. Journal of Accounting and Economics, 31 (1).

HEATON J B, 2002. Managerial Optimism and Corporate Finance [J]. Financial Management, 31.

HONG H, STEIN J C, 2003. Differences of Opinion, Short-sales Constraints and Market Crashes [J]. Review of Financial Studies, 16 (2).

HUTTON A P, MARCUS A J, TEHRANIAN H, 2008. Opaque Financial Reports, R^2, and Crash Risk [J]. Journal of Financial Economics, 94 (1).

JENSEN M C, MECKLING W H, 1976. Theory of the Firm: Managerial Behavior, Agency Costs and Ownership Structure [J]. Journal of Financial Economics, 3 (4).

JENSEN M C, 1993. The Modern Industrial Revolution, Exit, and the Failure of Internal Control Systems [J]. Journal of Finance, 48 (3).

JIN L, MYERS S C, 2004. R^2 Around the World: New Theory and New Tests [J]. Journal of Financial Economics, 79 (2).

JULIO B, YOOK Y, 2012. Political Uncertainty and Corporate Investment Cycles [J]. The Journal of Finance, 67 (1).

KATZ B G, OWEN J, 2013. Exploring Tax Evasion in the Context of Political Uncertainty [J]. Economic Systems, 37 (2).

KIM J B, LI Y, ZHANG L, 2011. CFOs Versus CEOs: Equity Incentives and Crashes [J]. Journal of Financial Economics, 101 (3).

KIM J B, WANG Z, ZHANG L, 2016. CEO Overconfidence and Stock Price Crash Risk [J]. Contemporary Accounting Research, 33 (4).

KIM J B, ZHANG L, 2016. Accounting Conservatism and Stock Price Crash Risk: Firm-Level Evidence [J]. Contemporary Accounting Research, 33 (1) .

KIM Y, LI H, LI S, 2014. Corporate Social Responsibility and Stock Price

Crash Risk [J]. Journal of Banking & Finance, 43.

LAFOND R, WATTS R L, 2008. The Information Role of Conservatism [J]. Accounting Review, 83 (2).

LEVINE R, LOAYZA N, BECK T, 2000. Financial Intermediation and Growth: Causality and Cause [J]. Journal of Monetary Economics, 46 (1).

MALMENDIER U, TATE G, 2005. CEO Overconfidence and Corporate Investment [J]. The Journal of Finance, 60 (6).

MANSI S A, REEB D M, 2002. Corporate Diversification: What Gets Discounted [J]. The Journal of Finance, 57 (5).

PALIA D, RAVID S A, WANG C J, 2008. Founders Versus Non-founders in Large Companies: Financial Incentives and the Call for Regulation [J]. Journal of Regulatory Economics, 33 (1).

PÁSTOR L, VERONESI P, 2013. Political Uncertainty and Risk Premia [J]. Journal of Financial Economics, 110 (3).

ROYCHOWDHURY S, 2006. Earnings Management through Real Activities Manipulation [J]. Journal of Accounting and Economics, 42 (3).

SALTER S B, NISWANDER F, 1995. Cultural Influence on the Development of Accounting Systems Internationally: A Test of Gray's [1998] Theory [J]. Journal of International Business Studies, 26 (2) .

SHILLER R J, 1989. Comovements in Stock Prices and Comovements in Dividends [J]. The Journal of Finance, 44 (3).

SHLEIFER A, VISHNY R W, 1997. A Survey of Corporate Governance [J]. The Journal of Finance, 52 (2).

SHLEIFER A, VISHNY R W, 1986. Large Shareholders and Corporate Control [J]. Journal of Political Economy, 94 (3).

SPENCE M, 1973. Job Market Signaling [J]. The Quarterly Journal of Economics, 87 (3).

STIGLITZ J E, WEISS A, 1981. Credit Rationing in Markets with Imperfect Information [J]. The American Economic Review, 71 (3).

VILLALONGA B, 2004. Diversification Discount or Premium? New Evidence from the Business Information Tracking Series [J]. The Journal of Finance, 59 (2).

WILLIAMSON O E, 2000. The New Institutional Economics: Taking Stock, Looking Ahead [J]. Journal of Economic Literature, 38 (3).

北京师范大学经济与资源管理研究院，2010. 2010 中国市场经济发展报告 [M]. 北京：北京师范大学出版社.

曹春方，2013. 政治权力转移与公司投资：中国的逻辑 [J]. 管理世界 (1)：143 - 157.

曹丰，鲁冰，李争光，等，2015. 机构投资者降低了股价崩盘风险吗 [J]. 会计研究 (11)：55 - 61，97.

常修泽，高明华，1998. 中国国民经济市场化的推进程度及发展思路 [J]. 经济研究 (11)：49 - 56.

陈德球，陈运森，董志勇，2016. 政策不确定性、税收征管强度与企业税收规避 [J]. 管理世界 (5)：151 - 163.

陈国进，张贻军，王磊，2008. 股市崩盘现象研究评述 [J]. 经济学动态 (11)：116 - 120.

陈其安，方彩霞，肖映红，2010. 基于上市公司高管人员过度自信的股利分配决策模型研究 [J]. 中国管理科学，18 (3)：174 - 184.

陈其安，2004. 基于过度自信的行为企业理论研究 [D]. 重庆：重庆大学.

陈晓平，蔡珺如. 股市的换届效应，2013 [J]. 21 世纪商业评论 (5)：60 - 61.

陈艳艳，罗党论，2012. 地方官员更替与企业投资 [J]. 经济研究，47 (S2)：18 - 30.

褚剑，方军雄，2016. 中国式融资融券制度安排与股价崩盘风险的恶化 [J]. 经济研究，51 (5)：143 - 158.

代昀昊，孔东民，2017. 高管海外经历是否能提升企业投资效率 [J]. 世界经济，40 (1)：168 - 192.

代昀昊，唐齐鸣，刘莎莎，2015. 机构投资者、信息不对称与股价暴跌风险 [J]. 投资研究，34 (1)：50 - 64.

戴亦一，潘越，冯舒，2014. 中国企业的慈善捐赠是一种“政治献金”吗？——来自市委书记更替的证据 [J]. 经济研究，49 (2)：74 - 86.

戴亦一，潘越，刘思超，2011. 媒体监督、政府干预与公司治理：来自中国上市公司财务重述视角的证据［J］. 世界经济（11）：121－144.

樊纲，王小鲁，马光荣，2011. 中国市场化进程对经济增长的贡献［J］. 经济研究，46（9）：4－16.

樊纲，王小鲁，张立文，等，2003. 中国各地区市场化相对进程报告［J］. 经济研究（3）：9－18，89.

樊纲，王小鲁，朱恒鹏，2011. 中国市场化指数：各地区市场化相对进程2011年报告［M］. 北京：经济科学出版社.

方芳，蔡卫星，2016. 银行业竞争与企业成长：来自工业企业的经验证据［J］. 管理世界（7）：63－75.

高勇强，陈亚静，张云均，2012. "红领巾"还是"绿领巾"：民营企业慈善捐赠动机研究［J］. 管理世界（8）：106－114，146.

韩立岩，李慧，2009. CEO权力与财务危机：中国上市公司的经验证据［J］. 金融研究（1）：179－193.

韩忠雪，朱荣林，2003. 跨国公司国际化经营与债务融资成本［J］. 外国经济与管理（11）：12－16，38.

贺小刚，张远飞，2012. 上市公司创始人涉入情景下高管离任的实证研究［J］. 经济管理，34（5）：46－55.

贺小刚，朱丽娜，2016. 地方官员更替与创业精神：来自省级经验的证据［J］. 中山大学学报（社会科学版），56（3）：194－208.

胡国柳，宛晴，2015. 董事高管责任保险能否抑制股价崩盘风险：基于中国A股上市公司的经验数据［J］. 财经理论与实践，36（6）：38－43.

胡俞越，张任飞，2016－01－08. 中国版熔断机制水土不服的主要成因［N］. 上海证券报.

黄少安，2004. 产权经济学导论［M］. 北京：经济科学出版社.

黄新建，王一惠，赵伟，2015. 管理者特征、过度自信与股价崩盘风险：基于上市公司的经验证据［J］. 会计之友（20）：76－82.

黄新建，赵伟，2015. 媒体关注是否降低了股价崩盘风险：来自中国股票市场的经验证据［J］. 财会月刊（11）：112－118.

计小青，曹啸，2008. 标准的投资者保护制度和替代性投资者保护制度：

一个概念性分析框架［J］．金融研究（3）：151－162.

贾洪文，李润平，刘达，2017．熔断机制的国内外比较：兼析中国熔断机制失灵的原因［J］．西安财经学院学报，30（4）：14－19.

贾明，向翼，张喆，2015．政商关系的重构：商业腐败还是慈善献金［J］．南开管理评论，18（5）：4－17.

江晓东，2005．投资者过度自信理论与实证研究综述［J］．外国经济与管理（9）：59－65.

江轩宇，2013．税收征管、税收激进与股价崩盘风险［J］．南开管理评论，16（5）：152－160.

江轩宇，许年行，2015．企业过度投资与股价崩盘风险［J］．金融研究（8）：141－158.

江轩宇，伊志宏，2013．审计行业专长与股价崩盘风险［J］．中国会计评论，11（2）：133－150.

姜英兵，严婷，2012．制度环境对会计准则执行的影响研究［J］．会计研究（4）：69－78，95.

蒋荣，2008．中国上市公司 CEO 变更的影响因素与经济后果研究：基于大股东控制视角［D］．重庆：重庆大学．

靖辉，2007．我国资本市场法律监管体系存在的问题分析与对策研究［J］．商场现代化（17）：289.

孔东民，王江元，2016．机构投资者信息竞争与股价崩盘风险［J］．南开管理评论，19（5）：127－138.

孔宁宁，闫希，2009．交叉上市与公司成长：来自中国“A＋H”股的经验证据［J］．金融研究（7）：134－145.

寇英哲，2016－01－11．熔断水土不服，暂停有利股市健康发展［N］．中国证券报．

雷光勇，刘慧龙，2007．市场化进程、最终控制人性质与现金股利行为：来自中国 A 股公司的经验证据［J］．管理世界（7）：120－128，172.

雷光勇，王文忠，刘茉，2015．政治不确定性、股利政策调整与市场效应［J］．会计研究（4）：33－39，95.

雷光勇，王文忠，邱保印，2015．政治冲击、银行信贷与会计稳健性

[J]. 财经研究，41 (3)：121－131.

黎来芳，程雨，张伟华，2012. 投资者保护能否抑制企业过度投资?：基于融投资关系的研究 [J]. 中国软科学 (1)：144－152.

李彬，张俊瑞，郭慧婷，2009. 会计弹性与真实活动操控的盈余管理关系研究 [J]. 管理评论，21 (6)：99－107.

李海霞，王振山，2015. CEO 权力与公司风险承担：基于投资者保护的调节效应研究 [J]. 经济管理，37 (8)：76－87.

李慧云，刘镝，2016. 市场化进程、自愿性信息披露和权益资本成本 [J]. 会计研究 (1)：71－78，96.

李思齐，2017. 熔断机制在中国股票市场不适用性的原因分析 [J]. 中国经贸 (1)：77－78.

李维安，2011. 创业板高成长的制度基础：有效的公司治理 [J]. 南开管理评论 (5)：1.

李维安，钱先航，2010. 终极控制人的两权分离、所有制与经理层治理 [J]. 金融研究 (12)：80－98.

李晓龙，胡少柔，王洁玲，2016. 融资超募、机构投资者持股与股价崩盘:来自我国中小板、创业板市场的经验证据 [J]. 会计与经济研究 (1)：78－89.

李小荣，董红晔，张瑞君，2015. 企业 CEO 权力影响银行贷款决策吗 [J]. 财贸经济 (7)：81－95.

李小荣，刘行，2012. CEO vs CFO：性别与股价崩盘风险 [J]. 世界经济 (12)：102－129.

李晓西，曾学文，2004. 再论中国市场经济地位：兼评欧盟对中国市场经济地位的初步评估 [J]. 财贸经济 (10)：3－10，96.

梁坚，龙志和，2004. 经济市场化的本质：基于交易费用理论的一个全新视角 [J]. 南方经济 (9)：22－25.

梁权熙，曾海舰，2016. 独立董事制度改革、独立董事的独立性与股价崩盘风险 [J]. 管理世界 (3)：144－159.

廖义刚，林婷，邓贤琨，2016. 地方官员更替、企业辖区知名度与股价同步性 [J]. 财经理论与实践 (6)：53－59.

林乐，郑登津，2016. 退市监管与股价崩盘风险［J］. 中国工业经济（12）：58－74.

林毅夫，李周，1997. 现代企业制度的内涵与国有企业改革方向［J］. 经济研究（3）：3－10.

林毅夫，孙希芳，姜烨，2009. 经济发展中的最优金融结构理论初探［J］. 经济研究（8）：4－17.

刘宝华，罗宏，周微，等，2016. 社会信任与股价崩盘风险［J］. 财贸经济（9）：53－66.

刘春，孙亮，2015. 税收征管能降低股价暴跌风险吗［J］. 金融研究（8）：159－174.

刘慧芬，王华，2015. 竞争环境、政策不确定性与自愿性信息披露［J］. 经济管理，37（11）：145－155.

刘力，张峥，熊德华，等，2003. 行为金融学与心理学［J］. 心理科学进展（3）：249－255.

刘星，李宁，张超，2015. 银行竞争、终极控制与债务配置结构［J］. 会计研究（10）：44－50，96.

刘洋，2015. 会计信息透明度与股价崩盘风险关系实证研究［J］. 现代商贸工业，36（22）：146－148.

卢现祥，徐俊武，2004. 制度环境评估指标体系研究：兼评湖北省的制度环境［J］. 中南财经政法大学学报（3）：46－53，143.

陆慧慧，2017. 政策不确定性与企业银行贷款［J］. 产业经济评论（4）：90－107.

陆磊，2006. 银行体制转型对信贷周期的塑造作用［J］. 中国金融（16）：72.

罗进辉，杜兴强，2014. 媒体报道、制度环境与股价崩盘风险［J］. 会计研究（9）：53－59，97.

马建堂，吕秀丽，1994. 中国经济的市场化进程：15 年改革举措的回顾［J］. 经济研究（7）：23－29，36.

马可哪呐，唐凯桃，郝莉莉，2016. 社会审计监管与资本市场风险防范研究：基于股价崩盘风险的视角［J］. 山西财经大学学报，38（8）：25－34.

宁向东，2005. 公司治理理论［M］. 北京：中国发展出版社.

潘秀丽，王娟，2016. 政府层级、审计意见与股价崩盘风险［J］. 中央财经大学学报（11）：57－65.

潘越，戴亦一，林超群，2011. 信息不透明、分析师关注与个股暴跌风险［J］. 金融研究（9）：138－151.

潘越，戴亦一，吴超鹏，等，2009. 社会资本、政治关系与公司投资决策［J］. 经济研究，44（11）：82－94.

潘越，宁博，肖金利，2015. 地方政治权力转移与政企关系重建：来自地方官员更替与高管变更的证据［J］. 中国工业经济（6）：135－147.

钱先航，曹廷求，李维安，2011. 晋升压力、官员任期与城市商业银行的贷款行为［J］. 经济研究，46（12）：72－85.

钱先航，2012. 官员更替与贷款增长：基于城市商业银行的实证研究［J］. 世界经济文汇（3）：41－57.

秦奕萱，2017. 创业板融资超募对股价崩盘风险影响的探究［J］. 中国商论（8）：34－35.

权小锋，吴世农，尹洪英，2015. 企业社会责任与股价崩盘风险："价值利器"或"自利工具"［J］. 经济研究，50（11）：49－64.

权小锋，肖红军，2016. 社会责任披露对股价崩盘风险的影响研究：基于会计稳健性的中介机理［J］. 中国软科学（6）：80－97.

沈华玉，吴晓辉，2017. 上市公司违规行为会提升股价崩盘风险吗［J］. 山西财经大学学报，39（1）：83－94.

沈华玉，吴晓辉，吴世农，2017. 控股股东控制权与股价崩盘风险："利益协同"还是"隧道"效应［J］. 经济管理，39（4）：65－83.

施先旺，胡沁，徐芳婷，2014. 市场化进程、会计信息质量与股价崩盘风险［J］. 中南政法大学学报（4）：80－87，96.

宋献中，胡珺，李四海，2017. 社会责任信息披露与股价崩盘风险：基于信息效应与声誉保险效应的路径分析［J］. 金融研究（4）：161－175.

孙早，刘坤，2012. 政企联盟与地方竞争的困局［J］. 中国工业经济（2）：5－15.

唐清泉，罗党论，王莉，2006. 上市公司独立董事辞职行为研究：基于前景理论的分析［J］．南开管理评论（1）：74－83.

唐清泉，甄丽明，2009. 管理层风险偏爱、薪酬激励与企业 R&D 投入:基于我国上市公司的经验研究［J］．经济管理，31（5）：56－64.

唐睿明，2012. 我国家族上市公司股权结构与公司绩效研究［D］．大连：东北财经大学 .

唐松，胡威，孙铮，2011. 政治关系、制度环境与股票价格的信息含量:来自我国民营上市公司股价同步性的经验证据［J］．金融研究（7）：182－195.

唐松，孙铮，2014. 政治关联、高管薪酬与企业未来经营绩效［J］．管理世界（5）：93－105，187－188.

唐跃军，左晶晶，李汇东，2014. 制度环境变迁对公司慈善行为的影响机制研究［J］．经济研究，49（2）：61－73.

陶鹂春，2010. 完善我国创业板市场制度建设［J］．中国金融（2）：45－47.

田昆儒，孙瑜，2015. 非效率投资、审计监督与股价崩盘风险［J］．审计与经济研究，30（2）：43－51.

汪金爱，章凯，赵三英，2012. 为什么 CEO 解职如此罕见：一种基于前景理论的解释［J］．南开管理评论，15（1）：54－66.

汪涛，赵鹏，金珞欣，2017. 制度是一种约束还是一种资源：比较制度优势的来源及影响研究［J］．武汉大学学报（哲学社会科学版），70（3）：144－153.

王昶，王敏，龚铖，2017a. 媒体报道降低了股价崩盘风险吗：来自创业板的证据［J］．金融与经济（4）：74－80.

王昶，王敏，左绿水，2017b. 机构投资者、媒体报道与股价崩盘风险:来自创业板的证据［J］．财会月刊（14）：3－10.

王超恩，张瑞君，2015. 内部控制、大股东掏空与股价崩盘风险［J］．山西财经大学学报，37（10）：79－90.

王超恩，2016. 政府补贴与股价崩盘风险［J］．财经论丛（8）：12－20.

王华，张程睿，2005. 两种基本财务会计信息需求与供给的矛盾和协调［J］．会计研究（9）：3－7，95.

王化成，曹丰，高升好，等，2014. 投资者保护与股价崩盘风险［J］. 财贸经济（10）：73－82.

王化成，曹丰，叶康涛，2015. 监督还是掏空：大股东持股比例与股价崩盘风险［J］. 管理世界（2）：45－57，187.

王辉耀，刘国福，2012. 国际人才蓝皮书：中国国际移民报告（2012）［M］. 北京：社会科学文献出版社.

王垒，刘新民，崔宁，2016. 终极控制视角下的创业板上市公司治理效率分析［J］. 中国海洋大学学报（社会科学版）（3）：85－91.

王明勤，2011. 中国创业板市场建设现状及对策［J］. 中国证券期货（8）：42.

王明伟，陈雪梅，2016. 终极控制人、多元化经营与股价崩盘风险［J］. 山西财经大学学报，38（9）：88－100.

王鹏，周黎安，2006. 控股股东的控制权、所有权与公司绩效：基于中国上市公司的证据［J］. 金融研究（2）：88－98.

王小鲁，樊纲，胡李鹏，2019. 中国分省份市场化指数报告（2018）［M］. 北京：社会科学文献出版社.

王艳艳，于李胜，2013. 国有银行贷款与股价同步性［J］. 会计研究（7）：42－49，96.

魏锋，陈丽蓉，2011. 业务多元化、国际多元化与公司业绩［J］. 山西财经大学学报，33（9）：83－89.

魏明海，陈胜蓝，黎文靖，2007. 投资者保护研究综述：财务会计信息的作用［J］. 中国会计评论（1）：131－150.

文雯，宋建波，2017. 高管海外背景与企业社会责任［J］. 管理科学，30（2）：119－131.

翁学东，2003. 西方行为金融学理论的进展［J］. 中央财经大学学报（1）：49－52.

吴德军，2015. 外资持股对上市公司股价崩盘风险的影响研究［J］. 国际商务（对外经贸大学学报）（3）：55－65.

吴克平，黎来芳，2016. 审计师声誉影响股价崩盘风险吗：基于中国资本市场的经验证据［J］. 山西财经大学学报，38（9）：101－113.

吴良海，张玉，石彩丽，2017. 现金持有、公益性捐赠与股价崩盘风险［J］. 中国注册会计师（2）：45－50，3.

吴卫华，万迪昉，吴祖光，2014. CEO权力、董事会治理与公司冒险倾向［J］. 当代经济科学，36（1）：99－107，127－128.

吴晓求，2016－01－12. 整体熔断与个股熔断只能取其一［N］. 证券日报.

吴战篪，李晓龙，2015. 内部人抛售、信息环境与股价崩盘［J］. 会计研究（6）：48－55，97.

夏立军，方轶强，2005. 政府控制、治理环境与公司价值：来自中国证券市场的经验证据［J］. 经济研究（5）：40－51.

肖红军，张俊生，曾亚敏，2010. 资本市场对公司社会责任事件的惩戒效应:基于富士康公司员工自杀事件的研究［J］. 中国工业经济（8）：118－128.

肖土盛，宋顺林，李路，2017. 信息披露质量与股价崩盘风险：分析师预测的中介作用［J］. 财经研究，43（2）：110－121.

肖作平，杨娇，2011. 公司治理对公司社会责任的影响分析：来自中国上市公司的经验证据［J］. 证券市场导报（6）：34－40.

肖作平，2012. 终极所有权结构对资本结构选择的影响：来自中国上市公司的经验证据［J］. 中国管理科学，20（4）：167－176.

谢德仁，郑登津，崔宸瑜，2016. 控股股东股权质押是潜在的“地雷”吗?：基于股价崩盘风险视角的研究［J］. 管理世界（5）：128－140，188.

谢盛纹，廖佳，2017. 财务重述、管理层权力与股价崩盘风险：来自中国证券市场的经验证据［J］. 财经理论与实践，38（1）：80－87.

谢盛纹，陶然，2017. 年报预约披露推迟、分析师关注与股价崩盘风险［J］. 会计与经济研究，31（1）：3－19.

谢雅璐，2015. 制度变迁、股权再融资与股价崩盘风险［J］. 投资研究，34（11）：22－41.

辛琳，2001. 信息不对称理论研究［J］. 嘉兴学院学报（3）：36－42.

熊家财，2015. 审计行业专长与股价崩盘风险：基于信息不对称与异质信念视角的检验［J］. 审计与经济研究，30（6）：47－57.

徐昊，2012. 信息不对称、会计稳健性与中小股东利益保护［D］. 天津：南开大学.

徐珊，黄健柏，2015. 媒体治理与企业社会责任［J］. 管理学报（7）：1072－1081.

徐业坤，钱先航，李维安，2013. 政治不确定性、政治关联与民营企业投资：来自市委书记更替的证据［J］. 管理世界（5）：116－130.

许家云，2017. CEO 交流的创新效应：来自中国上市公司的微观证据［J］. 南开经济研究（1）：111－135.

许娟娟，陈志阳，2015. 基于前景理论的上市公司财务报告舞弊研究［J］. 财经问题研究（4）：76－81.

许楠，刘浩，王天雨，2016. 非创始人 CEO 与会计信息质量：基于 A 股创业板公司的经验研究［J］. 会计研究（8）：18－24，96.

许年行，江轩宇，伊志宏，等，2012. 分析师利益冲突、乐观偏差与股价崩盘风险［J］. 经济研究，47（7）：127－140.

许年行，于上尧，伊志宏，2013. 机构投资者羊群行为与股价崩盘风险［J］. 管理世界（7）：31－43.

许瑞芬，2016. 机构者持股、信息“合谋”与股价崩盘风险：中宇卫浴实例分析［J］. 中国注册会计师（12）：116－119.

薛有志，周杰，2007. 产品多元化、国际化与公司绩效：来自中国制造业上市公司的经验证据［J］. 南开管理评论（3）：77－86.

杨棉之，刘洋，2016. 盈余质量、外部监督与股价崩盘风险：来自中国上市公司的经验证据［J］. 财贸研究，27（5）：147－156.

杨棉之，张园园，2016. 会计稳健性、机构投资者异质性与股价崩盘风险：来自中国 A 股上市公司的经验证据［J］. 审计与经济研究，31（5）：61－71.

叶会，李善民，2008. 治理环境、政府控制和控制权定价：基于中国证券市场的实证研究［J］. 南开管理评论（5）：79－84.

叶康涛，曹丰，王化成，2015. 内部控制信息披露能够降低股价崩盘风险吗？［J］. 金融研究（2）：192－206.

叶勇，刘波，黄雷，2007. 终极控制权、现金流量权与企业价值：基于隐性终极控制论的中国上市公司治理实证研究［J］. 管理科学学报（2）：66－79.

游家兴，张俊生，江伟，2006. 制度建设、公司特质信息与股价波动的同步性：基于 R^2 研究的视角［J］. 经济学（季刊）（1）：189－206.

于团叶，张逸伦，宋晓满，2013. 自愿性信息披露程度及其影响因素研究：以我国创业板公司为例［J］. 审计与经济研究，28（2）：68－78.

于文超，何勤英，2013. 投资者保护、政治联系与资本配置效率［J］. 金融研究（5）：152－166.

于旭，魏双莹，2015. 中国创业板与纳斯达克市场制度比较研究［J］. 学习与探索（1）：109－113.

余超，杨云红，2016. 银行竞争、所有制歧视和企业生产率改善［J］. 经济科学（2）：81－92.

曾爱民，傅元略，陈高才，2009. 我国上市公司盈余管理阈值研究：基于前景理论视角［J］. 当代财经（10）：123－129.

曾春华，章翔，胡国柳，2017. 高溢价并购与股价崩盘风险：代理冲突抑或过度自信［J］. 商业研究（6）：124－130.

曾康霖，2003. 解读行为金融学［J］. 财经科学（2）：29－32.

张军，高远，2007. 官员任期、异地交流与经济增长：来自省级经验的证据［J］. 经济研究（11）：91－103.

张圣平，熊德华，张峥，等，2003. 现代经典金融学的困境与行为金融学的崛起［J］. 金融研究（4）：44－56.

张天阳，2008. 基于股权结构的中国民营上市公司治理研究［D］. 成都：西南财经大学.

张维迎，2005. 产权、激励与公司治理［M］. 北京：经济科学出版社.

张维，张海峰，张永杰，等，2012. 基于前景理论的波动不对称性［J］. 系统工程理论与实践，32（3）：458－465.

张鑫，2016－01－13. 制度“错配”的必然结果［N］. 上海证券报.

张信东，吴静，2016. 海归高管能促进企业技术创新吗［J］. 科学学与科学技术管理，37（1）：115－128.

赵忍，顾荣宝，2017. 企业 CEO 权力强度会加剧股价崩盘风险吗［J］. 海南金融（1）：73－81.

赵颖，2015. 腐败与企业成长：中国的经验证据［J］. 经济学动态（7）：35 －49.

赵玉洁，2016. 内部人交易、交易类型与股价崩盘风险［J］. 山西财经大学学报，38（11）：25 －34.

甄红线，张先治，迟国泰，2015. 制度环境、终极控制权对公司绩效的影响：基于代理成本的中介效应检验［J］. 金融研究（12）：162 －177.

钟马，徐光华，2017. 社会责任信息披露、财务信息质量与投资效率：基于“强制披露时代”中国上市公司的证据［J］. 管理评论，29（2）：234 －244.

周建，方刚，刘小元，2010. 外部制度环境、内部治理结构与企业竞争优势：基于中国上市公司的经验证据［J］. 管理学报（7）：963 －971.

周黎安，2004. 晋升博弈中政府官员的激励与合作：兼论我国地方保护主义和重复建设问题长期存在的原因［J］. 经济研究（6）：33 －40.

周立，2003. 改革期间中国金融业的“第二财政”与金融分割［J］. 世界经济（6）：72 －79.